新编21世纪远程教育精品教

• 经济与管理系

高级会计学

（第三版）

主　编　张志凤　谢瑞峰
副主编　沈银萱　李　蕊
主　审　卢　静

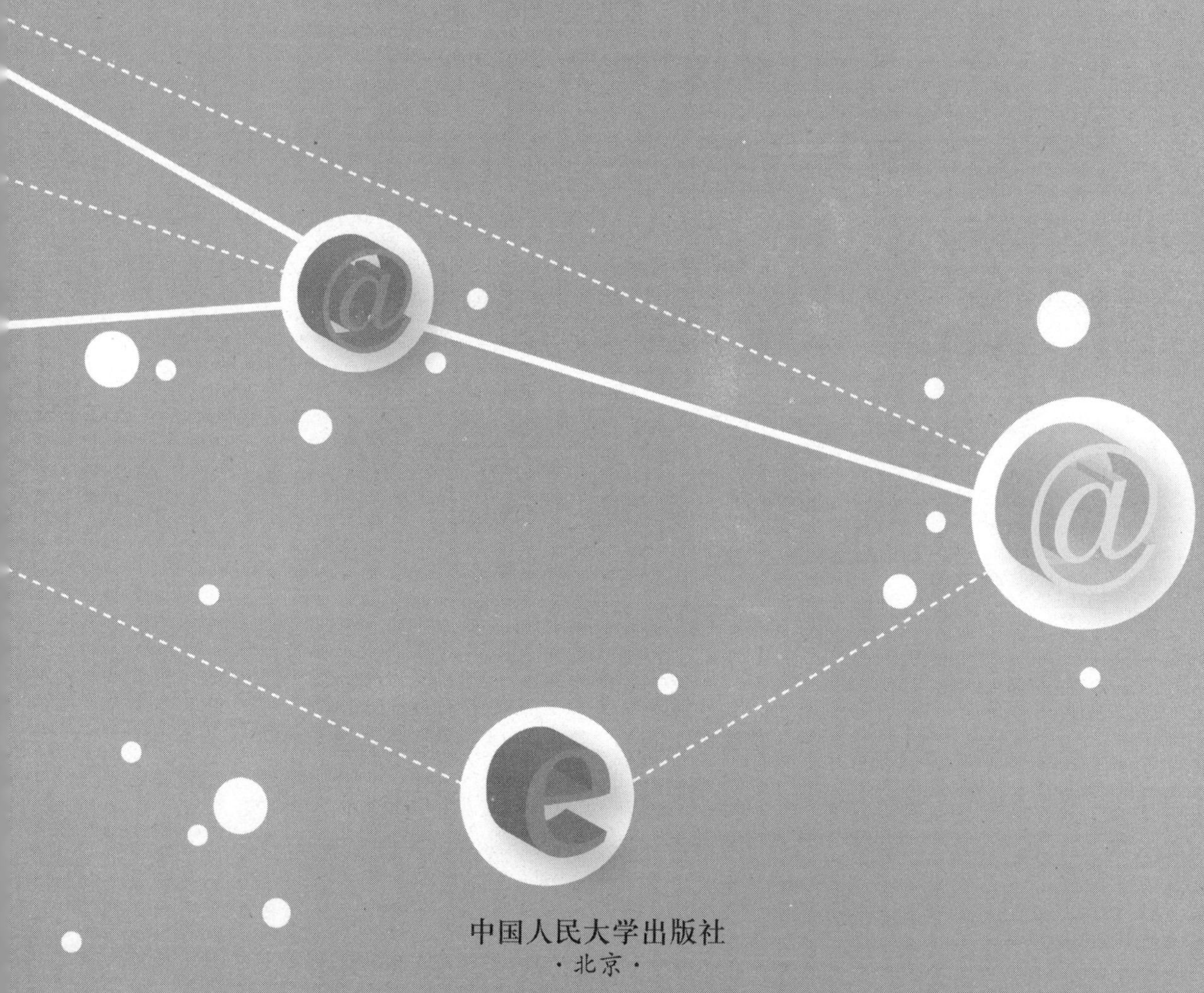

中国人民大学出版社
·北京·

作者简介

张志凤，北京信息科技大学经济管理学院教授，中国会计学会高等工科院校分会副会长。主编了大量注册会计师、注册税务师和会计职称资格考试的辅导教材，并编写了《所得税会计理论与实务》《高级会计学》等著作、教材10余部，发表学术论文40余篇。

谢瑞峰，北京信息科技大学经济管理学院教授，硕士研究生导师，中国会计学会理事，中国注册会计师协会非执业会员，中国注册税务师协会非执业会员，北京市管理会计咨询专家。曾获山东省优秀教师、北京市优秀中青年骨干教师等荣誉称号。长期从事会计理论与方法研究，发表学术论文70余篇，出版著作、教材10余部，主持并完成多项省部级课题和横向课题研究。

内容简介

本书以现行的《企业会计准则》和《企业会计准则解释》为指导，理论贴近实际，便于学生掌握高级会计的基本概念、基本方法和基本原理。全书共分十一章，介绍了分部报告与中期财务报告、资产减值、政府补助、股份支付、所得税、外币折算、会计政策及会计估计变更和差错更正、资产负债表日后事项等内容。本书既可作为高等继续教育会计学专业学生的教材，又可作为从事会计工作人员的参考用书。

总序

我们正处在教育史尤其是高等教育史上的一个重大的转型期。在全球范围内，包括在我们中华大地，以校园课堂面授为特征的工业化社会的近代学校教育体制，正在向基于校园课堂面授的学校教育与基于信息通信技术的远程教育相互补充、相互整合的现代终身教育体制发展。一次性学校教育的理念已经被持续性终身学习的理念所替代。在高等教育领域，从1088年欧洲创立博洛尼亚（Bologna）大学以来，21世纪以前的各国高等教育基本是沿着精英教育的路线发展的，这也包括自19世纪末创办京师大学堂以来我国高等教育短短一百多年的发展史。然而，自20世纪下半叶起，尤其在迈进21世纪时，以多媒体计算机和互联网为主要标志的电子信息通信技术正在引发教育界的一场深刻的革命。高等教育正在从精英教育走向大众化、普及化教育，学校教育体系正在向终身教育体系和学习型社会转变。在我国，党的十六大明确了全面建设小康社会的目标之一就是构建学习型社会，即要构建由国民教育体系和终身教育体系共同组成的有中国特色的现代教育体系。

教育史上的这次革命性转型绝不仅仅是科学技术进步推动的。诚然，以电子信息通信技术为主要代表的现代科学技术的进步，为实现从校园课堂面授向开放远程学习、从近代学校教育体制向现代终身教育体制和学习型社会的转型提供了物质技术基础。但是，教育形态演变的深层次原因在于人类社会经济发展和社会生活变革的需求。恰在这次世纪之交，人类社会开始进入基于知识经济的信息社会。知识创新与传播及应用、人力资源开发与人才培养已经成为各国提高经济实力、综合国力和国际竞争力的关键和基础。而这些仅仅依靠传统学校校园面授教育体制是无法满足的。此外，国际社会面临的能源、环境与生态危机，气候异常，数字鸿沟与文明冲突，对物种多样性与文化多样性的威胁等多重全球挑战，也只有依靠世界各国进一步深化教育改革与创新，促进人与自然的和谐发展才能得到解决。正因为如此，我国党和政府提出了“科教兴国”“可持续发展”“西部大开发”“缩小数字鸿沟”及“人与自然和谐发展”的“科学发展观”等基本国策。其中，对教育作为经济建设的重要战略地位和基础性、全局性、前瞻性产业的确认，对高等教育对于知识创新与传播及应用、人力资源开发与人才培养的重大意义的关注，以及对发展现代教育技术、现代远程教育和教育信息化并进而推动国民教育体系现代化，构建终身教育体系和学习型社会的决策更得到了教育界和全社会的共识。

在上述教育转型与变革时期，中国人民大学一直走在我国大学的前列。中国人民大学是一所以人文、社会科学和经济管理为主，兼有信息科学、环境科学等的综合性、研究型大学。长期以来，中国人民大学充分利用自身的教育资源优势，在办好全日制高等教育的同时，一直积极开展远程教育和继续教育。中国人民大学在我国首创函授高等教育。1952年，校长吴玉章和成仿吾创办函授教育的报告得到了刘少奇的批复，并于1953年率先招生授课，为新建的共和国培养了一大批急需的专门人才。在20世纪90年代末，中国人民大学成立了网络教育学院，成为我国首批现代远程教育试点高校之一。经过短短几年的探索和发展，中国人民大学网络教育学院创建的"网上人大"品牌，被远程教育界、媒体和社会誉为网络远程教育的"人大模式"，即"面向在职成人，利用网络学习资源和虚拟学习社区，支持分布式学习和协作学习的现代远程教育模式"。成立于1955年的中国人民大学出版社是新中国建立后最早成立的大学出版社之一，是教育部指定的全国高等学校文科教材出版中心。在过去的几年中，中国人民大学出版社与中国人民大学网络教育学院合作创作、设计、出版了国内第一套极富特色的"新编21世纪远程教育系列教材"。这些凝聚了中国人民大学、北京大学、北京师范大学等北京知名高校学者教授、教育技术专家、软件工程师、教学设计师和编辑们广博才智的精品课程系列教材，以印刷版、光盘版和网络版立体化教材的范式探索构建全新的远程学习优质教育资源，实现先进的教育教学理念与现代信息通信技术的有效结合。这些教材已经被国内其他高校和众多网络教育学院所选用。中国人民大学出版社基于"出教材学术精品，育人文社科英才"理念的努力探索及其初步成果已经得到了我国远程教育界的广泛认同，是值得肯定的。

2005年4月，我被邀请出席《中国远程教育》杂志与中国人民大学出版社联合主办的"远程教育教材的共建共享与一体化设计开发"研讨会并做主旨发言，会后受中国人民大学出版社的委托为"新编21世纪远程教育精品教材"撰写"总序"，这是我的荣幸。近几年来，我一直关注包括中国人民大学网络教育学院在内的我国高校现代远程教育试点工程。这次，更有机会全面了解和近距离接触中国人民大学出版社推出的"新编21世纪远程教育精品教材"及其编创人员。我想将我在上述研讨会上发言的主旨做进一步的发挥，并概括为若干原则作为我对包括中国人民大学出版社、中国人民大学网络教育学院在内的我国网络远程教育优质教育资源建设的期待和展望：

● 新编21世纪远程教育精品教材的教学内容要更加适应大众化高等教育面对在职成人、定位在应用型人才培养上的需要。

● 新编21世纪远程教育精品教材的教学设计要更加适应地域分散、特征多样的远程学生自主学习的需要，培养适应学习型社会的终身学习者。

● 在我国网络教学环境渐趋完善之前，印刷教材及其配套教学光盘依然是远程教材的主体，是多种媒体教材的基础和纽带，其教学设计应该给予充分的重视。要在印刷教材的显要部位对课程教学目标和要求做明确、具体、可操作的陈述，要清晰地指导远程学生如何利用多种媒体教材进行自主学习和协作学习。

● 应组织相关人员对多种媒体的远程教材进行一体化设计和开发，要注重发挥多种媒体教材各自独特的教学功能，实现优势互补。要特别注重对学生学习活动、教学交互、学习评价及其反馈的设计和实现。

● 要将对多种媒体远程教材的创作纳入到对整个远程教育课程教学系统的一体化设计和开发中去，以便使优质的教材资源在优化的教学系统、平台和环境中，在有效的教学模式、学习策略和学习支助服务的支撑下获得最佳的学习成效。

● 要充分发挥现代远程教育工程试点高校各自的学科资源优势，积极探索网络远程教育优质教材资源共建共享的机制和途径。

中华人民共和国教育部远程教育专家顾问
丁兴富

第三版前言

随着会计改革的不断深入，会计要素的确认、计量和报告也在发生变化。我们根据近年来颁布的《企业会计准则》和《企业会计准则解释》等相关规定对本书进行了修订。

《高级会计学（第三版）》保持了第一版和第二版的结构体系，以《企业会计准则》和《企业会计准则解释》为依据，理论与实务相结合，侧重会计实务。修订的主要内容有：

1. 第三章重新编写。

2. 第四章增加了“限制性股票的会计处理”。

3. 第六章修改了外币报表折算。

4. 第十章修改了“同一控制下的企业合并的会计处理”“或有对价的会计处理”“通过多次交易分步实现非同一控制下企业合并的会计处理”“购买子公司少数股权的处理”和“不丧失控制权情况下处置部分对子公司投资的处理”等内容。

5. 第十一章增加特殊交易的会计处理，修改了“合并范围”等内容。

由于时间和水平有限，书中错误和疏漏在所难免，恳请读者批评指正。

编者

2017 年 11 月

前言

财政部于 2006 年 2 月 15 日发布了包括 1 项基本准则和 38 项具体准则在内的企业会计准则，标志着我国与国际惯例趋同的企业会计准则体系正式建立。现行企业会计准则体系的建立，对提高会计人员的素质和会计工作水平具有长远的意义。

本书以现行企业会计准则和解释公告为指导，理论与实务相结合，侧重会计实务。在内容的安排上，参考了注册会计师全国统一考试辅导教材《会计》的部分内容。其内容包括：(1) 分部报告与中期财务报告；(2) 资产减值；(3) 政府补助；(4) 股份支付；(5) 所得税；(6) 外币折算；(7) 租赁；(8) 会计政策、会计估计变更和差错更正；(9) 资产负债表日后事项；(10) 企业合并；(11) 合并财务报表。为便于学生掌握教材中的基本概念、基本方法和基本原理，每章后设有关键概念和思考题。本书作为会计学专业远程教育本科教材，对从事会计实务工作的人员也有参考价值。

本书由北京信息科技大学教师编写，具体分工如下：谢瑞峰编写第一、二章；张淑莉编写第三章；刘青编写第四章；沈银萱编写第五章；田淑英编写第六章；李蕊编写第七章；李慧思编写第八章；张志凤编写第九、十、十一章。全书由张志凤和谢瑞峰总纂，由北京信息科技大学卢静主审。

由于编者的学识和时间所限，书中错误和疏漏在所难免，恳请读者批评指正，以便我们进一步修正和完善。

编者

目录

第一章

分部报告与中期财务报告

第一节 分部报告

一、分部报告概述

随着市场经济的发展和经济全球化的深入，企业的生产经营规模日益扩大，经营范围也逐步突破单一业务界限，成为从事多种产品生产经营或从事多种业务经营活动的综合经营体。同时，经营的地域范围也日益扩大，有的企业分别在国内不同地区甚至在境外设立分公司或子公司。在这种情况下，反映不同经营分部的信息越来越普遍地受到会计信息使用者的重视。《企业会计准则第 35 号——分部报告》和《企业会计准则解释第 3 号》的相关规定主要规范了企业分部报告的编制方法和应披露的信息，有助于保证会计信息的充分披露，满足会计信息使用者的决策需要。

二、经营分部的认定

经营分部是指企业内同时满足下列条件的组成部分：(1) 该组成部分能够在日常活动中产生收入、发生费用；(2) 企业管理层能够定期评价该组成部分的经营成果，以决定向其配置资源、评价其业绩；(3) 企业能够取得该组成部分的财务状况、经营成果和现金流量等有关会计信息。

企业应当以内部组织结构、管理要求、内部报告制度为依据确定经营分部。经济特征不相似的经营分部，应当分别确定为不同的经营分部。在实务中，并非所有的经营分部都作为独立的经营分部来考虑。具有相似经济特征的两个或多个经营分部同时满足下述条件时，可以合并为一个经营分部。

（一）各单项产品或劳务的性质相同或相似

各单项产品或劳务的性质，包括产品或劳务的规格、型号、最终用途等。通常情况下，生产的产品和提供的劳务的性质相同或相似的分部，其风险、报酬率及成长率可能较为接近，一般可以将其划分为同一经营分部。而对于生产或提供性质完全不同的产品或劳务的分部，则不能将其划分为同一经营分部。例如，某企业的生产经营范围包括机械制造、旅游服务、交通运输、批发零售等，在确定经营分部时，必须分别将其经营范围作为不同的经营分部处理，而不能将机械制造与旅游服务作为一个经营分部处理。

（二）生产过程的性质相同或相似

生产过程的性质包括采用劳动密集或资本密集方式组织生产、使用相同或者相似设备和原材料、采用委托生产或加工方式等。对于生产过程的性质相同或相似的部门，可以将其划分为一个经营分部，如按资本密集型和劳动密集型划分经营部门。对于资本密集型的部门而言，其占用的设备较为先进，占用的固定资产较多，相应所负担的折旧费也较多，其经营成本受资产折旧费用影响较大，受技术进步因素的影响也较大；而对于劳动密集型部门而言，其使用的劳动力较多，相对而言，劳动力的成本较高，即受人工费用的影响较大，其经营成果受人工成本的影响很大。

（三）产品或劳务的客户类型相同或相似

产品或劳务的客户类型包括大宗客户、零散客户等。对于购买产品或接受劳务的同一类型的客户，如果其销售条件基本相同，如相同或相似的销售价格、销售折扣，相同或相似的售后服务，那么就意味着具有相同或相似的风险和报酬，而不同的客户，其销售条件不尽相同，由此可能导致具有不同的风险和报酬。

（四）销售产品或提供劳务的方式相同或相似

销售产品或提供劳务的方式包括批发、零售、自产自销、委托销售、承包等。企业销售产品或提供劳务的方式不同，其承受的风险和获得的报酬也不相同。比如，在赊销方式下，可以扩大销售规模，但发生的收账费用较高，并且发生应收账款坏账的风险也很大；而在现销方式下，不存在应收账款的坏账问题，不会发生收账费用，但销售规模的扩大有限。

（五）生产产品或提供劳务受法律、行政法规的影响相同或相似

生产产品或提供劳务受法律、行政法规的影响包括经营范围或交易定价限制等。企业生产产品或提供劳务总是处于一定的经济法律环境之中，其所处的环境必然对其经营活动产生影响。对在不同法律环境下生产的产品或提供的劳务进行分类，进而向会计信息使用者提供不同法律环境下生产产品或提供劳务的信息，有利于会计信息使用者对企业未来的发展作出判断和预测。对相同或相似法律环境下的产品生产或劳务提供进行归类，以提供经营活动所生成的信息，同样有利于明晰地反映该类产品生产和劳务提供的会计信息。比如，商业银行、保险公司等金融企业易受特别的、严格的政策监管，在考虑该类企业确定分部产品和劳务是否相关时，应当考虑所受监管政策的影响。

但是，企业在具体确定经营分部时，特定的分部不大可能同时符合上述列明的全部因

素。通常情况下，经营分部应当在包含了上述所列明的大部分因素时予以确定。

三、报告分部的确定

（一）重要性标准的判断

企业应当以经营分部为基础确定报告分部。经营分部满足下述条件之一的，应当确定为报告分部。

1. 该分部的收入占所有分部收入合计的10%或者以上

分部收入是指可归属于分部的对外交易收入和对其他分部交易收入。分部收入主要由可归属于经营分部的对外交易收入构成，通常为营业收入。可归属于经营分部的收入来源于两个渠道：一是可以直接归属于经营分部的收入，即直接由经营分部的业务交易而产生；二是可以间接归属于经营分部的收入，即将企业交易产生的收入在相关经营分部之间进行分配，按属于某经营分部的收入金额确认的分部收入。

分部收入通常不包括下列项目：(1) 利息收入（包括因预付或借给其他分部款项而确认的利息收入）和股利收入（采用成本法核算的长期股权投资取得的股利收入），但分部的日常活动是金融性质的除外。(2) 营业外收入，如处置固定资产净收益、出售无形资产净收益、罚没收益等。(3) 处置投资产生的净收益，但分部的日常活动是金融性质的除外。(4) 采用权益法核算的长期股权投资确认的投资收益，但分部的日常活动是金融性质的除外。

2. 该分部的利润（亏损）的绝对额占所有盈利分部利润合计额或者所有亏损分部亏损合计额的绝对额较大者的10%或者以上

分部利润（亏损）是指分部收入减去分部费用后的余额。不属于分部收入和分部费用的项目，在计算分部利润（亏损）时不作为考虑的因素。

分部费用是指可归属于分部的对外交易费用和对其他分部的交易费用。分部费用主要由可归属于经营分部的对外交易费用构成，通常包括营业成本、税金及附加、销售费用等。与分部收入的确认相同，归属于经营分部的费用也来源于两个渠道：一是可以直接归属于经营分部的费用，即直接由经营分部的业务交易而产生；二是可以间接归属于经营分部的费用，即将企业交易发生的费用在相关分部之间进行分配，按属于某经营分部的费用金额确认的分部费用。

分部费用通常不包括下列项目：(1) 利息费用（包括因预收或向其他分部借款而确认的利息费用），如发行债券等，但分部的日常活动是金融性质的除外。(2) 营业外支出，如处置固定资产发生的净损失、处置无形资产发生的净损失等。(3) 处置投资发生的净损失，但分部的日常活动是金融性质的除外。(4) 采用权益法核算的长期股权投资的投资损失，但分部的日常活动是金融性质的除外。(5) 与企业整体相关的管理费用和其他费用。

3. 该分部的资产占所有分部资产合计额的10%或者以上

分部资产是指经营分部日常活动中使用的可归属于该经营分部的资产，不包括递延所得税资产。如果与两个或多个经营分部拥有共用资产，共相关的收入和费用也应分配给这些经营分部。共用资产的折旧费或摊销费在计量分部经营成果时被扣减的，该资产应包括在分部资产中。企业在计量分部资产时，应当按照分部资产的账面价值进行计量，即按照扣除相关累计折旧或摊销额以及累计减值准备后的金额计量。

通常情况下，分部资产与分部利润（亏损）、分部费用等之间存在一定的对应关系：（1）如果分部利润（亏损）包括利息或股利收入，分部资产中就应当包括相关的应收账款、贷款、投资或其他金融资产。（2）如果分部费用包括某项固定资产的折旧费用，分部资产中就应当包括该项固定资产。（3）如果分部费用包括某项无形资产或商誉的摊销额或减值额，分部资产中就应当包括该无形资产或商誉。

（二）低于10%重要性标准的选择

经营分部未满足上述10%的重要性标准的，可以按照以下规定确定报告分部：

（1）企业管理层如果认为披露该经营分部信息对会计信息使用者有用，那么可以将其确定为报告分部。在这种情况下，无论该经营分部是否满足10%的重要性标准，企业都可以直接将其指定为报告分部。

（2）将该经营分部与一个或一个以上的具有相似经济特征、满足经营分部合并条件的其他经营分部合并，作为一个报告分部。对经营分部10%的重要性测试可能会导致企业拥有大量未满足10%但处于数量临界线的经营分部，在这种情况下，如果企业没有直接将这些经营分部指定为报告分部，可以将具有相似经济特征、满足经营分部合并条件的一个以上的经营分部合并成一个报告分部。

（3）不将该经营分部直接指定为报告分部，也不将该经营分部的信息与其他未作为报告分部的信息与其他组成部分的信息合并，而作为其他项目单独披露。

（三）报告分部75%的标准

企业的经营分部达到规定的10%重要性标准认定为报告分部后，确定为报告分部的各经营分部的对外交易收入合计额占合并总收入或企业总收入的比重应当达到75%。如果未达到75%的标准，企业必须增加报告分部的数量，将其他未作为报告分部的经营分部纳入报告分部的范围，直到该比重达到75%。此时，其他未作为报告分部的经营分部很可能未满足前述规定的10%的重要性标准，但为了使报告分部的对外交易收入合计额占合并总收入或企业总收入的比重达到75%的比例要求，应当将其确定为报告分部。

（四）报告分部的数量

根据前述的确定报告分部的原则，企业确定的报告分部数量可能超过10个，此时，企业提供的分部信息可能变得非常烦琐，不利于会计信息使用者的理解和使用。因此，报告分部的数量通常不应当超过10个。如果报告分部的数量超过10个，企业应当考虑将具有相似经济特征、满足经营分部合并条件的报告分部进行合并，以使合并后的报告分部数量不超过10个。

（五）为提供可比信息报告分部的确定

企业在确定报告分部时，除应当遵循相应的确定标准以外，还应当考虑不同会计期间分部信息的可比性和一致性。对于某一经营分部，在上期可能满足报告分部的确定条件从而确定为报告分部，但本期可能并不满足报告分部的确定条件。此时，如果企业认为该分部仍然重要，单独披露该分部的信息能够有助于会计信息使用者了解企业的整体情况，则无须考虑该经营分部确定为报告分部的条件，仍应当将该经营分部确定为本期的报告分部。

对于某一经营分部，在本期可能满足报告分部的确定条件而确定为报告分部，但上期可能并不满足报告分部的确定条件而未确定为报告分部。此时，出于比较目的，以前会计期间的分部信息应当予以重述，以将该经营分部反映为一个报告分部，即使其不满足确定为报告分部的条件也是如此。如果重述所需要的信息无法获得，或者不符合成本效益原则，则不需要重述以前会计期间的分部信息。不论是否对以前期间相应的报告分部信息进行重述，企业均应当在报表附注中披露这一事实。

四、分部信息的披露

企业披露的分部信息，应当有助于会计信息使用者评价企业所从事经营活动的性质和对财务的影响，以及经营所处的经济环境。企业应当以对外提供的财务报表为基础披露分部信息；对外提供合并财务报表的企业，应当以合并财务报表为基础披露分部信息。

（一）描述性信息

（1）确定报告分部考虑的因素。

确定报告分部考虑的因素通常包括企业管理层是否按照产品和服务、地理区域、监管环境差异或综合各种因素进行组织管理。

（2）报告分部产品和劳务的类型。

（二）每一报告分部的利润（亏损）总额相关信息

每一报告分部的利润（亏损）总额信息包括利润（亏损）总额组成项目的信息。企业管理层在计量报告分部利润（亏损）时运用了下列数据，或者未运用下列数据但定期提供给管理层的，应当在附注中披露：（1）对外交易收入和分部间交易收入。（2）利息收入和利息费用。报告分部的日常活动是金融性质的除外；报告分部的日常活动是金融性质的，可以仅披露利息收入减去利息费用后的净额，同时披露这一处理方法。（3）折旧费用和摊销费用，以及其他重大的非现金项目。（4）采用权益法核算的长期股权投资确认的投资收益。（5）所得税费用或所得税收益。（6）其他重大的收益或费用项目。

（三）每一报告分部的资产总额、负债总额信息

每一报告分部的资产总额、负债总额信息包括资产总额组成项目的信息，以及与资产、负债计量相关的会计政策。企业管理层在计量报告分部资产时运用了下列数据，或者未运用下列数据但定期提供给管理层的，应当在附注中披露：（1）采用权益法核算的长期股权投资金额。（2）非流动资产（不包括金融资产、独立账户资产、递延所得税资产）金额。

（四）报告分部信息与企业信息总额的衔接

企业披露的分部信息应当与合并财务报表或企业财务报表中的总额信息相衔接。（1）报告分部收入总额应当与企业收入总额相衔接。（2）报告分部利润（亏损）总额应当与企业利润（亏损）总额相衔接。（3）报告分部资产总额应当与企业资产总额相衔接。（4）报告分部负债总额应当与企业负债总额相衔接。

（五）报告分部的比较信息

企业在披露分部信息时，为了可比性，应当提供前期的比较数据。对于某一经营分部，如果本期满足报告分部的确定条件确定为报告分部，即使前期没有满足报告分部的确定条件未确定为报告分部，也应当提供前期的比较数据。但是，重述信息不切实可行的除外。

企业内部组织结构改变导致报告分部组成发生变化的，应当提供前期比较数据。但

是，提供比较数据不切实可行的除外。企业未提供前期比较数据的，应当在报告分部组成发生变化的当年，同时披露以新的报告分部和旧的报告分部为基础编制的分部信息。应注意，不论企业是否提供前期比较数据，均应披露这一事实。

（六）未作为报告分部信息组成部分进行披露的内容

除已经作为报告分部信息组成部分的披露内容外，企业还应当披露下列信息：

（1）每一产品和劳务或每一类似产品和劳务的对外交易收入。但是，披露相关信息不切实可行的除外。企业披露相关信息不切实可行的，应当披露这一事实。企业披露的每一产品和劳务或每一类似产品和劳务的对外交易收入金额，应当以编制企业财务报表的信息为基础。

（2）企业取得的来自本国的对外交易收入总额，以及企业从其他国家或地区取得的对外交易或收入总额。但是，披露信息不切实可行的除外。企业披露相关信息不切实可行的，应当披露这一事实。如果企业从某个国家或地区取得的对外交易收入金额很重要，应当单独予以披露。

（3）企业取得的位于本国的非流动资产（不包括金融资产、独立账户资产、递延所得税资产）总额，以及企业从其他国家或地区取得的非流动资产（不包括金融资产、独立账户资产、递延所得税资产）总额。但是，披露相关信息不切实可行的除外。企业披露相关信息不切实可行的，应当披露这一事实。如果企业从某个国家或地区取得的非流动资产金额很重要，应当单独予以披露。

（4）企业对主要客户的依赖程度。企业与某一外部客户的交易收入占合并总收入或企业总收入的10%及以上，应当披露这一事实，并披露来自该外部客户的总收入和相关报告分部的特征。企业不需要披露主要客户的身份，每一报告分部也不需要披露来自该客户的收入。

第二节 中期财务报告

一、中期财务报告概述

随着经济全球一体化和我国社会主义市场经济的发展，市场竞争日趋激烈，市场信息瞬息万变，企业日常经营活动的波动和外部经营环境的变化频率不断加强，投资者、债权人等对公开披露的财务报告信息的及时性和相关性提出了更高的要求。《企业会计准则第32号——中期财务报告》规范了中期财务报告的编制及应当遵循的确认与计量原则。

中期财务报告是指以中期为基础编制的财务报告。“中期”是指短于一个完整的会计年度（自公历1月1日起至12月31日止）的报告期间，它可以是一个月、一个季度或者半年，也可以是其他短于一个会计年度的期间，如1月1日至9月30日的期间等。因此，中期财务报告包括月度财务报告、季度财务报告、半年度财务报告，也包括年初至本中期末的财务报告。

二、中期财务报告的构成

中期财务报告准则规定，中期财务报告至少应当包括以下部分：资产负债表，利润表，现金流量表，附注。在编制中期财务报告时，应注意以下三点：

（1）资产负债表、利润表、现金流量表和附注是中期财务报告应当编制的法定内容，对其他财务报表或者相关信息，如所有者权益（股东权益）变动表等，企业可以根据需要自行决定。但其他财务报表或者相关信息一旦在中期财务报告中提供，就应当遵循中期财务报告准则的有关规定。比如企业编制的所有者权益（股东权益）变动表，其内容和格式应当与上年度的相一致。

（2）中期资产负债表、利润表和现金流量表的格式和内容，应当与上年度的财务报表相一致。但如果当年新施行的会计准则对财务报表格式和内容作了修改的，中期财务报表应当按照修改后的报表格式和内容编制，与此同时，在中期财务报告中提供的上年度比较财务报表的格式和内容也应当作相应的调整。如中期财务报告准则规定，基本每股收益和稀释每股收益应当在中期利润表中单独列示，企业在提供比较中期财务报告时，应当按准则的要求作出相应调整。

（3）中期财务报告中的附注相对于年度财务报告中的附注而言，可适当简化。中期财务报告附注的编制应当遵循重要性原则。如果某项信息没有在中期财务报告附注中披露，会影响投资者等信息使用者对企业财务状况、经营成果和现金流量判断的正确性，那么就认为这一信息是重要的。但企业至少应当在中期财务报告附注中披露中期财务报告准则规定的信息。

三、中期财务报告应遵循的原则

（一）遵循与年度财务报告相一致的会计政策原则

企业在编制中期财务报告时，应当将中期视同为一个独立的会计期间，所采用的会计政策应当与年度财务报告所采用的会计政策相一致，包括会计要素确认和计量原则相一致。企业在编制中期财务报告时不得随意变更会计政策。

（二）遵循重要性原则

重要性原则是企业编制中期财务报告的一项十分重要的原则。在遵循重要性原则时应注意以下几点：

（1）重要性程度的判断应当以中期财务数据为基础，而不得以预计的年度财务数据为基础。这里所指的“中期财务数据”，既包括本中期的财务数据，也包括年初至本中期末的财务数据。

（2）重要性原则的运用应当保证中期财务报告包括了与理解企业中期末财务状况和中期经营成果及其现金流量相关的信息。

（3）重要性程度的判断需要根据具体情况作具体分析和职业判断。通常，在判断某一项目的重要性程度时，应当将项目的金额和性质结合在一起予以考虑，而且在判断项目金额的重要性时，应当以资产、负债、净资产、营业收入、净利润等直接相关项目数字作为比较基础，并综合考虑其他相关因素。

（三）遵循及时性原则

编制中期财务报告的目的是向会计信息使用者提供比年度财务报告更加及时的信息，以提高会计信息的决策有用性。中期财务报告所涵盖的会计期间短于一个会计年度，其编报的时间通常也短于年度财务报告，所以，中期财务报告应当能够提供比年度财务报告更加及时的信息。

须强调的是，中期财务报告编制的重要性和及时性原则，是企业编制中期财务报告时需要特殊考虑的两个原则。同时，对于其他会计原则，比如可比性原则、谨慎性原则、实质重于形式原则等，企业在编制中期财务报告时也应当像编制年度财务报告时一样予以遵循。

四、中期合并财务报表和母公司财务报表的编报要求

企业上年度编制合并财务报表的，中期期末应当编制合并财务报表。上年度财务报告除了包括合并财务报表外还包括母公司财务报表的，中期财务报告也应当包括母公司财务报表。上年度财务报告包括了合并财务报表，但报告中期内处置了所有应纳入合并范围的子公司的，中期财务报告只需要提供母公司财务报表，但上年度比较财务报表仍应当包括合并财务报表，上年度可比中期没有子公司的除外。具体而言：

（1）上年度编报合并财务报表的企业，其中期财务报告也应当编制合并财务报表，而且合并财务报表的合并范围、合并原则、编制方法和合并财务报表的格式与内容等也应当与上年度合并财务报表相一致。但当年企业会计准则有新规定的除外。

（2）企业中期合并财务报表合并范围发生变化的，则应当区分以下情况进行处理：

第一，如果企业在报告中期内处置了所有子公司，而且在报告中期又没有新增子公司，那么企业在其中期财务报告中就不必编制合并财务报表。尽管如此，企业提供的上年度比较财务报表仍然应当包括合并财务报表和母公司财务报表，除非在上年度可比中期末企业没有子公司。也就是说，上年度的子公司是在上年度可比中期末之后新增的，因而在上年度可比中期的财务报告中并没有编制有关合并财务报表，在这种情况下，上年度可比中期的财务报告（即可比利润表和可比现金流量表）就不必提供合并财务报表。

第二，如果企业在报告中期内新增子公司，在这种情况下，企业在中期末就需要将该子公司财务报表纳入合并财务报表的合并范围中。

（3）应当编制合并财务报表的企业，如果在上年度财务报告中除了提供合并财务报表之外，还提供了母公司财务报表，如上市公司，那么在其中期财务报告中除了提供合并财务报表之外，还应当提供母公司财务报表。

五、比较财务报表的编制要求

为了提高财务报告信息的可比性、相关性和有用性，企业在中期末除了编制中期末资产负债表、中期利润表和现金流量表之外，还应当提供前期比较财务报表。中期财务报告准则规定，中期财务报告应当按照下列规定提供比较财务报表：

（1）本中期末的资产负债表和上年度末的资产负债表。

（2）本中期的利润表、年初至本中期末的利润表以及上年度可比期间的利润表。其中，上年度可比期间的利润表包括上年度可比中期的利润表和上年度年初至上年度可比中

期末的利润表。

（3）年初至本中期末的现金流量表和上年度年初至上年可比中期末的现金流量表。

企业在中期财务报告中提供比较财务报表时，应当注意以下几个方面：

第一，企业在中期内按新会计准则的规定对财务报表项目进行了调整，则上年度比较财务报表项目及其金额应当按照本年度中期财务报表的要求进行重新分类，以确保其与本年度中期财务报表的相应信息相互可比。同时，企业还应当在附注中说明财务报表项目重新分类的原因及内容。

如果企业因原始数据收集、整理或者记录等方面的原因，无法对比较财务报表中的有关项目进行重新分类，应当在附注中说明不能进行重新分类的原因。

第二，企业在中期内发生了会计政策变更的，其累积影响数能合理确定，且涉及本会计年度以前中期财务报表净损益和其他相关项目数字的，应当予以追溯调整，视同该会计政策在整个会计年度一贯采用；对于比较财务报表可比期间以前的会计政策变更的累积影响数，应当根据规定调整比较财务报表最早期间的期初留存收益，财务报表其他相关项目的数字也应当一并调整。同时，在附注中说明会计政策变更的性质、内容、原因及影响数；无法追溯调整的，应当说明原因。

第三，对于在本年度中期内发生的调整以前年度损益事项，企业应当调整本年度财务报表相关项目的年初数，同时，中期财务报告中相应的比较财务报表也应当为已经调整以前年度损益后的报表。

六、中期财务报告附注的编制要求

中期财务报告附注是对中期资产负债表、利润表、现金流量表等报表中列示项目的文字描述或明细阐述，以及对未能在这些报表中列示项目的说明等。编制中期财务报告附注的目的是使财务报告信息对会计信息使用者的决策更加相关、有用，但同时要考虑成本效益原则。

（一）中期财务报告附注的编制要求

为了全面反映企业财务状况、经营成果和现金流量，中期财务报告附注应当以年初至本中期末为基础编制，披露自上年度资产负债表日之后发生的，有助于理解企业财务状况、经营成果和现金流量变化情况的重要交易或者事项。此外，对于与理解本中期财务状况、经营成果和现金流量有关的重要交易或者事项，也应当在附注中作相应披露。

（二）中期财务报告附注披露的内容

中期财务报告附注至少应当包括以下信息：

（1）中期财务报告所采用的会计政策与上年度财务报告所采用的会计政策相一致的声明。企业在中期会计政策发生变更的，应当说明会计政策变更的性质、内容、原因及影响数；无法进行追溯调整的，应当说明原因。

（2）会计估计变更的内容、原因及影响数；影响数不能确定的，应当说明原因。

（3）前期差错的性质及更正金额；无法进行追溯重述的，应当说明原因。

（4）企业经营的季节性或者周期性特征。

（5）存在控制关系的关联方发生变化的情况；关联方之间发生交易的，应当披露关联方关系的性质、交易类型和交易要素。

（6）合并财务报表的合并范围发生变化的情况。

（7）对性质特别或者金额异常的财务报表项目的说明。

（8）证券发行、回购和偿还情况。

（9）向所有者分配利润的情况，包括在中期内实施的利润分配和已提出或者已批准但尚未实施的利润分配情况。

（10）根据《企业会计准则第 35 号——分部报告》规定披露分部报告信息的，应当披露主要报告形式的分部收入与分部利润（亏损）。

（11）中期资产负债表日至中期财务报告批准报出日之间发生的非调整事项。

（12）上年度资产负债表日以后所发生的或有负债和或有资产的变化情况。

（13）企业结构变化情况，包括企业合并，对被投资单位具有重大影响、共同控制或者控制关系的长期股权投资的购买或者处置，终止经营等。

（14）其他重大交易或者事项，包括重大的长期资产转让及其出售情况、重大的固定资产和无形资产取得情况、重大的研究和开发支出、重大的资产减值损失情况等。

企业在提供上述第（5）项和第（10）项有关关联方交易、分部收入与分部利润（亏损）信息时，应当同时提供本中期（或者本中期末）和本年度初至本中期末的数据，以及上年度可比中期（或者可比期末）和可比年初至本中期末的比较数据。

七、中期财务报告的确认和计量

（一）中期财务报告的确认与计量的基本原则

1. 中期会计要素的确认和计量原则应当与年度财务报告相一致

中期财务报告中各会计要素的确认和计量原则应当与年度财务报告所采用的原则相一致。即企业在中期根据所发生交易或者事项，对资产、负债、所有者权益（股东权益）、收入、费用和利润等会计要素进行确认和计量时，应当符合相应会计要素定义和确认、计量原则，不能因为财务报告期间的缩短（相对于会计年度而言）而改变。如 A 公司为一家化工生产企业，需要编制季度财务报告。2×17 年 6 月 30 日，A 公司在盘点库存时，发现一批账面价值为 200 万元的存货已经毁损。对 A 公司而言，该批存货已无任何价值，不会再给企业带来经济利益，不再符合资产的定义。因此，在编制 A 公司第二季度财务报告时，该批存货就不能再作为资产列报，而应当确认一项损失。

2. 中期会计计量应当以年初至本中期末为基础

中期财务报告准则规定，中期会计计量应当以年初至本中期末为基础，财务报告的频率不应当影响年度结果的计量。也就是说，无论企业中期财务报告的频率是月度、季度还是半年度，企业中期会计计量的结果最终应当与年度财务报告中的会计计量结果相一致。为此，企业中期财务报告的计量应当以年初至本中期末为基础，即企业在中期应当以年初至本中期末作为中期会计计量的期间基础，而不应当以本中期作为会计计量的期间基础。

3. 中期采用的会计政策应当与年度财务报告相一致

为了保持企业前后各期会计政策的一贯性，以提高会计信息的可比性和有用性，企业在中期不得随意变更会计政策，应当采用与年度财务报告相一致的会计政策。如果上年度资产负债表日之后按规定变更了会计政策，且该变更后的会计政策将在本年度财务报告中采用，中期财务报告应当采用该变更后的会计政策。

对于会计估计变更，在同一会计年度内，以前中期财务报表项目在以后中期发生了会计估计变更的，以后中期财务报表应当反映该会计估计变更后的金额，但对以前中期财务报表项目金额不作调整。也就是说，企业在一个会计年度内，前一个或者几个中期（如季度）的会计估计在以后一个中期或者几个中期（如季度）里发生了变更，应当按照中期财务报告准则及《企业会计准则第 28 号——会计政策、会计估计变更和差错更正》的规定，不对以前中期已经报告过的会计估计金额作追溯调整，也不重编以前中期的财务报表，企业只需在变更当期或者以后期间按照变更后的会计估计进行会计处理。

（二）季节性、周期性或者偶然性取得收入的确认和计量

企业取得季节性、周期性或者偶然性收入，应当在发生时予以确认和计量，不应当在中期财务报表中预计或者递延，但会计年度末允许预计或者递延的除外。

（三）会计年度中不均匀发生的费用的确认与计量

企业在会计年度中不均匀发生的费用，应当在发生时予以确认和计量，不应在中期财务报表中预提或者待摊，但会计年度末允许预提或者待摊的除外。通常情况下，与企业生产经营和管理活动有关的费用往往是在一个会计年度的各个中期内均匀发生的，各中期之间发生的费用不会有较大差异。但是有一些费用，如员工培训费等，往往集中在会计年度的个别中期内。对于这些会计年度中不均匀发生的费用，企业应当在发生时予以确认和计量，不应当在中期财务报表中予以预提或者待摊。也就是说，企业不应当为了使各中期之间收益的平滑化而将这些费用在会计年度的各个中期之间进行分摊。中期财务报告准则又规定，如果会计年度内不均匀发生的费用在会计年度末允许预提或者待摊，则在中期末也允许预提或者待摊。

（四）中期会计政策变更的处理

企业在中期发生了会计政策变更的，应当按照《企业会计准则第 28 号——会计政策、会计估计变更和差错更正》的规定处理，并在财务报告附注中作相应披露。会计政策变更的累积影响数能够合理确定，且涉及本会计年度以前中期财务报表相关项目数字的，应当予以追溯调整，视同该会计政策在整个会计年度一贯采用；同时，上年度可比中期财务报表也应当作相应调整。

除非国家规定了相关的会计处理方法，一般情况下，企业应当根据中期财务报告准则的要求，对以前年度比较中期财务报表最早期间的期初留存收益和这些财务报表其他相关项目的数字，进行追溯调整；同时，涉及本会计年度内会计政策变更以前各中期财务报表相关项目数字的，也应当予以追溯调整，视同该会计政策在整个会计年度和可比中期财务报表期间一贯采用。反之，会计政策变更的累积影响数不能合理确定，以及不涉及本会计年度以前中期财务报表相关项目数字的，应当采用未来适用法。同时，在财务报表附注中说明会计政策变更的性质、内容、原因及影响数，如果累积影响数不能合理确定的，也应当说明理由。

企业中期财务报告中应披露下列会计政策变更的影响数：

(1) 会计政策变更对以前年度的累积影响数，包括：对比较中期财务报表最早期间期初留存收益的影响数；以前年度可比中期损益的影响数。

(2) 会计政策变更对变更中期、年初至变更中期末损益的影响数。

(3) 会计政策变更对当年度会计政策变更前各中期损益的影响数。

关键概念

经营分部　报告分部　中期财务报告

思考题

1. 什么是经营分部？确定经营分部时应考虑哪些因素？

2. 如何确定报告分部？

3. 中期财务报告的确认与计量应遵循哪些基本原则？

4. 对季节性、周期性或者偶然性取得收入及会计年度中不均匀发生的费用，编制中期财务报告时应如何确认和计量？

第二章

资产减值

第一节

资产减值概述

资产是指企业过去的交易或者事项形成的、由企业拥有或者控制的、预期会给企业带来经济利益的资源。资产的主要特征之一是预期能够为企业带来经济利益，如果资产不能够为企业带来经济利益，那么就不能再予以确认。如果资产给企业带来的经济利益低于其账面价值，则不能再以原账面价值予以确认，否则将不符合资产的定义，也无法反映资产的实际价值，会导致企业资产虚增和利润虚增。因此，当企业资产的可收回金额低于其账面价值时，即表明资产发生了减值，企业应当确认资产减值损失，并把资产的账面价值减记至可收回金额。

一、资产减值的范围

企业所有的资产在发生减值时，原则上都应当及时加以确认和计量。但是由于各种资产特性不同，其减值的会计处理有所差别，所适用的具体准则也不尽相同。

本章涉及的资产减值是《企业会计准则第 8 号——资产减值》中规定的资产的减值。具体包括以下资产的减值：

（1）对子公司、联营企业和合营企业的长期股权投资。

（2）采用成本模式进行后续计量的投资性房地产。

（3）固定资产。

（4）生产性生物资产。

（5）无形资产。

（6）商誉。

（7）探明石油天然气矿区权益和井及相关设施等。

二、资产减值的迹象

企业在资产负债表日应当判断资产是否存在可能发生减值的迹象。主要可从外部信息来源和内部信息来源两方面加以判断。

（一）企业外部信息来源

从企业外部信息来源来看，如果出现了资产的市价在当期大幅度下跌，其跌幅明显高于因时间的推移或者正常使用而预计的下跌；企业经营所处的经济、技术或者法律环境以及资产所处的市场在当期或者将在近期发生重大变化，从而对企业产生不利影响；市场利率或者其他市场投资报酬率在当期已经提高，从而影响企业计算资产预计未来现金流量现值的折现率，导致资产可收回金额大幅度降低等，均属于资产可能发生减值的迹象。

（二）企业内部信息来源

从企业内部信息来源来看，如果有证据表明资产已经陈旧过时或者其实体已经损坏；资产已经或者将被闲置、终止使用或者计划提前处置；企业内部报告的证据表明资产的经济绩效已经低于或者将低于预期，如资产所创造的净现金流量或者实现的营业利润远远低于原来的预算或者预计金额、资产发生的营业损失远远高于原来的预算或者预计金额、资产在建造或者收购时所需的现金支出远远高于最初的预算、资产在经营或者维护中所需的现金支出远远高于最初的预算等，均属于资产可能发生减值的迹象。

需说明的是，企业应当根据实际情况来认定资产可能发生减值的迹象。有确凿证据表明资产存在减值迹象的，应当在资产负债表日进行减值测试，估计资产的可收回金额。

三、资产减值的测试

资产存在减值迹象是资产需要进行减值测试的必要前提。但是有两项资产除外，即因企业合并形成的商誉和使用寿命不确定的无形资产。根据《企业会计准则第 20 号——企业合并》和《企业会计准则第 6 号——无形资产》的规定，因企业合并所形成的商誉和使用寿命不确定的无形资产在后续计量中不再进行摊销，但是考虑到这两类资产的价值和产生的未来经济利益有较大的不确定性，为了避免资产价值高估，及时确认商誉和使用寿命不确定的无形资产的减值损失，如实反映企业财务状况和经营成果，对于这两类资产，无论是否存在减值迹象，企业至少应当于每年年度终了进行减值测试。

企业应当在资产负债表日判断资产是否存在减值的迹象。有确凿证据表明资产存在减值迹象的，应当进行减值测试，估计资产的可收回金额。在估计资产可收回金额时，应当遵循重要性原则。根据这一原则，资产存在下列情况的，可以不估计其可收回金额：

（1）以前报告期间的计算结果表明资产可收回金额远高于其账面价值，之后又没有消除这一差异的交易或者事项，资产负债表日可以不重新估计该资产的可收回金额。

（2）以前报告期间的计算与分析表明，资产可收回金额相对于资产减值准则列示的减值迹象反应不敏感，在本报告期间又发生了该减值迹象的，比如，当期市场利率或市场投资报酬率上升，该上升对计算资产未来现金流量现值采用的折现率影响不大的，可以不因上述减值迹象的出现而重新估计该资产的可收回金额。

第二节　资产可收回金额的计量

一、估计资产可收回金额的基本方法

根据资产减值准则的规定，资产存在减值迹象的，应当估计其可收回金额，然后将所估计的资产可收回金额与其账面价值相比较，以确定资产是否发生了减值，以及是否需要计提资产减值准备并确认相应的减值损失。在估计资产可收回金额时，原则上应当以单项资产为基础，如果企业难以对单项资产的可收回金额进行估计的，应当以该资产所属的资产组为基础确定资产组的可收回金额。有关资产组的认定及其减值处理将在本章第四节中阐述。

资产可收回金额的估计，应当根据其公允价值减去处置费用后的净额与资产预计未来现金流量的现值两者之间较高者确定。因此，要估计资产的可收回金额，通常需要同时估计该资产的公允价值减去处置费用后的净额和资产预计未来现金流量的现值，但是在下列情况下，可以有例外或者作特殊考虑：

（1）资产的公允价值减去处置费用后的净额与资产预计未来现金流量的现值，只要有一项超过了资产的账面价值，就表明资产没有发生减值，不需再估计另一项金额。

（2）没有确凿证据或者理由表明资产预计未来现金流量现值显著高于其公允价值减去处置费用后的净额的，可以将资产的公允价值减去处置费用后的净额视为资产的可收回金额。

（3）资产的公允价值减去处置费用后的净额如果无法可靠估计的，应当以该资产预计未来现金流量的现值作为其可收回金额。

确定资产可收回金额的方法见图 2－1。

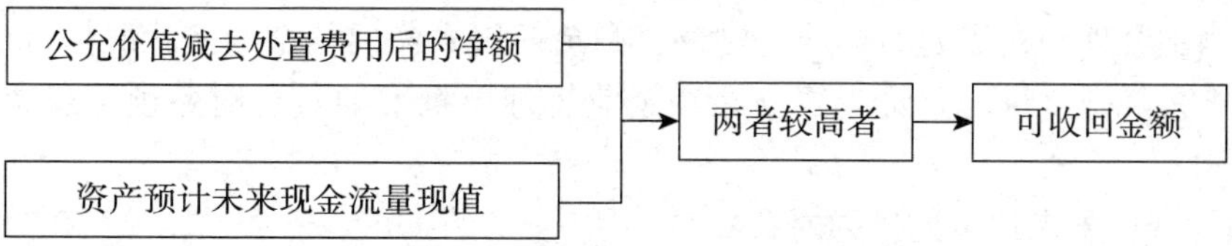

图 2－1　确定资产可收回金额的方法

二、资产的公允价值减去处置费用后的净额的估计

资产的公允价值减去处置费用后的净额通常反映的是资产如果被出售或者处置时可以收回的净现金收入。其中，资产的公允价值是指市场参与者在计量日发生的有序交易中，

出售一项资产所能收到或者转移一项负债所需支付的价格；处置费用是指可以直接归属于资产处置的增量成本，包括与资产处置有关的法律费用、相关税费、搬运费以及为使资产达到可销售状态所发生的直接费用等，但是财务费用和所得税费用等不包括在内。

企业在估计资产的公允价值减去处置费用后的净额时，应当按照下列顺序进行：

（1）根据公平交易中资产的销售协议价格减去可直接归属于该资产处置费用的金额确定资产的公允价值减去处置费用后的净额。这是估计资产的公允价值减去处置费用后的净额的最佳方法，企业应当优先采用这一方法。但是在实务中，企业的资产往往都是在内部持续使用的，取得资产的销售协议价格并不容易，为此，需要采用其他方法估计资产的公允价值减去处置费用后的净额。

（2）在资产不存在销售协议但存在活跃市场的情况下，应当根据该资产的市场价格减去处置费用后的金额确定。资产的市场价格通常应当按照资产的买方出价确定，但是如果难以获得资产在估计日的买方出价的，企业可以以资产最近的交易价格作为其公允价值减去处置费用后的净额的估计基础，其前提是资产的交易日和估计日之间有关经济、市场环境等没有发生重大变化。

（3）在既不存在资产销售协议又不存在资产活跃市场的情况下，企业应当以可获取的最佳信息为基础，在资产负债表日，如果处置资产，应根据熟悉情况的交易双方自愿进行公平交易愿意提供的交易价格减去资产处置费用后的金额，估计资产的公允价值减去处置费用后的净额。在实务中，该金额可以参考同行业类似资产的最近交易价格或者结果进行估计。

如果企业按照上述要求仍然无法可靠估计资产的公允价值减去处置费用后的净额的，应当以该资产预计未来现金流量的现值作为其可收回金额。

三、资产预计未来现金流量现值的估计

资产预计未来现金流量的现值，应当按照资产在持续使用过程中和最终处置时所产生的预计未来现金流量，选择恰当的折现率对其进行折现后的金额加以确定。预计资产未来现金流量的现值，主要应当综合考虑以下因素：资产的预计未来现金流量；资产的使用寿命；折现率。以下重点阐述资产未来现金流量和折现率的预计方法。

（一）资产未来现金流量的预计

1. 预计资产未来现金流量的基础

为了估计资产未来现金流量的现值，需要首先预计资产的未来现金流量，为此，企业管理层应当在合理和有依据的基础上对资产剩余使用寿命内整个经济状况进行最佳估计，并将资产未来现金流量的预计，建立在经企业管理层批准的最近财务预算或者预测数据之上。

2. 预计资产未来现金流量的内容

预计资产未来现金流量应包括以下内容：

（1）资产持续使用过程中预计产生的现金流入。

（2）为实现资产持续使用过程中产生的现金流入所必需的预计现金流出（包括为使资产达到预定可使用状态所发生的现金流出）。该现金流出应当是可直接归属于或者可通过合理和一致的基础分配到资产中的现金流出，后者通常是指那些与资产直接相关的

间接费用。对于在建工程、开发过程中的无形资产等，企业在预计其未来现金流量时，应当包括预期为使该类资产达到预定可使用（或者可销售状态）而发生的全部现金流出数。

（3）资产使用寿命结束时，处置资产所收到或者支付的净现金流量。该现金流量应当是在公平交易中，熟悉情况的交易双方自愿进行交易时，企业预期可从资产的处置中获取或者支付的、减去预计处置费用后的金额。

企业每期净现金流量的计算公式如下：

每期净现金流量＝每期现金流入－每期现金流出

【例 2－1】 甲公司管理层 2×16 年年末批准的财务预算中与产品 W 生产线预计未来现金流量有关的资料如表 2－1 所示（有关现金流量均发生于年末，各年末不存在与产品 W 相关的存货，收入、支出均不含增值税）。

表 2－1 单位：万元

项目	2×17 年	2×18 年	2×19 年
产品 W 销售收入	1 000	900	800
上年销售产品 W 产生应收账款本年收回	0	50	80
本年销售产品 W 产生应收账款将于下年收回	50	80	0
购买生产产品 W 的材料支付现金	500	450	400
以现金支付职工薪酬	200	190	150
其他现金支出	120	110	90
处置生产线净现金流入			50

甲公司会计处理如下：

2×17 年净现金流量＝(1 000－50)－500－200－120＝130(万元)

2×18 年净现金流量＝(900＋50－80)－450－190－110＝120(万元)

2×19 年净现金流量＝(800＋80)－400－150－90＋50＝290(万元)

3. 预计资产未来现金流量应当考虑的因素

（1）以资产的当前状况为基础预计资产未来现金流量。企业资产在使用过程中有时会因为改良、重组等原因而发生变化，因此，在预计资产未来现金流量时，企业应当以资产的当前状况为基础，不应当包括与将来可能会发生的、尚未作出承诺的重组事项或者与资产改良有关的预计未来现金流量。

【例 2－2】 甲公司于 2×16 年年末对某项固定资产进行减值测试。该固定资产的账面价值为2 000万元，预计尚可使用年限为 8 年。

该固定资产的公允价值减去处置费用后的净额难以确定，因此，企业需要通过计算其未来现金流量的现值确定资产的可收回金额。

为了计算该固定资产在 2×16 年年末未来现金流量的现值，公司首先必须预计其未来现金流量。假定公司管理层批准的 2×16 年年末的该固定资产未来现金流量如表 2－2 所示。

表 2-2　　单位：万元

年份	预计未来现金流量（不包括改良的影响金额）	预计未来现金流量（包括改良的影响金额）
2×17	130	
2×18	125	
2×19	120	
2×20	118	
2×21	115	
2×22	112	150
2×23	110	148
2×24	106	146

根据资产减值准则的规定，在 2×16 年年末预计资产未来现金流量时，应当以资产当时的状况为基础，不应考虑与该资产改良有关的预计未来现金流量。因此，尽管 2×21 年该固定资产进行更新，以改良资产绩效，提高资产未来现金流量，但是在 2×16 年年末对其进行减值测试时，则不应该将改良的影响金额包括在内。即在 2×16 年年末计算该资产未来现金流量的现值时，应该以不包括资产改良影响金额的未来现金流量为基础加以计算。具体如表 2-3 所示。

表 2-3　　单位：万元

年份	预计未来现金流量（不包括改良的影响金额）
2×17	130
2×18	125
2×19	120
2×20	118
2×21	115
2×22	112
2×23	110
2×24	106

（2）预计资产未来现金流量不应当包括筹资活动和所得税收付产生的现金流量。企业预计的资产未来现金流量，不应当包括筹资活动产生的现金流入或者流出以及与所得税收付有关的现金流量。其原因有二：一是所筹集资金的货币时间价值已经通过折现因素予以考虑；二是折现率要求以税前基础计算确定，因此现金流量的预计也必须建立在税前基础之上。

（3）对通货膨胀因素的考虑应当和折现率相一致。企业在预计资产未来现金流量和折现率时，考虑因一般通货膨胀而导致物价上涨的因素，应当采用一致的基础。如果折现率考虑了因一般通货膨胀而导致的物价上涨影响因素，预计资产未来现金流量也应予以考虑；反之，如果折现率没有考虑因一般通货膨胀而导致的物价上涨影响因素，预计资产未来现金流量也应当剔除这一影响因素。总之，在考虑通货膨胀因素的问题上，资产未来现金流量的预计和折现率的预计，应保持一致。

（4）内部转移价格应当予以调整。在一些企业集团里，出于集团整体战略发展的考虑，某些资产生产的产品或者产出可能是供其集团内部其他企业使用或者对外销售的，所确定的交易价格或者结算价格基于内部转移价格，而内部转移价格很可能与市场交易价格不同，在这种情况下，为了如实测算企业资产的价值，就不应当简单地以内部转移价格为基础预计资产未来现金流量，而应当采用在公平交易中企业管理层能够达成的最佳的未来价格估计数预计。

4. 预计资产未来现金流量的方法

预计资产未来现金流量通常应当根据资产未来每期最有可能产生的现金流量预测。这种方法通常叫做传统法，它使用单一的未来每期预计现金流量和单一折现率计算资产未来现金流量的现值。

【例 2-3】A 企业拥有甲固定资产，该固定资产剩余使用年限为 5 年，企业预计未来 5 年内，该资产每年可为企业产生的净现金流量分别为 100 万元、80 万元、60 万元、40 万元和 20 万元。该现金流量通常即为最有可能产生的现金流量，企业应以该现金流量的预计数为基础计算甲固定资产的现值。

在实务中，有时影响资产未来现金流量的因素较多，情况较为复杂，带有很大的不确定性，因此，使用单一的现金流量可能并不会如实地反映资产创造现金流量的实际情况。这时，企业应当采用期望现金流量法预计资产未来现金流量。

【例 2-4】承例 2-3，假定利用甲固定资产生产的产品受市场行情波动影响大，企业预计未来 5 年每年的现金流量情况如表 2-4 所示。

表 2-4

单位：万元

时间	产品行情好（30%的可能性）	产品行情一般（60%的可能性）	产品行情差（10%的可能性）
第 1 年	120	100	80
第 2 年	100	80	60
第 3 年	80	60	40
第 4 年	60	40	20
第 5 年	40	20	0

在本例中，采用期望现金流量法比采用传统法更为合理。在期望现金流量法下，资产未来现金流量应当根据每期现金流量期望值进行预计，每期现金流量期望值按照各种可能情况下的现金流量与其发生概率加权计算。按照表 2-4 提供的资料，企业应当计算资产每年的预计未来现金流量如下：

第 1 年的预计现金流量（期望现金流量）$=120\times30\%+100\times60\%+80\times10\%=104$（万元）

第 2 年的预计现金流量（期望现金流量）$=100\times30\%+80\times60\%+60\times10\%=84$（万元）

第 3 年的预计现金流量（期望现金流量）$=80\times30\%+60\times60\%+40\times10\%=64$（万元）

第 4 年的预计现金流量（期望现金流量）$=60\times30\%+40\times60\%+20\times10\%=44$（万元）

第 5 年的预计现金流量（期望现金流量）$=40\times30\%+20\times60\%+0\times10\%=24$（万元）

企业在预计资产未来现金流量的现值时，如果资产未来现金流量的发生时间不确定，企业应当根据资产在每一种可能情况下的现值及其发生概率直接加权计算资产未来现金流量的现值。

（二）折现率的预计

为了资产减值测试的目的，计算资产未来现金流量现值时所使用的折现率应当是反映当前市场货币时间价值和资产特定风险的税前利率。该折现率是企业在购置或者投资资产时所要求的必要报酬率。

（三）资产未来现金流量现值的预计

在预计资产未来现金流量和折现率的基础之上，资产未来现金流量的现值只需将该资产的预计未来现金流量按照预计的折现率在预计期限内加以折现即可确定。其计算公式如下：

$$\text{资产未来现金流量的现值}=\sum\left[\frac{\text{第}\,t\,\text{年预计资产未来现金流量}}{(1+\text{折现率})^{t}}\right]$$

【例 2-5】 2×16 年 12 月 31 日，A 公司发现 2×13 年 12 月 31 日购入的一项利用专利的技术设备，由于类似的专利技术在市场上已经出现，此项设备可能减值。有关资料如下：

（1）如果该企业准备出售，市场上厂商愿意以 2 200 000 元的销售净价收购该设备。

（2）如继续使用，尚可使用 5 年，未来 5 年的现金流量分别为 500 000 元、480 000 元、460 000 元、440 000 元、420 000 元，第 5 年使用寿命结束时预计处置带来现金流量为 380 000 元。

（3）采用折现率 5%，假设 2×16 年年末账面原价为 8 000 000 元，已经计提折旧 2 000 000 元，以前年度已计提减值准备 500 000 元。利率为 5%、期数 1～5 期的复利现值系数分别为 0.952 4、0.907 0、0.863 8、0.822 7、0.783 5。

A 公司的会计处理如下：

（1）计算预计未来现金流量现值，计算结果如表 2-5 所示。

表 2-5　预计未来现金流量现值计算表　单位：元

年份	预计未来现金流量	折现率（%）	折现系数	现值
2×17	500 000	5	0.952 4	476 200
2×18	480 000	5	0.907 0	435 360
2×19	460 000	5	0.863 8	397 348
2×20	440 000	5	0.822 7	361 988
2×21	800 000	5	0.783 5	626 800
合计				2 297 696

（2）计算该资产的可收回金额。由表 2-5 可知，资产预计未来现金流量现值为 2 297 696元，公允价值减去处置费用后的净额为 2 200 000 元，取两者较高者为资产可收回金额，即 2 297 696 元。

（3）计算该资产计提的减值准备。该资产的账面价值为：

账面价值＝原价－折旧－已计提资产减值

＝8 000 000－2 000 000－500 000

＝5 500 000（元）

比较该资产的账面价值和可收回金额，由于可收回金额低于账面价值，则确认减值损失如下：

应确认资产减值损失＝5 500 000－2 297 696＝3 202 304（元）

（四）外币未来现金流量及其现值的预计

随着我国企业日益融入世界经济体系和国际贸易的大幅度增加，企业使用资产所收到的未来现金流量有可能为外币，在这种情况下，企业应当按照以下顺序确定资产未来现金流量的现值：

（1）以该资产所产生的未来现金流量的结算货币为基础预计其未来现金流量，并按照该货币适用的折现率计算资产的现值。

（2）将该外币现值按照计算资产未来现金流量现值当日的即期汇率进行折算，从而折现成按照记账本位币表示的资产未来现金流量的现值。

（3）将该现值与资产公允价值减去处置费用后的净额相比较，确定其可收回金额，根据可收回金额与资产账面价值的比较，确定是否需要确认减值损失以及确认多少减值损失。

资产预计未来现金流量的现值的估计方法见图 2－2。

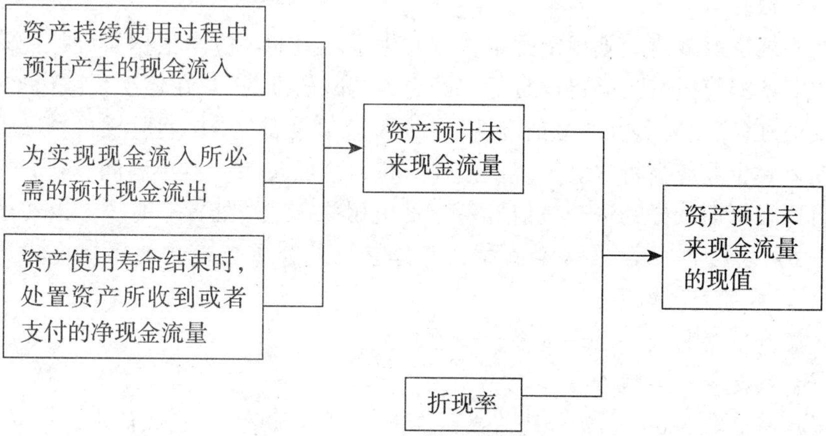

图 2－2　资产预计未来现金流量的现值的估计方法

第三节　资产减值损失的确认与计量

一、资产减值损失确认与计量的一般原则

企业在对资产进行减值测试并计算了资产可收回金额后，如果资产的可收回金额低于

其账面价值的，应当将资产的账面价值减记至可收回金额，减记的金额确认为资产减值损失，计入当期损益，同时计提相应的资产减值准备。

资产减值损失确认后，减值资产的折旧或者摊销费用应当在未来期间作相应调整，以使该资产在剩余使用寿命内，系统地分摊调整后的资产账面价值（扣除预计净残值）。比如，固定资产计提了减值准备后，固定资产账面价值将根据计提的减值准备相应抵减，因此，固定资产在未来计提折旧时，应当按照新的固定资产账面价值为基础计提每期折旧。

一方面考虑到固定资产、无形资产、商誉等资产发生减值后，价值回升的可能性比较小，通常属于永久性减值；另一方面从会计信息谨慎性要求出发，为了避免确认资产重估增值和操纵利润，资产减值准则规定，资产减值损失一经确认，在以后会计期间不得转回。以前期间计提的资产减值准备，在资产处置、出售、对外投资、以非货币性资产交换方式换出、在债务重组中抵偿债务等时，才可予以转出。

二、资产减值损失的账务处理

为了正确核算企业确认的资产减值损失和计提的资产减值准备，企业应当设置“资产减值损失”科目，按照资产类别进行明细核算，反映各类资产在当期确认的资产减值损失金额；同时，应当根据不同的资产类别，分别设置“固定资产减值准备”“在建工程减值准备”“投资性房地产减值准备”“无形资产减值准备”“商誉减值准备”“长期股权投资减值准备”等科目。

当企业根据资产减值准则规定确定资产发生了减值的，应当根据所确认的资产减值金额，借记“资产减值损失”科目，贷记“固定资产减值准备”“在建工程减值准备”“投资性房地产减值准备”“无形资产减值准备”“商誉减值准备”“长期股权投资减值准备”等科目。在期末，企业应当将“资产减值损失”科目余额转入“本年利润”科目。各资产减值准备科目累积每期计提的资产减值准备，直至相关资产被处置等时才予以转出。

【例 2-6】承例 2-5，根据测试和计算结果，A 公司应确认的固定资产减值损失为 3 202 304 元，账务处理如下：

借：资产减值损失——固定资产减值损失　　3 202 304

　贷：固定资产减值准备　　3 202 304

计提资产减值准备后，固定资产的账面价值为 2 297 696 元，在该固定资产剩余使用寿命内，公司应当以此为基础计提折旧。如果发生进一步减值的，再作进一步的减值测试。

第四节 资产组的认定及减值处理

一、资产组的认定

资产减值准则规定，如果有迹象表明一项资产可能发生减值的，企业应当以单项资产为基础估计其可收回金额。但是，在企业难以对单项资产的可收回金额进行估计的情况下，应当以该资产所属的资产组为基础确定资产组的可收回金额。因此，资产组的认定十分重要。

资产组是企业可以认定的最小资产组合，其产生的现金流入应当基本上独立于其他资产或者资产组。资产组应当由创造现金流入相关的资产组成。

认定资产组应当考虑以下两个因素：

(1) 资产组的认定，应当以资产组产生的主要现金流入是否独立于其他资产或者资产组的现金流入为依据。因此，资产组能否独立产生现金流入是认定资产组的最关键因素。比如，企业的某一生产线、营业网点、业务部门等，如果能够独立于其他部门或者单位等创造收入、产生现金流，或者其创造的收入和现金流入绝大部分独立于其他部门或者单位的，并且属于可认定的最小的资产组合的，通常应将该生产线、营业网点、业务部门等认定为一个资产组。例如，某矿业公司拥有一个煤矿，与煤矿的生产和运输相配套，建有一条专用铁路。该铁路除非报废出售，其在持续使用中，难以脱离与煤矿相关的其他资产而产生单独的现金流入，因此，企业难以对专用铁路的可收回金额进行单独估计，专用铁路和煤矿其他相关资产必须结合在一起，成为一个资产组，以估计该资产组的可收回金额。

在资产组的认定中，企业几项资产的组合生产的产品（或者其他产出）存在活跃市场的，无论这些产品（或者其他产出）是用于对外出售还是仅供企业内部使用，均表明这几项资产的组合能够独立创造现金流入，在符合其他相关条件的情况下，应当将这些资产的组合认定为资产组。

【例 2-7】 甲上市公司由专利权 X、设备 Y 以及设备 Z 组成的生产线，专门用于生产产品 W。该生产线于 2×10 年 1 月投产，至 2×16 年 12 月 31 日已连续生产 7 年。甲公司按照不同的生产线进行管理，产品 W 存在活跃市场。生产线生产的产品 W，经包装机 H 进行外包装后对外出售。

有关产品 W 生产线及包装机 H 的资料如下：

(1) 专利权 X 于 2×10 年 1 月取得，专门用于生产产品 W，此外无其他用途。

(2) 专用设备 Y 和 Z 是为生产产品 W 专门订制的，除生产产品 W 外，无其他用途。

(3) 包装机 H 系甲公司于 2×09 年 12 月 18 日购入，用于对公司生产的部分产品（包括产品 W）进行外包装。该包装机由独立核算的包装车间使用。公司生产的产品进行包装时需按市场价格向包装车间内部结算包装费。除用于本公司产品的包装外，甲公司还用该机器承接其他企业产品的外包装，收取包装费。包装机的公允价值减去处置费用后的净额及未来现金流量现值能够合理确定。

本例中，包装机 H 的可收回金额能够单独计算确定，可作为一单项资产计提减值准备。

专利权 X、设备 Y 以及设备 Z 均无法独立产生现金流入，该三项资产共同产生现金流入，应将三项资产作为一个资产组。

需说明的是，若包装机 H 只对产品 W 进行包装，无法独立产生未来现金流量，则包装机 H 也应和专利权 X、设备 Y 以及设备 Z 共同组成一个资产组。

(2) 资产组的认定，应当考虑企业管理层对生产经营活动的管理或者监控方式（如是按照生产线、业务种类还是按照地区或者区域等）和对资产的持续使用或者处置的决策方式等。如果企业各生产线都是独立生产、管理和监控的，那么各生产线很可能应当被认定为单独的资产组；如果某些机器设备是相互关联、互相依存的，其使用和处置是一体化决策的，那么这些机器设备很可能应当被认定为一个资产组。例如，ABC服装公司有童装、男装和女装三个工厂，每个工厂在采购、生产、销售、核算、考核和管理等方面都相对独立，在这种情况下，每个工厂通常应当被认定为一个资产组。再如，某企业生产的铸件要经过铸造车间铸造、机械加工车间进行机械加工才能对外出售。如果该企业的铸造车间和机械加工车间只生产这一种铸件，则铸造车间和机械加工车间构成一个资产组。

需说明的是，资产组一经确定后，在各个会计期间应当保持一致，不得随意变更。即资产组的各项资产构成通常不能随意变更。但是，如果由于企业重组、变更资产用途等原因，导致资产组构成确需变更的，企业可以进行变更，但企业管理层应当证明该变更是合理的，并应当在附注中作相应说明。

■ 二、资产组减值测试

资产组减值测试的原理和单项资产减值测试的原理是一致的，即企业需要预计资产组的可收回金额和计算资产组的账面价值，并对两者进行比较，如果资产组的可收回金额低于其账面价值，则表明资产组发生了减值损失，应当予以确认。

（一）资产组账面价值和可收回金额的确定基础

资产组账面价值的确定基础应当与其可收回金额的确定方式相一致。

资产组的可收回金额应当按照该资产组的公允价值减去处置费用后的净额与其预计未来现金流量的现值两者之间较高者确定。

资产组的账面价值应当包括可直接归属于资产组并可以合理和一致地分摊至资产组的资产账面价值，通常不应当包括已确认负债的账面价值，但如不考虑该负债金额就无法确定资产组可收回金额的除外。这是因为在预计资产组的可收回金额时，既不包括与该资产组的资产无关的现金流量，也不包括与已在财务报表中确认的负债有关的现金流量。因此，为了与资产组可收回金额的确定基础相一致，资产组的账面价值也不应当包括这些项目。

在处置资产组时，如要求购买者承担一项负债（如环境恢复负债等），该负债金额已经确认并计入相关资产账面价值，而且企业只能取得包括上述资产和负债在内的单一公允价值减去处置费用后的净额的，为了比较资产组的账面价值和可收回金额，在确定资产组的账面价值及其预计未来现金流量的现值时，应当将已确认的负债金额从中扣除。

【例2-8】 ABC公司在某山区经营一座某有色金属矿山，根据规定公司在矿山完成开采后应当将该地区恢复原貌。恢复费用主要为山体表层复原费用（比如恢复植被等），因为山体表层必须在矿山开发前挖走。因此，企业在山体表层挖走后，确认了一项预计负债，并计入矿山成本，假定其金额为300万元。

2×16年12月31日，随着开采的进展，ABC公司发现矿山中的有色金属储量远低于预期，因此，公司对该矿山进行了减值测试。考虑到矿山的现金流量状况，整座矿山被认定为一个资产组。该资产组在2×16年年末的账面价值为1 000万元（包括确认的恢复山体原貌的预计负债）。

矿山（资产组）如于2×16年12月31日对外出售，买方愿意出价820万元（包括恢复山体原貌成本，即已经扣减这一成本因素），预计处置费用为20万元，因此该矿山的公允价值减去处置费用后的净额为800万元。

矿山的预计未来现金流量的现值为1 200万元，不包括恢复费用。

根据资产减值准则的要求，为了比较资产组的账面价值和可收回金额，在确定资产组的账面价值及其预计未来现金流量的现值时，应当将已确认的负债金额从中扣除。

在本例中，资产组的公允价值减去处置费用后的净额为800万元，该金额已经考虑了恢复费用。该资产组预计未来现金流量的现值在考虑了恢复费用后为900（1 200－300）万元。因此，该资产组的可收回金额为900万元。资产组的账面价值在扣除了已确认的恢复原貌预计负债后的金额为700（1 000－300）万元。这样，资产组的可收回金额大于其账面价值，所以，资产组没有发生减值，不必确认减值损失。

（二）资产组减值的会计处理

根据减值测试的结果，资产组（包括资产组组合，在后述有关总部资产或者商誉的减值测试时涉及）的可收回金额如低于其账面价值，应当确认相应的减值损失。减值损失金额应当按照以下顺序进行分摊：

（1）抵减分摊至资产组中商誉的账面价值。

（2）根据资产组中除商誉之外的其他各项资产的账面价值所占比重，按比例抵减其他各项资产的账面价值。

以上资产账面价值的抵减，应当作为各单项资产（包括商誉）的减值损失处理，计入当期损益。抵减后的各资产的账面价值不得低于以下三者之中最高者：该资产的公允价值减去处置费用后的净额（如可确定的）、该资产预计未来现金流量的现值（如可确定的）和零。因此而导致的未能分摊的减值损失金额，应当按照相关资产组中其他各项资产的账面价值所占比重进行分摊。

【例2-9】某公司在A、B、C三地拥有三家分公司，其中C分公司是上年吸收合并的公司。由于A、B、C三家分公司均能产生独立于其他分公司的现金流入，所以该公司将这三家分公司确定为三个资产组。2×16年12月1日，该公司经营所处的技术环境发生了重大不利变化，出现减值迹象，需要进行减值测试。减值测试时，C分公司资产组的账面价值为520万元（含合并商誉20万元）。该公司计算C分公司资产的可收回金额为400万元。假定C分公司资产组中包括甲设备、乙设备和一项无形资产，其账面价值分别为250万元、150万元和100万元。

本例中，C分公司资产组的账面价值为520万元，可收回金额为400万元，发生减值120万元。

C分公司资产组中的减值额先冲减商誉20万元，余下的100万元分配给甲设备、乙设备和无形资产：

甲设备应承担的减值损失＝100÷(250＋150＋100)×250＝50(万元)

乙设备应承担的减值损失＝100÷(250＋150＋100)×150＝30(万元)

无形资产应承担的减值损失＝100÷(250＋150＋100)×100
＝20(万元)

应编制会计分录如下：

借：资产减值损失　　1 200 000

　贷：商誉减值准备　　200 000

　　固定资产减值准备　　800 000

　　无形资产减值准备　　200 000

【例 2-10】 大海公司有一条生产光学器材的生产线，由甲、乙、丙三部机器构成，初始成本分别为 80 万元、120 万元和 200 万元。该生产线使用年限为 10 年，已使用 5 年，预计净残值为零，以年限平均法计提折旧。三部机器均无法单独产生现金流量，但整条生产线构成完整的产销单位，属于一个资产组。由于 2×16 年该生产线所生产光学器材有替代产品上市，导致到年底公司光学器材销量锐减 40%。因此，大海公司于 2×16 年年末对该条生产线进行减值测试。经估计生产线未来 5 年现金流量及其折现率，得到其现值为 120 万元。而公司无法合理估计其公允价值减去处置费用后的净额，则以预计未来现金流量的现值作为其可收回金额。2×16 年末甲机器的公允价值减去处置费用后的净额为 30 万元，乙、丙机器都无法合理估计其公允价值减去处置费用后的净额以及未来现金流量的现值。整条生产线预计尚可使用 5 年。

大海公司的会计处理如下：

(1) 确定 2×16 年 12 月 31 日资产组的账面价值：

$$资产组账面价值=(80+120+200)-\left(\frac{80}{10}\times 5+\frac{120}{10}\times 5+\frac{200}{10}\times 5\right)$$
$$=200(万元)$$

(2) 计算资产减值损失，结果如表 2-6 所示。

表 2-6　　资产减值损失计算表　　单位：元

项目	机器甲	机器乙	机器丙	整条生产线（资产组）
账面价值	400 000	600 000	1 000 000	2 000 000
可收回金额				1 200 000
减值损失				800 000
减值损失分摊比例（%）	20	30	50	
分摊减值损失	100 000	240 000	400 000	740 000
分摊后账面价值	300 000	360 000	600 000	
尚未分摊的减值损失				60 000
二次分摊比例（%）		37.50	62.50	
二次分摊减值损失		22 500	37 500	60 000
二次分摊后应确认减值损失总额		262 500	437 500	
二次分摊后账面价值		337 500	562 500	

需说明的是，抵减后的各资产的账面价值不得低于以下三者之中最高者：该资产的公允价值减去处置费用后的净额（如可确定的）、该资产预计未来现金流量的现值（如可确定的）和零。因此而导致的未能分摊的减值损失金额，应当按照相关资产组或者资产组组合中其他各项资产的账面价值所占比重进行分摊。因甲机器的公允价值减去处置费用后的

净额为 30 万元，所以分摊的价值损失为 10 万元，而不是 16 万元。

（3）编制计提资产减值损失的会计分录：

借：资产减值损失——机器甲 100 000
——机器乙 262 500
——机器丙 437 500
贷：固定资产减值准备——机器甲 100 000
——机器乙 262 500
——机器丙 437 500

三、总部资产的减值测试

企业总部资产包括企业集团或其事业部的办公楼、电子数据处理设备、研发中心等资产。总部资产的显著特征是难以脱离其他资产或者资产组产生独立的现金流入，而且其账面价值难以完全归属于某一资产组。因此，总部资产通常难以单独进行减值测试，需要结合其他相关资产组或者资产组组合进行。资产组组合，是指由若干个资产组组成的最小资产组组合，包括资产组或者资产组组合，以及按合理方法分摊的总部资产部分。

在资产负债表日，如果有迹象表明某项总部资产可能发生减值，企业应当计算确定该总部资产所归属的资产组或者资产组组合的可收回金额，然后将其与相应的账面价值相比较，据以判断是否需要确认减值损失。

企业对某一资产组进行减值测试时，应当先认定所有与该资产组相关的总部资产，再根据相关总部资产能否按照合理和一致的基础分摊至该资产组分别下列情况处理：

（1）对于相关总部资产能够按照合理和一致的基础分摊至该资产组的部分，应将该部分总部资产的账面价值分摊至该资产组，再据以比较该资产组的账面价值（包括已分摊的总部资产的账面价值部分）和可收回金额，并按照前述有关资产组减值测试顺序和方法处理。

（2）对于相关总部资产中有部分资产难以按照合理和一致的基础分摊至该资产组的，应当按照下列步骤处理：

首先，在不考虑相关总部资产的情况下，估计和比较资产组的账面价值和可收回金额，并按照前述有关资产组减值测试的顺序和方法处理。

其次，认定由若干个资产组组成的最小的资产组组合，该资产组组合应当包括所测试的资产组与可以按照合理和一致的基础将该部分总部资产的账面价值分摊其上的部分。

最后，比较所认定的资产组组合的账面价值（包括已分摊的总部资产的账面价值部分）和可收回金额，并按照前述有关资产组减值测试的顺序和方法处理。

总部资产减值测试方法见图 2－3。

【例 2－11】 ABC 高科技企业拥有 A、B 和 C 三个资产组，在 2×16 年年末，这三个资产组的账面价值分别为 100 万元、150 万元和 200 万元，没有商誉。这三个资产组为三条生产线，预计剩余使用寿命分别为 10 年、20 年和 20 年，采用直线法计提折旧。由于 ABC 公司的竞争对手通过技术创新推出了更高技术含量的产品，受到市场欢迎，从而对 ABC 公司产品产生了重大不利影响，为此，ABC 公司于 2×16 年年末对各资产组需要进行减值测试。

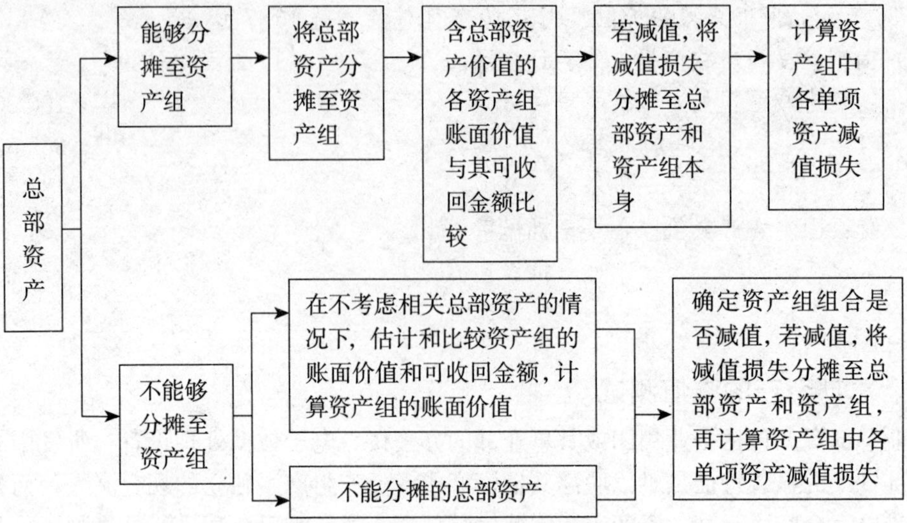

图 2-3　总部资产减值测试方法

已知ABC公司的经营管理活动由总部负责，总部资产包括一栋办公大楼和一个研发中心，其中办公大楼的账面价值为150万元，研发中心的账面价值为50万元。办公大楼的账面价值可以在合理和一致的基础上分摊至各资产组，但是研发中心的账面价值难以在合理和一致的基础上分摊至各相关资产组。对于办公大楼的账面价值，企业根据各资产组的账面价值和剩余使用寿命加权平均计算的账面价值分摊比例进行分摊。

ABC公司计算得到的资产组A的未来现金流量现值为199万元，资产组B的未来现金流量现值为164万元，资产组C的未来现金流量现值为271万元，包括研发中心在内的最小资产组组合（ABC公司）的未来现金流量现值为720万元。

假定各资产组的公允价值减去处置费用后的净额难以确定。

本例中，在对各资产组进行减值测试时，首先应当认定与其相关的总部资产。由于ABC公司的经营管理活动由总部负责，因此相关的总部资产包括办公大楼和研发中心，考虑到办公大楼的账面价值可以在合理和一致的基础上分摊至各资产组，但是研发中心的账面价值难以在合理和一致的基础上分摊至各相关资产组。因此，对于办公大楼的账面价值，企业应当首先根据各资产组的账面价值和剩余使用年限加权平均计算的账面价值分摊比例进行分摊，具体如表2-7所示。

表 2-7　　单位：万元

项　目	资产组A	资产组B	资产组C	总计
各资产组账面价值	100	150	200	450
各资产组剩余使用寿命（年）	10	20	20	
按使用寿命计算的权重	1	2	2	
加权计算后的账面价值	100	300	400	800
办公大楼分摊比例（各资产组加权计算后的账面价值/各资产组加权平均计算后的账面价值合计）	12.5%	37.5%	50%	100%
办公大楼账面价值分摊到各资产组的金额	19	56	75	150
包括分摊的办公大楼账面价值的各资产组账面价值	119	206	275	600

企业随后应当确定各资产组的可收回金额，并将其与账面价值（包括已分摊的办公大楼的账面价值部分）相比较，以确定相应的减值损失。考虑到研发中心的账面价值难以按照合理和一致的基础分摊至资产组，因此确定由A、B、C三个资产组组成最小资产组组合（在本例中即为整个企业），通过计算该资产组组合的可收回金额，并将其与账面价值（包括已分摊的办公大楼和研发中心的账面价值部分）相比较，以确定相应的减值损失。由于各资产组和资产组组合的公允价值减去处置费用后的净额难以确定，企业根据它们的预计未来现金流量的现值来计算其可收回金额。

由于资产组A、B、C的可收回金额分别为199万元、164万元和271万元，而相应的账面价值（包括分摊的办公大楼账面价值）分别为119万元、206万元和275万元，资产组B和C的可收回金额均低于其账面价值，应当分别确认42万元和4万元的减值损失，并将该减值损失在办公大楼和资产组之间进行分摊。根据分摊结果，因资产组B发生减值损失42万元而导致办公大楼减值11(42×56÷206）万元，导致资产组B中所包括资产发生减值31(42×150÷206）万元；因资产组C发生减值损失4万元而导致办公大楼减值1(4×75÷275）万元，导致资产组C中所包括资产发生减值3(4×200÷275）万元。

经过上述减值测试后，资产组A、B、C和办公大楼的账面价值分别为100万元、119(150－31）万元、197(200－3）万元和138(150－11－1）万元，研发中心的账面价值仍为50万元，由此包括研发中心在内的最小资产组组合（即ABC公司）的账面价值总额为604(100＋119＋197＋138＋50）万元，但其可收回金额为720万元，高于其账面价值，因此，企业不必再确认进一步的减值损失（包括研发中心的减值损失）。

根据以上计算与分析的结果，ABC公司资产组A没有发生减值，资产组B和C发生了减值，应当对其所包括资产分别确认减值损失31万元和3万元。总部资产中，办公楼发生了减值，应当确认减值损失12万元，但是研发中心没有发生减值。

第五节 商誉减值测试与处理

一、商誉减值测试的基本要求

企业合并所形成的商誉，至少应当在每年年度终了进行减值测试。由于商誉难以独立产生现金流量，因此，商誉应当结合与其相关的资产组或者资产组组合进行减值测试。

这些相关的资产组或者资产组组合应当是能够从企业合并的协同效应中受益的资产组或者资产组组合，但不应当大于按照《企业会计准则第35号——分部报告》所确定的报告分部。

为了达到资产减值测试的目的，对于因企业合并形成的商誉的账面价值，应当自购买日起按照合理的方法分摊至相关的资产组；难以分摊至相关的资产组的，应当将其分摊至相关的资产组组合。

二、商誉减值测试的方法与会计处理

企业在对包含商誉的相关资产组或者资产组组合进行减值测试时，如与商誉相关的资产组或者资产组组合存在减值迹象的，应当首先对不包含商誉的资产组或者资产组组合进行减值测试，计算可收回金额，并与相关账面价值相比较，确认相应的减值损失。然后，再对包含商誉的资产组或者资产组组合进行减值测试，比较这些相关资产组或者资产组组合的账面价值（包括所分摊的商誉的账面价值部分）与其可收回金额，如相关资产组或者资产组组合的可收回金额低于其账面价值，应当就其差额确认减值损失。减值损失金额应当首先抵减分摊至资产组或者资产组组合中商誉的账面价值；再根据资产组或者资产组组合中除商誉之外的其他各项资产的账面价值所占比重，按比例抵减其他各项资产的账面价值。和资产减值测试的处理一样，以上资产账面价值的抵减，也都应当作为各单项资产（包括商誉）的减值损失处理，计入当期损益。抵减后的各资产的账面价值不得低于以下三者之中最高者：该资产的公允价值减去处置费用后的净额（如可确定的）、该资产预计未来现金流量的现值（如可确定的）和零。因此而导致的未能分摊的减值损失金额，应当按照相关资产组或者资产组组合中其他各项资产的账面价值所占比重进行分摊。

由于按照《企业会计准则第 20 号——企业合并》的规定，因企业合并所形成的商誉是母公司根据其在子公司所拥有的权益而确认的商誉，子公司中归属于少数股东的商誉并没有在合并财务报表中予以确认。因此，在对与商誉相关的资产组或者资产组组合进行减值测试时，由于其可收回金额的预计包括归属于少数股东的商誉价值部分，因此为了使减值测试建立在一致的基础上，企业应当调整资产组的账面价值，将归属于少数股东权益的商誉包括在内，然后根据调整后的资产组账面价值与其可收回金额进行比较，以确定资产组（包括商誉）是否发生了减值。

上述资产组如发生减值的，应当首先抵减商誉的账面价值，但由于根据上述方法计算的商誉减值包括了应当由少数股东权益承担的部分，而少数股东权益承担的商誉价值及其减值损失都不在合并财务报表中反映，合并财务报表只反映归属于母公司的商誉减值损失，因此应当将商誉减值损失在可归属于母公司和少数股东权益部分之间按比例进行分摊，以确认归属于母公司的商誉减值损失。

【例 2-12】 甲企业在 2×16 年 1 月 1 日以 3 200 万元的价格收购了乙企业 80%股权。在购买日，乙企业可辨认资产的公允价值为 3 000 万元，没有负债。因此，甲企业在购买日编制的合并资产负债表中确认商誉 800(3 200－3 000×80%) 万元、乙企业可辨认净资产 3 000 万元和少数股东权益 600(3 000×20%) 万元。

假定乙企业的所有资产被认定为一个资产组。由于该资产组包括商誉，因此，它至少应当于每年年度终了进行减值测试。

在 2×16 年年末，甲企业确定该资产组的可收回金额为 2 000 万元，按购买日公允价值持续计算的可辨认净资产的账面价值为 2 700 万元。由于乙企业作为一个单独的资产组的可收回金额 2 000 万元中，包括归属于少数股东权益在商誉价值中享有的部分，因此出于减值测试的目的，在与资产组的可收回金额进行比较之前，必须对资产组的账面价值进行调整，使其包括归属于少股东权益的商誉价值 200[(3 200÷80%－3 000)×20%] 万元。然后再据以比较该资产的账面价值和可收回金额，确定是否发生了减值损失。其测试过程如

表 2－8 所示。

表 2－8　　单位：万元

项目	商誉	可辨认净资产	合计
账面价值	800	2 700	3 500
未确认归属于少数股东权益的商誉价值	200	—	200
调整后账面价值	1 000	2 700	3 700
可收回金额			2 000
减值损失			1 700

根据上述计算结果，资产组发生减值损失 1 700 万元，应当首先冲减商誉的账面价值，然后再将剩余部分分摊至资产组中的其他资产。在本例中，1 700 万元减值损失中有 1 000 万元应当属于商誉减值损失，其中由于在合并财务报表中确认的商誉仅限于甲企业持有乙企业 80%股权部分，因此，甲企业只需要在合并报表中确认归属于甲企业的商誉减值损失，即 1 000 万元商誉减值损失的 80%，为 800 万元。剩余的 700（1 700－1 000）万元减值损失应当冲减乙企业的可辨认资产的账面价值，作为乙企业可辨认资产的减值损失。减值损失的分摊过程如表 2－9 所示。

表 2－9　　单位：万元

项目	商誉	可辨认资产	合计
账面价值	800	2 700	3 500
确认的减值损失	－800	－700	－1 500
确认减值损失后的账面价值	—	2 000	2 000

关键概念

可收回金额　折现率　资产组　资产组组合

思考题

1. 在计算资产预计未来现金流量的现值时，预计资产未来现金流量应当包括哪些内容？
2. 如何确定资产组？
3. 如何对总部资产进行减值测试？

第三章

政府补助

第一节

政府补助概述

一、政府补助的特征

一个国家的政府向企业提供经济支持，以鼓励或扶持特定行业、地区或领域的发展，是政府进行宏观调控的重要手段，也是国际上通行的做法。随着我国社会主义市场经济的发展和完善，履行世界贸易组织（WTO）协定有关承诺，政府对企业的经济支持主要集中在关系国计民生的农业、环境保护以及科学技术研究等领域。比如，对生产或储备粮、棉、油等产品的企业给予的定额补助，这些生活必需品涉及千家万户，其价格往往不能随行就市，售价低于成本造成的损失需要由政府来弥补。再如，为了促进环境保护，政府对符合条件的企业实行增值税先征后返政策，返还的税款专项用于环保支出。

政府补助准则规定，政府补助是指企业从政府无偿取得的货币性资产或非货币性资产，但不包括政府作为企业所有者投入的资本。政府补助准则规范的政府补助主要有下述特征。

（一）来源于政府的经济资源

政府主要是指行政事业单位及类似机构。对企业收到的来源于其他方的补助，如有确凿证据表明政府是补助的实际拨付者，其他方只是起到代收代付的作用，则该项补助也属于来源于政府的经济资源。

（二）无偿性

无偿性是政府补助的基本特征。政府并不因此享有企业的所有权，企业将来也不需要偿还。这一特征将政府补助与政府作为企业所有者投入的资本、政府采购等政府与企业之间双向、互惠的经济活动区分开来。政府补助通常附有一定的条件，这与政府补助的无偿性并无矛盾，并不表明该项补助有偿，而是企业经法定程序申请取得政府补助后，应当按照政府规定的用途使用该项补助。

政府资本性投入不属于政府补助。政府如以企业所有者身份向企业投入资本，将拥有企业相应的所有权，分享企业利润。在这种情况下，政府与企业之间的关系是投资者与被投资者的关系，属于互惠交易。这与其他单位或个人对企业的投资在性质上是一致的。

企业从政府取得的经济资源，如果与企业销售商品或提供劳务等活动密切相关，且来源于政府的经济资源是企业商品或服务的对价或者是对价的组成部分，应当按照《企业会计准则第 14 号——收入》的规定进行会计处理，不适用政府补助准则。

【例 3 - 1】 A 公司是一家生产和销售高效照明产品的企业。国家为了支持高效照明产品的推广使用，通过统一招标的形式确定中标企业、高效照明产品及其中标协议供货价格。A 公司作为中标企业，需以中标协议供货价格减去财政补贴资金后的价格将高效照明产品销售给终端用户，并按照高效照明产品实际安装数量、中标供货协议价格、补贴标准，申请财政补贴资金。2×17 年度，A 公司因销售高效照明产品获得财政资金 2 000 万元。

对 A 公司而言，销售高效照明产品是其日常经营活动，A 公司仍按照中标协议供货价格销售了产品，其销售收入由两部分构成：一是终端用户支付的购买价款，二是财政补贴资金，财政补贴资金是 A 公司产品对价的组成部分。可见，A 公司收到的补贴资金 2 000 万元应当按照收入准则的规定进行会计处理。

【例 3 - 2】 2×17 年 3 月，B 公司与所在城市的开发区人民政府签订了项目合作投资协议，实施“退城进园”技改搬迁。根据协议，B 公司在开发区内投资约 6 亿元建设电子信息设备生产基地。B 公司自开工之日起须在 12 月内完成搬迁工作，从原址搬迁至开发区，同时将 B 公司位于城区繁华地段的原址用地（500 亩，按照所在地段工业用地基准地价评估为 2 亿元）移交给开发政府收储，开发区政府将向 B 公司支付补偿资金 2 亿元。

本例中，为实施“退城进园”技改搬迁，B 公司将其位于城区繁华地段的原址用地移交给开发区政府收储，开发区政府为此向 B 公司支付补偿资金 2 亿元。由于开发区政府对 B 公司的搬迁补偿是基于 B 公司原址用地的公允价值确定的，实质是政府按照相应资产的市场价格向企业购买资产，企业从政府取得的经济资源是企业让渡其资产的对价，双方的交易是互惠性交易，不符合政府补助无偿性的特点，所以 B 公司收到的 2 亿元搬迁补偿资金不作为政府补助处理，而应作为处置非流动资产的收入。

【例 3 - 3】 C 公司是一家从事软件开发和销售的科技公司。为推动科技创新，C 公司取得当地财政部门拨款 1 860 万元，用于资助甲公司 2×17 年 7 月开始进行的一项研发项目的前期研究。该研发项目预计周期为两年，预计将发生研究支出 3 000 万元。研究成果归 C 公司享有。

本例中，C 公司的日常经营活动是软件开发和销售，其从政府取得了 1 860 万元资金用于研发支出，且研发成果归 C 公司享有。所以这项财政拨款具有无偿性，C 公司收到的

1 860 万元资金应当按照政府补助准则的规定进行会计处理。

（三）直接取得的资产

政府补助是企业从政府直接取得的资产，包括货币性资产和非货币性资产，形成企业的收益。比如，企业取得政府拨付的补助，先征后返（退）、即征即退等办法返还的税款，行政划拨的土地使用权、天然起源的天然林等。不涉及资产直接转移的经济支持不属于政府补助准则规范的政府补助，比如政府与企业间的债务豁免，除税收返还外的税收优惠，如直接减征、免征、增加计税抵扣额、抵免部分税额等。

增值税出口退税也不属于政府补助。相关税收法规规定，对增值税出口货物实行零税率，即对出口环节的增值部分免征增值税，同时退回出口货物前道环节所征的进项税额。由于增值税是价外税，出口货物前道环节所含的进项税额是抵扣项目，体现为企业垫付资金的性质，增值税出口退税实质上是政府归还企业事先垫付的资金，不属于政府补助。

二、政府补助的主要形式

在实际工作中，政府补助的形式主要有财政拨款、财政贴息、税收返还和无偿划拨非货币性资产等。

（一）财政拨款

财政拨款是指政府为了支持企业而无偿拨付的款项。这类拨款通常具有严格的政策条件，只有符合申报条件的企业才能申请拨款。

（二）财政贴息

财政贴息又称利息补贴，是财政补助的一种，用于帮助用款单位归还贷款利息的支出。财政贴息的补贴对象通常是符合申报条件的某个综合性项目，包括设备购置、人员培训、研发费用、人员开支、购买服务等，也可以是单项的，比如仅限于研发贷款项目。财政贴息主要有两种方式：一是财政将贴息资金直接支付给受益企业；二是财政将贴息资金直接拨付贷款银行，由贷款银行以低于市场利率的优惠利率向企业提供贷款，承贷企业按照实际发生的利率计算和确认利息费用。

（三）税收返还

税收返还是指政府按照国家有关规定采取先征后返、即征即退等办法向企业返回的税款，属于以税收优惠形式给予的一种政府补助。

除了税收返还之外，税收优惠还包括直接减征、免征、增加计税抵扣额、抵免部分税额等形式。这类税收优惠体现了政策导向，但政府并未直接向企业无偿提供资产，因此不作为政府补助规范的政府补助处理。

（四）无偿划拨非货币性资产

属于无偿划拨非货币性资产的情况主要有无偿划拨土地使用权、天然起源的天然林等。

三、政府补助的分类

确定了来源于政府的经济利益属于政府补助后，还应当对其进行恰当的分类。根据政府补助准则规定，政府补助分为与资产相关的政府补助和与收益相关的政府补助。

与资产相关的政府补助是指企业取得的、用于购建或以其他方式形成长期资产的政府补助。这类补助一般以银行转账的方式拨付，如政府拨付的用于购买固定资产的财政拨款等。在很少的情况下，这类补助也可能表现为政府向企业无偿划拨长期非货币性资产。

与收益相关的政府补助是指除与资产相关的政府补助之外的政府补助。

第二节　政府补助的会计处理

政府补助的无偿性决定了其应当最终计入损益而非直接计入所有者权益。其会计处理有两种方法：一是总额法，将政府补助全额确认为收益；二是净额法，将政府补助作为相关成本费用的扣减。与企业日常活动相关的政府补助，应当按照经济业务实质，计入其他收益或冲减相关成本费用；与企业日常活动无关的政府补助，计入营业外收入或冲减相关损失；政府按芳烃生产企业实际耗用的石脑油数量退还石脑油成本中所含的消费税，应当冲减芳烃生产成本。对于类似的政府补助，如有确凿证据表明抵减相关成本费用能够更好地反映经济业务实质，可以按照同一原则处理。通常情况下，若政府补助补偿的成本费用是营业利润之中的项目，或该补助与日常销售行为密切相关如增值税即征即退等，则认为该政府补助与日常活动相关。

一、与收益相关的政府补助

与收益相关的政府补助，主要是对期间费用或生产成本的补偿，受益期相对较短，所以通常在满足补助所附条件时计入当期损益或冲减相关资产的账面价值。

（一）用于补偿企业已发生的相关成本费用或损失

这类补助通常与企业已经发生的行为有关，是对企业已发生的成本费用或损失的补偿，或是对企业过去行为的奖励，如果企业已经实际收到补助资金，应当按照实际收到的金额计入当期损益或冲减相关成本；如果会计期末企业尚未收到补助资金，但企业在符合了相关政策规定后就相应获得了收款权，且与之相关的经济利益很可能流入企业，企业应当在这项补助成为应收款时按照应收的金额予以确认，计入当期损益或冲减相关成本。

【例 3-4】D公司生产一种先进的模具产品，按照国家的相关规定，该企业的这种产品适用增值税先征后返政策，即先按规定征收增值税，然后按实际缴纳增值税额返还60%。2×17年1月，该企业实际缴纳增值税100万元。2×17年2月，该企业实际收到返还的增值税60万元。2×17年2月，D公司实际收到返还的增值税额时，作如下会计分录：

借：银行存款	600 000	
贷：其他收益		600 000

【例 3-5】E公司2×17年11月遭受重大自然灾害，并于2×17年12月10日收到了政府补助资金100万元。2×17年12月10日，E公司实际收到补助资金并选择按总额法

进行会计处理，其账务处理如下：

借：银行存款　　1 000 000

　贷：营业外收入　　1 000 000

（二）用于补偿企业以后期间的相关成本费用或损失

在收到补助资金时应当先判断企业能否满足政府补助所附条件。如收到时暂时无法确定，则应当先作为预收款项计入“其他应付款”科目，待客观情况表明企业能够满足政府补助所附条件后，再确认递延收益；如收到补助时，客观情况表明企业能够满足政府补助所附条件，则应当确定递延收益，并在确认相关费用或损失的期间，计入当期损益或冲减相关成本。

【例 3-6】 F公司为一家储备粮食的企业，2×17 年实际粮食储备量 0.5 亿千克。根据国家有关规定，财政部门按照企业的实际储备量给予每季度每千克 0.12 元的粮食保管费补贴，于每个季度初支付。2×17 年 1 月 10 日，F公司收到财政拨付的补贴款。

(1) 2×17 年 1 月 1 日，F公司确认应收的财政补贴款：

借：其他应收款　　6 000 000

　贷：递延收益　　6 000 000

(2) 2×17 年 1 月 10 日，F公司实际收到财政补贴款：

借：银行存款　　6 000 000

　贷：其他应收款　　6 000 000

(3) 2×17 年 1 月，将补偿 1 月份保管费的补贴计入当期收益：

借：递延收益　　2 000 000

　贷：其他收益　　2 000 000

2×17 年 2 月和 3 月的分录同上。

二、与资产相关的政府补助

实务中，企业通常先收到补助资金，再按照政府要求将补助资金用于购建固定资产或无形资产等长期资产。企业在收到补助资金时，有两种会计处理方法可供选择：一是总额法，即借记有关资产科目，贷记“递延收益”科目，在相关资产使用寿命内按合理、系统的方法分期计入损益，借记“递延收益”科目，贷记“其他收益”科目。相关资产在使用寿命结束时或结束前被处置（出售、转入、报废等），尚未分摊的递延收益余额应当一次性转入资产处置当期的资产处置收益，不再予以递延。二是净额法，将补助冲减相关资产账面价值。企业对某项经济业务选择总额法或净额法后，应当对该项业务一贯地运用该方法，不得随意变更。

实务中存在政府无偿给予企业长期非货币性资产的情况，如无偿给予的土地使用权和天然起源的天然林等。对无偿给予的非货币性资产，企业应当按照公允价值或名义金额对此类补助进行计量。企业在收到非货币性资产时，应当借记有关资产科目，贷记“递延收益”科目，在相关资产使用寿命内按合理、系统的方法分期计入损益，借记“递延收益”科目，贷记“其他收益”科目。对以名义金额（1 元）计量的政府补助，在取得时计入当期损益。

【例 3-7】 2×16 年 1 月 5 日，政府拨付G公司 900 万元财政拨款（同日到账），要求用于购买大型科研设备1台。2×16年1月31日，G公司购入一台大型设备（假设不需安装），实际成本为960万元，其中60万元以自有资金支付，该设备使用寿命为10年，采用年限平均法计提折旧（假设无残值）。2×24年1月31日，G公司出售了这台设备，取得价款240万元。假定不考虑其他因素。

G公司账务处理如下：

方法一：G公司选择总额法进行会计处理

(1) 2×16年1月5日实际收到财政拨款，确认政府补助：

借：银行存款	9 000 000	
贷：递延收益		9 000 000

(2) 2×16年1月31日购入设备：

借：固定资产	9 600 000	
贷：银行存款		9 600 000

(3) 自2×16年2月起每月计提折旧，同时分摊递延收益。

1) 计提折旧：

借：研发支出	80 000	
贷：累计折旧		80 000

2) 分摊递延收益：

借：递延收益	75 000	
贷：其他收益		75 000

(4) 2×24年1月31日出售设备，同时转销递延收益余额。

1) 出售设备：

借：固定资产清理	1 920 000	
累计折旧	7 680 000	
贷：固定资产		9 600 000
借：银行存款	2 400 000	
贷：固定资产清理		1 920 000
营业外收入		480 000

2) 转销递延收益余额：

借：递延收益	1 800 000	
贷：营业外收入		1 800 000

方法二：G公司选择净额法进行会计处理

(1) 2×16年1月5日实际收到财政拨款，确认政府补助：

借：银行存款	9 000 000	
贷：递延收益		9 000 000

(2) 2×16年1月31日购入设备：

借：固定资产	9 600 000	
贷：银行存款		9 600 000
借：递延收益	9 000 000	
贷：固定资产		9 000 000

(3) 自2×16年2月起每月计提折旧：

借：研发支出　5 000

　贷：累计折旧　5 000

(4) 2×24年1月31日出售设备：

借：固定资产清理　120 000

　　累计折旧　480 000

　贷：固定资产　600 000

借：银行存款　2 400 000

　贷：固定资产清理　120 000

　　　营业外收入　2 280 000

三、特定业务的会计处理

(一) 综合性项目政府补助

综合性项目政府补助同时包含与资产相关的政府补助和与收益相关的政府补助，企业需要将其进行分解并分别进行会计处理；难以区分的，企业应当将其整体归类为与收益相关的政府补助进行处理。

【例3-8】 2×16年6月15日，政府与H公司签订了科技计划项目合同书，拟对H公司的新药临床研究项目提供研究补助资金，该项目总预算为1 200万元，其中，政府资助400万元，H公司自筹800万元，政府补助的400万元用于补助设备费120万元，材料费30万元，测试化验加工费190万元，差旅费20万元，会议费10万元，专家咨询费16万元，管理费用14万元，本例中除设备费外的其他各项费用都计入研究支出。政府应当在合同签订之日起30日内将资金拨付给H公司。

根据双方约定，H公司应当按照合同规定的开支范围，对政府资助的经费实行专款专用。项目实施期限为自合同签订之日起30个月，期满后H公司如未通过验收，则该项目实施期满后3年内不得再向政府申请科技补贴资金。H公司于2×16年7月10日收到补助资金，在项目期内按照合同约定的用途使用了补助资金，其中，H公司于2×16年7月25日按项目合同书的约定购置了相关设备，设备成本300万元，其中使用补助资金120万元，该设备使用年限为10年，采用直线法计提折旧（不考虑净残值）。假设本例中不考虑相关税费。

本例中，H公司收到的政府补助是综合性项目政府补助，需要区分与资产相关的政府补助和与收益相关的政府补助并分别进行处理，假设H公司对收到的与资产相关的政府补助选择净额法进行会计处理。H公司的账务处理如下：

(1) 2×16年7月10日H公司实际收到补贴资金时：

借：银行存款　4 000 000

　贷：递延收益　4 000 000

(2) 2×16年7月25日购入设备：

借：固定资产　3 000 000

　贷：银行存款　3 000 000

借：递延收益　1 200 000

　贷：固定资产　1 200 000

(3) 自2×16年8月起每个资产负债表日（月末）计提折旧，折旧费计入研发支出：

借：研发支出　　15 000

　贷：累计折旧　　15 000

(4) 其他与收益相关的政府补助，H公司按规定用途实际使用补助资金时，计入损益或者在实际使用的当期期末根据当期累计使用的金额计入损益，借记“递延收益”科目，贷记有关损益科目。

（二）财政贴息

财政贴息是政府为支持特定领域或区域发展，根据国家宏观经济形势和政策目标，对承贷企业的银行借款利息给予的补贴，企业取得政策行优惠贷款贴息的，应当区分财政将贴息资金拨付给贷款银行和财政将贴息资金直接拨付给企业两种情况，分别进行会计处理。

1. 财政将贴息资金拨付给贷款银行

企业可以选择下列方法之一进行会计处理：

(1) 以实际收到的金额作为借款的入账价值，按照借款本金和该政策性优惠利率计算借款费用。

(2) 以借款的公允价值作为借款的入账价值并按照实际利率法计算借款费用，实际收到的金额与贷款入账价值之间的差额确认为递延收益。递延收益在贷款存续期内采用实际利率法摊销，冲减相关借款费用。

企业选择了上述两种方法之一作为会计政策后，应当一致地运用，不得随意变更。

【例3-9】2×16年12月31日，I公司向银行贷款1 000万元，期限5年，按年付息，到期一次还本。由于该笔贷款资金将被用于国家扶持产业，符合财政贴息条件，所以贷款利率显著低于I公司取得同类贷款的市场利率。假设I公司取得同类贷款的年市场利率为10%，I公司与银行签订的贷款合同约定的年利率为10%，I公司按年向银行支付贷款利息，财政按年向银行拨付贴息资金。贴息后实际支付的年利息率为4%，贷款期间的利息费用第1年满足资本化条件，计入相关在建工程的成本。已知（P/A，10%，5）=3.790 786 769 408，（P/F，10%，5）=0.620 921 323 059。

按方法一账务处理如下：

(1) 2×16年12月31日，I公司取得银行贷款1 000万元。

借：银行存款　　10 000 000

　贷：长期借款——本金　　10 000 000

(2) 2×17年12月31日，I公司按年计提利息，企业实际承担的利息支出=10 000 000×4%=40（万元）。

借：在建工程　　400 000

　贷：应付利息　　400 000

2×17年至2×21年会计处理（略）。

按方法二账务处理如下：

利息费用计算如表3-1所示。

表 3-1　　利息费用计算表　　单位：元

付息日期	财政贴息	实际支付利息	利息费用	摊销的利息调整	长期借款期末账面价值
2×16 年 12 月 31 日					7 725 527.94
2×17 年 12 月 31 日	600 000	400 000	772 552.79	372 552.79	8 098 080.73
2×18 年 12 月 31 日	600 000	400 000	809 808.07	409 808.07	8 507 888.80
2×19 年 12 月 31 日	600 000	400 000	850 788.88	450 788.88	8 958 677.68
2×20 年 12 月 31 日	600 000	400 000	895 867.77	495 867.77	9 454 545.45
2×21 年 12 月 31 日	600 000	400 000	945 454.55	545 454.55	10 000 000

(1) 2×16 年 12 月 31 日，I 公司取得银行贷款 1 000 万元。

取得长期借款的公允价值 =400 000×3.790 786 769 408+10 000 000×0.620 921 323 059
=7 725 527.94(元)

借：银行存款　　10 000 000
　　长期借款——利息调整　　2 274 472.06
　贷：长期借款——本金　　10 000 000
　　　递延收益　　2 274 472.06

(2) 2×17 年 12 月 31 日，I 公司按年计提利息：

利息费用=7 725 527.94×10%=772 552.79(元)

借：在建工程　　772 552.79
　贷：应付利息　　400 000
　　　长期借款——利息调整　　372 552.79

同时，摊销递延收益：

借：递延收益　　372 552.79
　贷：在建工程　　372 552.79

2×17 年至 2×21 年会计处理（略）。

在这两种方法下，计入在建工程的利息支出是一致的，均为 400 000 元。所不同的是第一种方法下，银行贷款在资产负债表中反映账面价值为 10 000 000 元；第二种方法下，银行贷款的入账价值为 7 725 527.94 元，递延收益为 2 274 472.06 元，各年需要按照实际利率法进行摊销。

2. 财政将贴息资金直接拨付给受益企业

财政将贴息资金直接拨付给受益企业，企业先按照同类贷款市场利率向银行支付利息，财政部门定期与企业结算贴息。在这种方式下，由于企业先按照同类贷款市场利率向银行支付利息，所以实际收到的借款金额通常就是借款的公允价值，企业应当将对应的贴息冲减相关借款费用。

【例 3-10】 接例 3-9，I 公司与银行签订的贷款合同约定的年利率为 10%，I 公司按年计提利息和支付贷款利息，以付息凭证向财政申请贴息资金。财政按年与 I 公司结算贴息资金。

(1) 2×16 年 12 月 31 日，I 公司取得银行贷款 1 000 万元。

借：银行存款　　10 000 000

　贷：长期借款——本金　　10 000 000

(2) 2×17 年 12 月 31 日，I 公司按年计提利息，应向银行支付的利息金额＝10 000 000×10%＝1 000 000（元），企业实际承担的利息支出＝10 000 000×4%＝400 000（元），应收政府贴息为 600 000 元。

借：在建工程　　1 000 000

　贷：应付利息　　1 000 000

借：其他应收款　　600 000

　贷：在建工程　　600 000

（三）已确认的政府补助需要返还

已确认的政府补助需要返还的，应当分别下列情况进行会计处理：(1) 初始确认时冲减相关资产成本的，应当调整资产账面价值；(2) 存在尚未摊销的递延收益的，冲减相关递延收益账面余额，超出部分计入当期损益；(3) 属于其他情况的，直接计入当期损益。

【例 3-11】 按照国家有关政策，企业购置环保设备可以申请补贴以补偿其环保支出。J 公司于 2×16 年 1 月向政府有关部门提交了 420 万元的补贴申请，作为对其购置环保设备的补贴。2×16 年 3 月 10 日，J 公司收到了政府补贴款 420 万元。2×16 年 4 月 20 日，J 公司购入不需要安装环保设备，实际成本为 960 万元，使用寿命 10 年，采用直线法计提折旧（不考虑净残值）。假设 2×17 年 5 月 5 日，有关部门在对 J 公司的检查中发现，J 公司不符合申请补助的条件，要求 J 公司退回补助款，J 公司于当月退回了补助款 420 万元。

本例中不考虑相关税费。

J 公司的账务处理如下：

方法一：J 公司选择总额法进行会计处理

(1) 2×16 年 3 月 10 日实际收到财政拨款，确认递延收益：

借：银行存款　　4 200 000

　贷：递延收益　　4 200 000

(2) 2×16 年 4 月 20 日购入设备：

借：固定资产　　9 600 000

　贷：银行存款　　9 600 000

(3) 自 2×16 年 5 月起每个资产负债表日（月末）计提折旧，同时分摊递延收益：

1) 计提折旧（假设该设备用于污染物排放测试，折旧费用计入制造费用）：

借：制造费用　　80 000

　贷：累计折旧　　80 000

2) 分摊递延收益（月末）：

借：递延收益　　35 000

　贷：其他收益　　35 000

(4) 2×17 年 5 月 5 日 J 公司退回补助款时：

借：递延收益 3 780 000（4 200 000－4 200 000÷10×1）

营业外支出 420 000

贷：银行存款 4 200 000

方法二：J 公司选择净额法进行会计处理

(1) 2×16 年 3 月 10 日实际收到财政拨款：

借：银行存款 4 200 000

贷：递延收益 4 200 000

(2) 2×16 年 4 月 20 日购入设备：

借：固定资产 9 600 000

贷：银行存款 9 600 000

借：递延收益 4 200 000

贷：固定资产 4 200 000

(3) 自 2×16 年 5 月起每个资产负债表日（月末）计提折旧：

借：制造费用 45 000

贷：累计折旧 45 000

(4) 2×17 年 5 月 5 日 J 公司退回补助款时：

借：固定资产 4 200 000

营业外支出 420 000

贷：银行存款 4 200 000

累计折旧 420 000

【例 3－12】 K 公司于 2×16 年 11 月与某开发区政府签订合作协议，在开发区内投资设立生产基地，协议约定，开发区政府自协议签订之日起 6 个月内向 K 公司提供 500 万元产业补贴资金用于奖励该企业在开发区内投资，K 公司自获得补贴起 5 年内注册地址不得迁离本区，如果 K 公司在此期限内搬离开发区，开发区政府允许 K 公司按照实际留在本期的时间保留部分补贴，并按剩余时间追回补贴资金。K 公司于 2×17 年 1 月 2 日收到补贴资金。

假设 K 公司在实际收到补贴资金时，客观情况表明 K 公司在未来 5 年内搬离开发区的可能性很小，K 公司应当在收到补贴资金时计入“递延收益”科目，由于协议约定如果 K 公司提前搬离开发区，开发区政府有权追回部分补助，说明企业每多留在开发区内一年，就有权取得与这一年相关的补助，与这一年内补助有关的不确定性基本消除，补贴收益得以实现，所以 K 公司应当将该补助在 5 年内平均摊销结转计入损益。

K 公司的账务处理如下：

(1) 2×17 年 1 月 2 日 K 公司实际收到补贴资金：

借：银行存款 5 000 000

贷：递延收益 5 000 000

(2) 2×17 年 12 月 31 日及以后年度，K 公司分期将递延收益结转入当期损益：

借：递延收益 1 000 000

贷：其他收益 1 000 000

假设 2×19 年 1 月，因 K 公司重大战略调整，搬离开发区，开发区政府根据协议要求

K公司退回补贴300万元。

借：递延收益　　3 000 000

　贷：其他应付款　　3 000 000

第三节 政府补助的披露

一、政府补助的列报

企业应当在利润表中的“营业利润”项目之上单独列报“其他收益”项目，计入其他收益的政府补助在该项目中反映；冲减相关成本费用的政府补助，在相关成本费用项目中反映；与企业日常经营活动无关的政府补助，在利润表的营业外收支项目中列报。

二、政府补助的附注披露

企业应当在附注中披露与政府补助有关的下列信息：政府补助的种类、金额和列报项目；计入当期损益的政府补助金额；本期退回的政府补助的金额及原因。

因政府补助涉及递延收益、其他业务收入、营业外收入以及成本费用等多个项目，要全面反映政府补助情况，企业应当在附注中单设项目披露政府补助的相关信息。

关键概念

政府补助　财政拨款　财政贴息　税收返还

思考题

1. 简述与收益相关的政府补助的会计处理。
2. 简述与资产相关的政府补助的会计处理。
3. 简述特定业务的会计处理。

第四章

股份支付

第一节 股份支付概述

一、股份支付的含义及特征

股份支付是“以股份为基础的支付”的简称，是指企业为获取职工和其他方提供服务而授予权益工具或者承担以权益工具为基础确定的负债的交易。

股份支付具有以下特征：一是股份支付是企业与职工或其他方之间发生的交易。以股份为基础的支付可能发生在企业与股东之间、合并交易中的合并方与被合并方之间或者企业与其职工之间，只有发生在企业与其职工或向企业提供服务的其他方之间的交易，才可能符合股份支付准则对股份支付的定义。二是股份支付是以获取职工或其他方服务为目的的交易。企业在股份支付交易中意在获取其职工或其他方提供的服务（费用）或取得这些服务的权利（资产）。企业获取这些服务或权利的目的是用于其正常生产经营，不是转手获利等。三是股份支付交易的对价或其定价与企业自身权益工具未来的价值密切相关。股份支付交易与企业与其职工间其他类型交易的最大不同，是交易对价或其定价与企业自身权益工具未来的价值密切相关。在股份支付中，企业要么向职工支付其自身权益工具，要么向职工支付一笔现金，而其金额高低取决于结算时企业自身权益工具的公允价值。对价的特殊性可以说是股份支付的显著特征。

二、股份支付的四个主要环节

以股票期权为例，典型的股份支付通常涉及四个主要环节：授予、可行权、行权和出售，如图 4－1 所示。

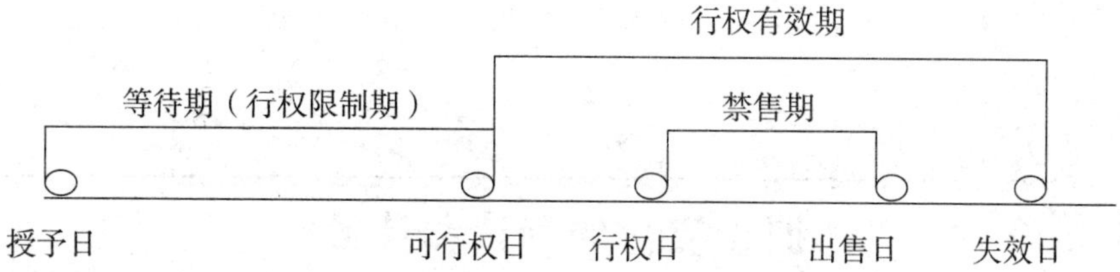

图 4－1　典型的股份支付交易环节示意图

授予日是指股份支付协议获得批准的日期。其中“获得批准”是指企业与职工或其他方就股份支付的协议条款和条件已达成一致，该协议获得股东大会或类似机构的批准。这里的“达成一致”是指双方在对该计划或协议内容形成一致理解的基础上，均接受其条款和条件。如果按照相关法规的规定，在提交股东大会或类似机构之前存在必要程序或要求，则应履行该程序或满足该要求。

可行权日是指可行权条件得到满足，职工或其他方具有从企业取得权益工具或现金权利的日期。有的股份支付协议是一次性可行权，有的则是分批可行权。只有已经可行权的股票期权，才是职工真正拥有的“财产”，才能去择机行权。从授予日至可行权日的时段，是可行权条件得到满足的期间，因此称为“等待期”，又称“行权限制期”。

行权日是指职工和其他方行使权利、获取现金或权益工具的日期。例如，持有股票期权的职工行使了以特定价格购买一定数量本公司股票的权利，该日期即为行权日。行权是按期权的约定价格实际购买股票，一般是在可行权日之后到期权到期日之前的可选择时段内行权。

出售日是指股票的持有人将行使期权所取得的期权股票出售的日期。按照我国法规规定，用于期权激励的股份支付协议，应在行权日与出售日之间设立禁售期，其中国有控股上市公司的禁售期不得低于两年。

三、股份支付工具的主要类型

按照股份支付的方式，主要可划分为以权益结算的股份支付和以现金结算的股份支付两类。

（一）以权益结算的股份支付

以权益结算的股份支付是指企业为获得服务而以股份或其他权益工具作为对价进行结算的交易。以权益结算的股份支付最常用的工具是限制性股票和股票期权。

限制性股票是指职工或其他方按照股份支付协议规定的条款和条件，从企业获得一定数量的本企业股票。

（二）以现金结算的股份支付

以现金结算的股份支付是指企业为获得服务而承担的以股份或其他权益工具为基础计算的交付现金或其他资产的义务的交易。以现金结算的股份支付最常用的工具是模拟股票和现金股票增值权。

股票增值权和模拟股票是用现金支付模拟的股权激励机制，即与股票挂钩，但用现金支付。现金股票增值权的运作原理与股票期权是一样的，都是一种增值权形式与股票价值挂钩的薪酬工具。

第二节 股份支付的确认和计量

一、股份支付的确认和计量原则

（一）权益结算的股份支付的确认和计量原则

1. 换取职工服务的股份支付的确认和计量原则

对于换取职工服务的股份支付，企业应当以股份支付所授予的权益工具的公允价值计量。企业应在等待期内的每个资产负债表日，以对可行权权益工具数量的最佳估计为基础，按照权益工具在授予日的公允价值，将当期取得的服务计入相关资产成本或当期费用，同时计入资本公积中的其他资本公积。

对于授予后立即可行权的换取职工提供服务的权益结算的股份支付（例如授予限制性股票的股份支付），应在授予日按照权益工具的公允价值，将取得的服务计入相关资产成本或当期费用，同时计入资本公积中的股本溢价。

2. 换取其他方服务的股份支付的确认和计量原则

对于换取其他方服务的股份支付，企业应当以股份支付所换取的服务的公允价值计量。企业应当按照其他方服务在取得日的公允价值，将取得的服务计入相关资产成本或费用。

如果其他方服务的公允价值不能可靠计量，但权益工具的公允价值能够可靠计量，企业应当按照权益工具在服务取得日的公允价值，将取得的服务计入相关资产成本或费用。

（二）现金结算的股份支付的确认和计量原则

企业应当在等待期内的每个资产负债表日，以对可行权情况的最佳估计为基础，按照企业承担负债的公允价值，将当期取得的服务计入相关资产成本或当期费用，同时计入负债，并在结算前的每个资产负债表日和结算日对负债的公允价值重新计量，将其变动计入损益。

对于授予后立即可行权的现金结算的股份支付（例如授予虚拟股票或业绩股票的股份支付），企业应当在授予日按照企业承担负债的公允价值计入相关资产成本或费用，同时计入负债，并在结算前的每个资产负债表日和结算日对负债的公允价值重新计量，将其变动计入损益。

二、可行权条件的种类和变更

股份支付中通常涉及可行权条件，具体包括服务期限条件和业绩条件。在满足这些条件之前，职工无法获得股份。

（一）服务期限条件

服务期限条件是指职工在企业服务的时间是否满足行权的条件。假定2×13年1月1日为授予日，可行权日为2×16年1月1日，符合条件的职工只有在企业工作3年才可行权，如果相关职工在2×16年1月1日之前离开企业，则不能行权。

（二）业绩条件

业绩条件是指企业达到特定业绩目标的条件，具体包括市场条件和非市场条件。

1. 市场条件

市场条件是指行权价格、可行权条件以及行权可能性与权益工具的市场价格相关的业绩条件，如股份支付协议中关于股价至少上升至何种水平职工可相应取得多少股份的规定。企业在确定权益工具在授予日的公允价值时，应考虑市场条件的影响。

2. 非市场条件

非市场条件是指除市场条件之外的其他业绩条件，如股份支付协议中关于达到最低盈利目标或销售目标才可行权的规定。对于可行权条件为业绩条件的股份支付，在确定权益工具在授予日的公允价值时，不考虑非市场条件的影响。但非市场条件是否得到满足，影响企业对预计可行权情况的估计。

【例4-1】A公司授予其管理层的某股份支付协议规定，今后3年中，公司股价每年提高10%以上，则可获得一定数量的该公司股票。到第3年年末，该目标未实现。

A公司在第3年年末已经确认了收到的管理层提供的服务，因为股价提高是一个市场条件，因此这些费用不应再转回。

【例4-2】A公司在某股份支付协议中授予其管理层期权，确定期权公允价值为300 000元。在授予日，A公司估计3年内管理层离职的比例为每年10%；在第2年年末，A公司调整其估计离职率为5%；第3年年末实际离职率为6%。

根据上述资料，按照股份支付准则的规定，A公司第1年年末确认的服务费用＝300 000×1/3×90%＝90 000（元）；第2年年末累计确认的服务费用＝300 000×2/3×95%＝190 000（元）；第3年年末累计确认的服务费用＝300 000×94%＝282 000（元）。

由此，A公司第2年应确认的费用＝190 000－90 000＝100 000（元）；第3年应确认的费用＝282 000－190 000＝92 000（元）。

（三）可行权条件的变更

有时，企业可能需要对股份支付协议中的可行权条件做出变更，例如调整行权价格或股票期权数量。在会计上，无论已授予的权益工具的条款和条件如何变更，企业确认的服务的金额，不应低于权益工具在授予日的公允价值。

三、股份支付的处理

股份支付的会计处理必须以完整、有效的股份支付协议为基础。

（一）授予日

除了立即可行权的股份支付外，无论权益结算的股份支付还是现金结算的股份支付，企业在授予日均不作会计处理。

（二）等待期内每个资产负债表日

企业应当在等待期内的每个资产负债表日，将取得职工或其他方提供的服务计入成本费用，同时确认所有者权益或负债。对于附有市场条件的股份支付，只要职工满足了其他所有非市场条件，企业就应当确认已取得的服务。

在等待期内，业绩条件为非市场条件的，如果后续信息表明需要调整对可行权情况的估计的，应对前期估计进行修改。

在等待期内每个资产负债表日，企业应将取得的职工提供的服务计入成本费用，计入成本费用的金额应当按照权益工具的公允价值计量。

对于权益结算的涉及职工的股份支付，应当按照授予日权益工具的公允价值计入成本费用和资本公积（其他资本公积），不确认其后续公允价值变动；对于现金结算的涉及职工的股份支付，应当按照每个资产负债表日权益工具的公允价值重新计量，确定成本费用和应付职工薪酬。

对于授予的存在活跃市场的期权等权益工具，应当按照活跃市场中的报价确定其公允价值。对于授予的不存在活跃市场的期权等权益工具，应当采用期权定价模型等估值技术确定其公允价值，选用的期权定价模型至少应当考虑以下因素：（1）期权的行权价格；（2）期权的有效期；（3）标的股份的现行价格；（4）股价预计波动率；（5）股份的预计股利；（6）期权有效期内的无风险利率。

在等待期内每个资产负债表日，企业应当根据最新取得的可行权职工人数变动等后续信息作出最佳估计，修正预计可行权的权益工具数量。在可行权日，最终预计可行权权益工具的数量应当与实际可行权工具的数量一致。

根据上述权益工具的公允价值和预计可行权的权益工具数量，计算截至当期累计应确认的成本费用金额，再减去前期累计已确认金额，作为当期应确认的成本费用金额。

（三）可行权日之后

对于权益结算的股份支付，在可行权日之后不再对已确认的成本费用和所有者权益总额进行调整。企业应在行权日根据行权情况，确认股本和股本溢价，同时结转等待期内确认的资本公积（其他资本公积）。

对于现金结算的股份支付，企业在可行权日之后不再确认成本费用，负债（应付职工薪酬）公允价值的变动应当计入当期损益（公允价值变动损益）。

（四）回购股份进行职工期权激励

企业以回购股份形式奖励本企业职工的，属于权益结算的股份支付。企业回购股份时，应当按照回购股份的全部支出作为库存股处理，同时进行备查登记。按照《企业会计准则第 11 号——股份支付》对职工权益结算股份支付的规定，企业应当在等待期内每个资产负债表日按照权益工具在授予日的公允价值，将取得的职工服务计入成本费用，同时增加资本公积（其他资本公积）。在职工行权购买本企业股份收到价款时，企业应转销交付职工的库存股成本和等待期内资本公积（其他资本公积）累计金额，同时，按照其差额调整资本公积（股本溢价）。

四、限制性股票的会计处理

实务中，上市公司实施限制性股票的股权激励安排中，以非公开发行方式向激励对象授予一定数量的公司股票，常见做法是上市公司以非公开发行的方式向激励对象授予一定数量的公司股票，并规定锁定期和解锁期，在锁定期和解锁期内，不得上市流通及转让。达到解锁条件，可以解锁；如果全部或部分股票未被解锁而失效或作废，通常由上市公司按照事先约定的价格立即进行回购。

（一）授予日的会计处理

1. 收到认股款

借：银行存款（企业有关限制性股票按规定履行了增资手续）
　贷：股本
　　资本公积——股本溢价

2. 就回购义务确认负债

借：库存股（按照发行限制性股票的数量以及相应的回购价格计算确定的金额）
　贷：其他应付款——限制性股票回购义务

（二）等待期内的会计处理

1. 与股份支付有关的会计处理

按权益结算股份支付确认与计量原则处理。

【提示】

（1）在等待期内的每个资产负债表日，后续信息表明可解锁限制性股票的数量与以前估计不同的，应当进行调整，并在解锁日调整至实际可解锁的限制性股票数量。

（2）限制性股票分批解锁的，实际上相当于授予了若干个子计划，应当分别根据各子计划的可解锁数量的最佳估计在相应的等待期内确认与股份支付有关的成本费用。

2. 分配现金股利的会计处理

现金股利可撤销与现金股利不可撤销的限制性股票在会计处理上有着共同点：一是都要求对未来解锁条件的满足情况进行合理估计，并且这一估计与上述进行股份支付会计处理时在等待期内每个资产负债表日对可行权权益工具数量进行的估计应当保持一致。二是对于预计未来可解锁限制性股票持有者应分配的现金股利，都视为对股东的利润分配。

现金股利可撤销与现金股利不可撤销的限制性股票的区别主要在于：不满足解锁条件的情况下，被回购限制性股票持有者是否有权享有其在等待期内应收或已收的现金股利，有权享有现金股利的，为现金股利不可撤销的限制性股票，否则为现金股利可撤销的限制性股票。这一区别直接导致两者在会计处理上存在以下两方面差异：一是对于预计未来不可解锁限制性股票持有者应分配的现金股利，如果现金股利可撤销，意味着今后在回购这部分限制性股票时，其激励对象需退还原已收到的现金股利，或者上市公司可抵减应支付的回购价款，也就是说上市公司就未来回购义务而承担的负债随之下降，因此应当冲减相关已确认的负债金额；如果现金股利不可撤销，意味着这部分应分配的现金股利将成为上市公司不可避免的成本费用，应当在分派现金股利时，将相关的现金股利计入当期成本费用。二是对于预计未来可解锁限制性股票持有者应分配的现金股利，今后上市公司将无需回购这部分限制性股票，如果现金股利可撤销，同样意味着上市公司就未来回购义务而承担的负债随之下降。因此，在进行利润分配会计处理的同时，还应当冲减相关已确认的负债和库存股的金额。限制性股票分配现金股利的会计处理如表 4－1 所示。

表 4-1　限制性股票分配现金股利的会计处理

项目	预计未来可解锁	预计未来不可解锁
现金股利可撤销	借：利润分配——应付现金股利或利润 　贷：应付股利——限制性股票股利 同时，按分配的现金股利金额 借：其他应付款——限制性股票回购义务 　贷：库存股 实际支付时 借：应付股利——限制性股票股利 　贷：银行存款	借：其他应付款——限制性股票回购义务 　贷：应付股利——限制性股票股利 实际支付时 借：应付股利——限制性股票股利 　贷：银行存款 后续信息表明不可解锁限制性股票的数量与以前估计不同的，应当作为会计估计变更处理，直到解锁日预计不可解锁限制性股票的数量与实际未解锁限制性股票的数量一致
现金股利不可撤销	借：利润分配——应付现金股利或利润 　贷：应付股利——限制性股票股利 实际支付时 借：应付股利——限制性股票股利 　贷：银行存款	借：管理费用等 　贷：应付股利——限制性股票股利 实际支付时 借：应付股利——限制性股票股利 　贷：银行存款 后续信息表明不可解锁限制性股票的数量与以前估计不同的，应当作为会计估计变更处理，直到解锁日预计不可解锁限制性股票的数量与实际未解锁限制性股票的数量一致

【关键点】预计未来可解锁，现金股利通过“利润分配”科目核算；现金股利可撤销，应减少其他应付款。

（三）解锁日的会计处理

1. 对未达到限制性股票解锁条件而需回购的股票

借：其他应付款——限制性股票回购义务（应支付的金额）
　贷：银行存款

同时：

借：股本
　　资本公积——股本溢价（差额）
　贷：库存股（按照注销的限制性股票数量相对应的库存股的账面价值）

2. 对达到限制性股票解锁条件而无需回购的股票

借：其他应付款—限制性股票回购义务（按照解锁股票相对应的负债的账面价值）
　贷：库存股（按照解锁股票相对应的库存股的账面价值）

五、集团股份支付的处理

企业集团（由母公司和其全部子公司构成）内发生的股份支付交易，应当按照以下规定进行会计处理：

第一，结算企业以其本身权益工具结算的，应当将该股份支付交易作为权益结算的股份支付处理；除此之外，应当作为现金结算的股份支付处理。

结算企业是接受服务企业的投资者的，应当按照授予日权益工具的公允价值或应承担负债的公允价值确认为对接受服务企业的长期股权投资，同时确认资本公积（其他资本公积）或负债。

第二，接受服务企业没有结算义务或授予本企业职工的是其本身权益工具的，应当将该股份支付交易作为权益结算的股份支付处理；接受服务企业具有结算义务且授予本企业职工的是企业集团内其他企业权益工具的，应当将该股份支付交易作为现金结算的股份支付处理。

集团股份支付可能同时涉及母公司职工和子公司职工，结算企业一般是母公司，而接受服务企业可能是子公司，也可能是母公司和子公司。

等待期内的具体账务处理如下：

(1) 结算企业（母公司）以其本身权益工具结算，接受服务企业（子公司）没有结算义务。

1）结算企业的账务处理：

借：长期股权投资

贷：资本公积（按权益结算股份支付计量原则确认资本公积）

2）接受服务企业的账务处理：

借：管理费用等

贷：资本公积（按权益结算股份支付计量原则确认资本公积）

3）合并财务报表中应编制如下抵销分录：

借：资本公积

贷：长期股权投资

应注意，合并财务报表中反映的是，相当于母公司授予母公司职工权益结算股份支付的结果。

(2) 结算企业（母公司）不是以其本身权益工具结算，接受服务企业（子公司）没有结算义务。

1）结算企业的账务处理：

借：长期股权投资

贷：应付职工薪酬（按现金结算股份支付计量原则确认应付职工薪酬）

2）接受服务企业的账务处理：

借：管理费用等

贷：资本公积（按权益结算股份支付计量原则确认资本公积）

3）合并财务报表中应编制如下抵销分录：

借：资本公积

管理费用等（也可能在贷方）

贷：长期股权投资

应注意，合并财务报表中反映的是，相当于集团会计主体授予集团会计主体职工现金结算股份支付的结果，合并财务报表中最终体现的是按现金结算股份支付计量原则确认的应付职工薪酬和管理费用，因接受服务企业确认的管理费用是按权益结算股份支付计量原则确定的，所以合并财务报表中会出现差额，该差额计入管理费用。

(3) 结算企业和接受服务企业均为母公司，且授予本公司职工的是其本身权益工具。账务处理为：

借：管理费用等

贷：资本公积（按权益结算股份支付计量原则确认资本公积）

（4）结算企业和接受服务企业均为母公司，且不是以其本身权益工具结算。账务处理为：

借：管理费用等

贷：应付职工薪酬（按现金结算股份支付计量原则确认应付职工薪酬）

六、股份支付会计处理的应用举例

（一）附服务年限条件的权益结算股份支付

【例4-3】A公司为一上市公司。2×16年1月1日，公司向其100名管理人员每人授予90股股票期权，这些职员从2×16年1月1日起在该公司连续服务3年，即可以5元每股购买90股A公司股票，从而获益。公司估计该期权在授予日的公允价值为20元。

第1年有10名职员离开A公司，A公司估计3年中离开的职员的比例将达到20%；第2年有8名职员离开公司，公司将估计的职员离开比例修正为25%；第3年又有6名职员离开。

假设可行权职工都在2×19年12月31日行权，A公司股份面值为1元。

（1）费用和资本公积计算过程见表4-2。

表4-2 单位：元

年份	计算式	当期费用	累计费用
2×16	100×90×(1－20%)×20×1/3	48 000	48 000
2×17	100×90×(1－25%)×20×2/3－48 000	42 000	90 000
2×18	76×90×20－90 000	46 800	136 800

（2）账务处理。

1）2×16年1月1日为授予日，不作处理。

2）2×16年12月31日：

借：管理费用　48 000

贷：资本公积——其他资本公积　48 000

3）2×17年12月31日：

借：管理费用　42 000

贷：资本公积——其他资本公积　42 000

4）2×18年12月31日：

借：管理费用　46 800

贷：资本公积——其他资本公积　46 800

5）2×19年12月31日：

借：银行存款　34 200

资本公积——其他资本公积　136 800

贷：股本　6 840

资本公积——资本溢价　164 160

（二）附非市场业绩条件的权益结算股份支付

【例4-4】2×16年1月1日，A公司为其100名管理人员每人授予90份股票期权，满足行权条件的职工即可以5元每股购买90股A公司股票，从而获益。第1年年末的可行权条件为企业净利润增长率达到20%；第2年年末的可行权条件为企业净利润两年平均增长15%；第3年年末的可行权条件为企业净利润三年平均增长10%。每份期权在2×16年1月1日的公允价值为20元。

2×16年12月31日，A公司权益净利润增长了18%，2×16年有10名管理人员离开，企业预计2×17年将以同样速度增长，因此预计于2×17年12月31日可行权。另外，企业预计2×17年12月31日将有10名管理人员离开企业。

2×17年12月31日，企业净利润仅增长了10%，因此无法达到可行权状态。另外，实际有8名管理人员离开，预计第3年将有5名管理人员离开企业。

2×18年12月31日，企业净利润增长了8%，3年平均增长率为12%，因此达到可行权状态。当年有6名管理人员离开。

假设可行权职工都在2×19年12月31日行权，A公司股份面值为1元。

(1) 费用和资本公积计算过程见表4-3。

表4-3 单位：元

年份	计算式	当期费用	累计费用
2×16	(100－10－10)×90×20×1/2	72 000	72 000
2×17	(100－10－8－5)×90×20×2/3－72 000	20 400	92 400
2×18	(100－10－8－6)×90×20－92 400	44 400	136 800

(2) 账务处理。

1) 2×16年1月1日为授予日，不作处理。

2) 2×16年12月31日：

借：管理费用 72 000

　贷：资本公积——其他资本公积 72 000

3) 2×17年12月31日：

借：管理费用 20 400

　贷：资本公积——其他资本公积 20 400

4) 2×18年12月31日：

借：管理费用 44 400

　贷：资本公积——其他资本公积 44 400

5) 2×19年12月31日：

借：银行存款 34 200

　资本公积——其他资本公积 136 800

　贷：股本 6 840

　　资本公积——资本溢价 164 160

（三）现金结算的股份支付

【例4-5】2×16年年初，A公司为其200名中层以上职员每人授予90份现金股票增值权，这些职员从2×16年1月1日起在该公司连续服务3年，即可按照当时股价增长幅度获得现金，该增值权应在2×20年12月31日之前行使。A公司估计，该增值权在负债结算之前的每一资产负债表日以及结算日的公允价值和可行权后的每份增值权现金支出额如表 4-4 所示。

表 4-4 单位：元

年份	公允价值	支付现金
2×16	12	
2×17	14	
2×18	16	15
2×19	20	18
2×20		21

第 1 年有 20 名职员离开 A 公司，A 公司估计 3 年中还将有 15 名职员离开；第 2 年又有 10 名职员离开公司，公司估计还将有 10 名职员离开；第 3 年又有 15 名职员离开。第 3 年末，有 70 人行使股份增值权取得了现金。第 4 年末，有 50 人行使了股份增值权。第 5 年末，剩余 35 人也行使了股份增值权。

（1）费用和负债计算过程见表 4-5。

表 4-5 单位：元

年份	负债计算式 (1)	支付现金计算式 (2)	负债 (3)	支付现金 (4)	当期费用 (5)
2×16	(200−35)×90×12×1/3		59 400		59 400
2×17	(200−40)×90×14×2/3		134 400		75 000
2×18	(200−45−70)×90×16	70×90×15	122 400	94 500	82 500
2×19	(200−45−70−50)×90×20	50×90×18	63 000	81 000	21 600
2×20	0	35×90×21	0	66 150	3 150

注：(1) 计算得 (3)，(2) 计算得 (4)；当期(3)－前一期(3)＋当期(4)＝当期(5)。

（2）账务处理。

1）2×16 年 12 月 31 日：

借：管理费用　　59 400

　贷：应付职工薪酬——股份支付　　59 400

2）2×17 年 12 月 31 日：

借：管理费用　　75 000

　贷：应付职工薪酬——股份支付　　75 000

3）2×18 年 12 月 31 日：

借：管理费用　　82 500

　贷：应付职工薪酬——股份支付　　82 500

借：应付职工薪酬——股份支付　　94 500

　贷：银行存款　　94 500

4）2×19 年 12 月 31 日：

借：公允价值变动损益　　21 600

　贷：应付职工薪酬——股份支付　　21 600

借：应付职工薪酬——股份支付 81 000

贷：银行存款 81 000

5）2×20 年 12 月 31 日：

借：公允价值变动损益 3 150

贷：应付职工薪酬——股份支付 3 150

借：应付职工薪酬——股份支付 66 150

贷：银行存款 66 150

（四）限制性股票的会计处理

【例 4-6】 甲公司为上市公司，采用授予职工限制性股票的形式实施股权激励计划。2×16 年 1 月 1 日，公司以非公开发行方式向 100 名管理人员每人授予 10 万股自身股票（每股面值为 1 元），授予价格为每股 6 元。当日，100 名管理人员全部出资认购，总认购款项为 6 000 万元，甲公司履行了相关增资手续。甲公司估计该限制性股票股权激励在授予日的公允价值为每股 6 元。

激励计划规定，这些管理人员从 2×16 年 1 月 1 日起在甲公司连续服务满 3 年的，所授予股票将于 2×19 年 1 月 1 日全部解锁；期间离职的，甲公司将按照原授予价格每股 6 元回购。2×16 年 1 月 1 日至 2×19 年 1 月 1 日期间，所授予股票不得上市流通或转让；激励对象因获授限制性股票而取得的现金股利由公司代管，作为应付股利在解锁时向激励对象支付；对于未能解锁的限制性股票，甲公司在回购股票时应扣除激励对象已享有的该部分现金股利。

2×16 年度，甲公司有 5 名管理人员离职，甲公司估计 3 年中离职的管理人员合计为 10 名，当年宣告发放现金股利为每股 1 元（限制性股票持有人享有同等分配权利）；2×17 年度，又有 2 名管理人员离职，甲公司将 3 年离职人员合计数调整为 8 人，当年宣告发放现金股利为每股 1.1 元；2×18 年度，甲公司没有管理人员离职，当年宣告发放现金股利为每股 1.2 元。

假定甲公司管理人员离职均发生在年末，不考虑其他因素。

（1）甲公司授予日的会计处理如下：

借：银行存款 6 000

贷：股本 1 000（100×10）

资本公积——股本溢价 5 000

同时，

借：库存股 6 000（100×10×6）

贷：其他应付款——限制性股票回购义务 6 000

（2）甲公司等待期内各期确认管理费用和资本公积会计处理如下：

1）2×16 年 12 月 31 日：

2×13 年确认管理费用和资本公积金额＝(100－10)×10×6×1/3＝1 800(万元)

借：管理费用 1 800

贷：资本公积——其他资本公积 1 800

2）2×17 年 12 月 31 日：

2×17 年确认管理费用和资本公积金额＝(100－8)×10×6×2/3－1 800＝1 880(万元)

借：管理费用　　1 880

　贷：资本公积——其他资本公积　　1 880

3) 2×18 年 12 月 31 日：

2×18 年确认管理费用和资本公积金额＝(100－5－2)×10×6－1 800－1 880
＝1 900(万元)

借：管理费用　　1 900

　贷：资本公积——其他资本公积　　1 900

(3) 甲公司等待期内各期分配现金股利及股票回购的会计处理如下：

1) 2×16 年 12 月 31 日预计未来可解锁限制性股票持有者的现金股利＝1×(100－10)×10＝900 (万元)，2×16 年 12 月 31 日预计未来不可解锁限制性股票持有者的现金股利＝1×10×10＝100 (万元)。

借：利润分配——应付现金股利　　900

　贷：应付股利——限制性股票股利　　900

借：其他应付款——限制性股票回购义务　　900

　贷：库存股　　900

借：其他应付款——限制性股票回购义务　　100

　贷：应付股利——限制性股票股利　　100

2×16 年 12 月 31 日回购限制性股票：

借：其他应付款——限制性股票回购义务　　250 [5×(6－1)×10]

　　应付股利——限制性股票股利　　50 (5×1×10)

　贷：银行存款　　300 (5×6×10)

借：股本　　50 (5×1×10)

　　资本公积——股本溢价　　250

　贷：库存股　　300 (5×10×6)

2) 2×17 年 12 月 31 日预计未来可解锁限制性股票持有者的现金股利＝(1＋1.1)×(100－8)×10－900＝1 032 (万元)，2×17 年 12 月 31 日预计未来不可解锁限制性股票持有者的现金股利＝(1＋1.1)×(8－5)×10＋1×5×10－100＝13 (万元)。

借：利润分配——应付现金股利　　1 032

　贷：应付股利——限制性股票股利　　1 032

借：其他应付款——限制性股票回购义务　　1 032

　贷：库存股　　1 032

借：其他应付款——限制性股票回购义务　　13

　贷：应付股利——限制性股票股利　　13

2×17 年 12 月 31 日回购限制性股票：

借：其他应付款——限制性股票回购义务　　78 [2×(6－2.1)×10]

　　应付股利——限制性股票股利　　42 (2×2.1×10)

　贷：银行存款　　120 (2×10×6)

借：股本 20（2×1×10）

资本公积——股本溢价 100

贷：库存股 120（2×10×6）

3）2×18 年 12 月 31 日预计未来可解锁限制性股票持有者的现金股利＝(1＋1.1＋1.2)×(100－7)×10－900－1 032＝1 137（万元），2×18 年 12 月 31 日预计未来不可解锁限制性股票持有者的现金股利＝(1＋1.1＋1.2)×(7－2－5)×10＋1×5×10＋2.1×2×10－100－13＝－21（万元）。

借：利润分配——应付现金股利 1 137

贷：应付股利——限制性股票股利 1 137

借：其他应付款——限制性股票回购义务 1 137

贷：库存股 1 137

借：应付股利——限制性股票股利 21

贷：其他应付款——限制性股票回购义务 21

【提示】2×18 年 12 月 31 日计算的预计未来不可解锁限制性股票持有者的现金股利为－21 万元，说明前期在确认时多冲减了相关的负债（即其他应付款——限制性股票回购义务）金额，或可以理解为前期多确认了应付的现金股利金额。

（4）2×19 年 1 月 1 日解锁日甲公司会计处理如下：

借：其他应付款——限制性股票回购义务 2 511

贷：库存股 2 511（6 000－900－300－1 032－120－1 137）

借：资本公积——其他资本公积 5 580（1 800＋1 880＋1 900）

贷：资本公积——股本溢价 5 580

（五）集团股份支付

【例 4－7】甲集团由甲公司（系上市公司）和乙公司组成，甲公司为乙公司的母公司。2×16 年 1 月 1 日，经股东大会批准，甲公司与甲公司 50 名高级管理人员和乙公司 10 名高级管理人员签署股份支付协议。协议规定：甲公司向集团 60 名高级管理人员每人授予 10 万份股票期权，行权条件为这些高级管理人员从授予股票期权之日起连续服务满 3 年，甲集团 3 年平均净利润增长率达到 12%；符合行权条件后，每持有 1 股股票期权可以自 2×19 年 1 月 1 日起 1 年内，以每股 3 元的价格购买 1 股甲公司普通股股票，在行权期间内，未行权的股票期权将失效。甲公司估计授予日每股股票期权的公允价值为 12 元。2×16 年至 2×19 年，甲公司与股票期权有关的资料如下：

（1）2×16 年，甲公司有 2 名高级管理人员离开公司，乙公司无高级管理人员离开，该年度甲集团净利润增长率为 10%。该年年末，甲集团预计甲公司未来两年将有 2 名高级管理人员离开公司，乙公司无高级管理人员离开，预计 3 年平均净利润增长率将达到 12%；每股股票期权的公允价值为 13 元。

（2）2×17 年，甲公司有 1 名高级管理人员离开公司，乙公司无高级管理人员离开，该年度甲集团净利润增长率为 14%。该年年末，甲集团预计甲公司预计未来 1 年将有 1 名高级管理人员离开公司，乙公司无高级管理人员离开，预计 3 年平均净利润增长率将达到 12.5%；每股股票期权的公允价值为 14 元。

（3）2×18 年，甲公司和乙公司没有高级管理人员离开公司，本年度甲集团净利润增长率为15%。该年年末，每股股票期权的公允价值为15元。

(4) 2×19年1月，甲公司自市场回购本公司股票600万股，共支付款项4 800万元，作为库存股待行权时使用。

(5) 2×19年3月，57名高级管理人员全部行权，甲公司共收到款项1 710万元，相关股票的变更登记手续已办理完毕。

(6) 不考虑其他因素影响。

甲公司、乙公司和甲集团合并报表的账务处理如下：

(1) 甲公司2×16年、2×17年、2×18年与股份支付有关的会计分录如下：

1) 2×16年：

甲公司应确认的费用和资本公积=(50－2－2)×10×12×1/3=1 840（万元）

借：管理费用　　18 400 000

　贷：资本公积——其他资本公积　　18 400 000

乙公司应确认的长期股权投资和资本公积=10×10×12×1/3=400（万元）

借：长期股权投资　　4 000 000

　贷：资本公积——其他资本公积　　4 000 000

2) 2×17年：

甲公司应确认的费用和资本公积=(50－2－1－1)×10×12×2/3－1 840
=1 840（万元）

借：管理费用　　18 400 000

　贷：资本公积——其他资本公积　　18 400 000

乙公司应确认的长期股权投资和资本公积=10×10×12×2/3－400=400（万元）

借：长期股权投资　　4 000 000

　贷：资本公积——其他资本公积　　4 000 000

3) 2×18年：

甲公司应确认的费用和资本公积=(50－2－1)×10×12－1 840－1 840
=1 960（万元）

借：管理费用　　19 600 000

　贷：资本公积——其他资本公积　　19 600 000

乙公司应确认的长期股权投资和资本公积=10×10×12－400－400=400（万元）

借：长期股权投资　　4 000 000

　贷：资本公积——其他资本公积　　4 000 000

(2) 乙公司2×16年、2×17年、2×18年与股份支付有关的会计分录如下：

1) 2×16年：

应确认的费用和资本公积=10×10×12×1/3=400（万元）

借：管理费用　　4 000 000

　贷：资本公积——其他资本公积　　4 000 000

2）2×17 年：

应确认的费用和资本公积＝10×10×12×2/3－400＝400（万元）

借：管理费用　　4 000 000

　贷：资本公积——其他资本公积　　4 000 000

3）2×18 年：

应确认的费用和资本公积＝10×10×12－400－400＝400（万元）

借：管理费用　　4 000 000

　贷：资本公积——其他资本公积　　4 000 000

（3）甲集团 2×16 年、2×17 年、2×18 年合并会计报表中与股份支付有关的抵销分录如下：

1）2×16 年：

借：资本公积　　4 000 000

　贷：长期股权投资　　4 000 000

合并会计报表中：

本期应确认的管理费用和资本公积＝1 840＋400＝2 240（万元）

2）2×17 年：

借：资本公积　　8 000 000

　贷：长期股权投资　　8 000 000

合并会计报表中：

本期应确认的管理费用和资本公积＝1 840＋400＝2 240（万元）

资本公积累计金额＝2 240＋2 240＝4 480（万元）

3）2×18 年：

借：资本公积　　12 000 000

　贷：长期股权投资　　12 000 000

合并会计报表中：

本期应确认的管理费用和资本公积＝1 960＋400＝2 360（万元）

资本公积累计金额＝4 480＋2 360＝6 840（万元）

（4）甲公司回购本公司股票的会计分录如下：

借：库存股　　48 000 000

　贷：银行存款　　48 000 000

（5）甲公司和乙公司高级管理人员行权时编制的会计分录如下：

1）甲公司：

借：银行存款　　17 100 000

　　资本公积——其他资本公积　　68 400 000

　贷：库存股　　45 600 000（48 000 000÷60×57）

　　　资本公积——股本溢价　　39 900 000

2）乙公司：

借：资本公积——其他资本公积　　12 000 000

　贷：资本公积——股本溢价　　12 000 000

关键概念

股份支付　授予日　可行权日　等待期　行权日　集团股份支付

思考题

1. 简述以现金结算的股份支付的确认和计量原则。
2. 简述以权益结算的股份支付的确认和计量原则。

第五章

所得税

第一节 所得税会计概述

一、资产负债表债务法的理论基础

所得税会计采用资产负债表债务法核算所得税，资产负债表债务法是从资产负债表出发，通过比较资产负债表上列示的资产、负债按照会计准则规定确定的账面价值与按照税法规定确定的计税基础，将两者之间的差异分为应纳税暂时性差异与可抵扣暂时性差异，确认相关的递延所得税负债与递延所得税资产，并在此基础上确定每一期间利润表中的所得税费用。

二、所得税会计的一般程序

在采用资产负债表债务法核算所得税的情况下，企业进行所得税核算一般应遵循下述程序。

（一）确定资产、负债的账面价值

按照会计准则规定确定资产负债表中除递延所得税资产和递延所得税负债以外的其他资产和负债的账面价值。资产、负债的账面价值是指企业按照相关会计准则的规定进行核算后在资产负债表中列示的金额。例如，企业持有的存货账面余额为 2 000 万元，企业对该存货计提了 200 万元的坏账准备，其账面价值为 1 800 万元，为该存货在资产负债表中的列示金额；再如，企业持有的固定资产的原价为 2 000 万元，企业对该固定资产计提了 500 万元的累计折旧、300 万元的固定资产减值准备，其账面价值为 1 200 万元，为该固定资产在资产负债表中的列示金额。

（二）确定资产、负债的计税基础

按照会计准则中对于资产和负债计税基础的确定方法，以适用的税收法规为基础，确定资产负债表中有关资产、负债的计税基础。确定资产、负债的计税基础是资产负债表债务法核算的关键。

（三）确定暂时性差异

比较资产、负债的账面价值与其计税基础，若两者之间存在差异，应分析该差异的性质，确定应纳税暂时性差异和可抵扣暂时性差异。

（四）确定递延所得税资产和递延所得税负债

除会计准则中规定的特殊情况外，应区分应纳税暂时性差异与可抵扣暂时性差异并乘以适用的所得税税率，确定资产负债表日递延所得税负债和递延所得税资产的余额，并与期初递延所得税负债和递延所得税资产的余额相比，确定当期应进一步确认的递延所得税资产和递延所得税负债金额或应转销的金额。

（五）确定应交所得税

按照适用的税法规定计算确定当期应纳税所得额，将应纳税所得额与适用的所得税税率计算的结果确认为当期应交所得税。

（六）确定利润表中的所得税费用

利润表中的所得税费用包括当期所得税和递延所得税两个组成部分，企业在计算确定了当期所得税和递延所得税后，两者之和（或之差）是利润表中的所得税费用。

资产负债表债务法所得税核算的一般程序如图 5-1 所示。

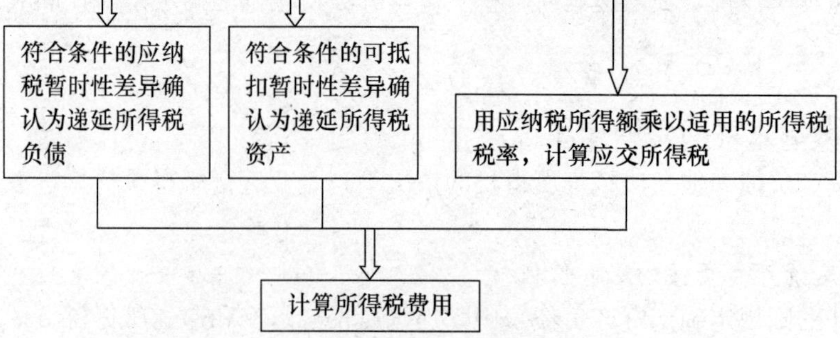

图 5-1　资产负债表债务法所得税核算的一般程序

第二节 计税基础及暂时性差异

所得税会计核算的关键在于确定资产、负债的计税基础。资产、负债的计税基础的确定，与税收法规的规定密切相关。企业在取得资产、负债时，应当确定其计税基础。

一、资产的计税基础

资产的计税基础是指企业在收回资产账面价值的过程中，计算应纳税所得额时按照税法规定可以自应税经济利益中抵扣的金额。

从税收的角度考虑，资产的计税基础是假定企业按照税法规定进行核算所提供的资产负债表中资产的应有金额。

资产的计税基础＝未来可税前列支的金额

某一资产负债表日资产的计税基础＝成本－以前期间已税前列支的金额

（一）固定资产

以各种方式取得的固定资产，初始确认时按照会计准则规定确定的入账价值基本上是被税法认可的，即取得时固定资产的账面价值一般等于其计税基础。

固定资产在持有期间进行后续计量时，会计上的基本计量模式是“成本－累计折旧－固定资产减值准备”。会计与税法处理的差异主要来自折旧方法、折旧年限以及固定资产减值准备的计提等的不同。因计提固定资产减值准备产生差异的相关计算公式为：

账面价值＝实际成本－会计累计折旧－固定资产减值准备

计税基础＝实际成本－税法累计折旧

【例 5-1】甲公司 2×16 年 12 月 31 日取得的某项机器设备的原价为 500 万元，预计使用年限为 5 年，会计处理时按照直线法计提折旧，税法允许采用加速折旧法，甲公司在计税时对该项资产按双倍余额递减法计提折旧，预计净残值为零。计提了 2 年的折旧后，2×18 年 12 月 31 日，甲公司对该项固定资产计提了 100 万元的固定资产减值准备。

2×18 年 12 月 31 日，该项固定资产的账面价值和计税基础为：

账面价值＝500－500÷5×2－100＝200（万元）

计税基础＝500－500×40%－(500－500×40%)×40%＝180（万元）

（二）无形资产

除企业内部研究开发形成的无形资产以外，其他方式取得的无形资产，初始确认时按照会计准则规定确定的入账价值与税法规定的计税基础之间一般不存在差异。

(1) 对于企业内部研究开发形成的无形资产，《企业会计准则》规定有关研究开发支出区分为两个阶段的支出，研究阶段的支出应当费用化计入当期损益，而开发阶段符合资本化条件发生的支出应当资本化作为无形资产的成本。税法规定，企业为开发新技术、新产品、新工艺发生的研究开发费用，未形成无形资产计入当期损益的，在按照规定据实扣除的基础上，按照研究开发费用的50%加计扣除；形成无形资产的，按照无形资产成本的150%摊销。

如果会计摊销方法、摊销年限和残值均符合税法规定，那么每期纳税调减的金额均为会计计入费用（研究阶段的支出、开发阶段不符合资本化条件的支出及形成无形资产后的摊销额）的50%。

【例 5-2】 甲公司 2×16 年发生研究开发支出 500 万元，其中：研究阶段支出 100 万元，开发阶段不符合资本化条件的支出 120 万元，开发阶段符合资本化条件的支出 280 万元。假定甲公司 2×16 年摊销无形资产 10 万元。

甲公司 2×16 年年末无形资产的账面价值＝280－10＝270（万元）

计税基础＝270×150%＝ 405（万元）

(2) 无形资产在后续计量时，会计与税法的差异主要产生于无形资产是否需要摊销、无形资产的摊销方法和摊销年限的不同以及无形资产减值准备的计提。

账面价值＝实际成本－会计累计摊销－无形资产减值准备

但对于使用寿命不确定的无形资产，计算公式为：

账面价值＝实际成本－无形资产减值准备

计税基础＝实际成本－税法累计摊销

【例 5-3】 甲公司 2×16 年 1 月 10 日取得的某项无形资产的成本为 200 万元，因其使用寿命无法合理估计，会计上视为使用寿命不确定的无形资产，不予以摊销，但税法规定按不短于 10 年的期限摊销。

2×16 年 12 月 31 日，该项无形资产的账面价值为 200 万元，计税基础＝200－200÷10＝180（万元）。

（三）以公允价值计量的金融资产

1. 以公允价值计量且其变动计入当期损益的金融资产

按照《企业会计准则第 22 号——金融工具确认和计量》的规定，对于以公允价值计量且其变动计入当期损益的金融资产，其于某一会计期末的账面价值为公允价值，税法规定按照《企业会计准则》确认的公允价值变动损益在计税时不予以考虑，即有关金融资产在某一会计期末的计税基础为其取得成本，这就会造成该类金融资产账面价值与其计税基础之间的差异。

【例 5-4】 大海公司于 2×16 年 12 月 1 日支付 400 万元取得一项交易性金融资产，该交易性金融资产当期期末的市价为 420 万元。

《企业会计准则》规定，对于交易性金融资产，在持有期间每个会计期末应以公允价值计量，公允价值相对于账面价值的变动计入利润表。该项交易性金融资产的期末市价为 420 万元，按照会计准则的规定进行核算，2×16 年 12 月 31 日，该项资产的账面价值为

420万元，即交易性金融资产的账面价值为420万元。

税法规定交易性金融资产在持有期间的公允价值变动不计入应纳税所得额，其计税基础在2×16年12月31日应维持原取得成本不变，即该交易性金融资产的计税基础为400万元。

2. 可供出售金融资产

按照《企业会计准则第22号——金融工具确认和计量》的规定，对于可供出售金融资产，其于某一会计期末的账面价值为公允价值，税法规定按照《企业会计准则》确认的公允价值变动在计税时不予以考虑，即有关金融资产在某一会计期末的计税基础为其取得成本，就会造成该类金融资产账面价值与其计税基础之间的差异。

【例5-5】大海公司于2×16年12月1日支付600万元取得一项可供出售金融资产，该项可供出售金融资产当期期末的市价为580万元。

《企业会计准则》规定，对于可供出售金融资产，在持有期间每个会计期末应以公允价值计量，公允价值相对于账面价值的变动计入所有者权益（假定不考虑减值）。该项可供出售金融资产的期末市价为580万元，按照会计准则的规定进行核算，2×16年12月31日，该项资产的账面价值为580万元，即可供出售金融资产的账面价值为580万元。

税法规定，可供出售金融资产在持有期间的公允价值变动不计入应纳税所得额，其计税基础在2×16年12月31日应维持原取得成本不变，即该项可供出售金融资产的计税基础为600万元。

（四）其他资产

因会计准则规定与税收法规规定的不同，企业持有的其他资产可能存在账面价值与计税基础之间存在差异的情况。

1. 采用公允价值模式进行后续计量的投资性房地产

【例5-6】大海公司于2×16年12月31日将一幢商品房对外出租并采用公允价值模式计量，租期为3年。出租时，该幢商品房的成本为2 000万元，公允价值为2 200万元。

大海公司选择对该项投资性房地产采用公允价值进行后续计量，其在2×16年12月31日的账面价值为其公允价值2 200万元。

税法规定，资产在持有期间公允价值的变动不计入应纳税所得额，即其计税基础应为资产的取得成本，即该项投资性房地产在2×16年12月31日的计税基础为2 000万元。

2. 其他各种资产的减值准备

有关资产在计提减值准备后，其账面价值会随之下降，而按税法的规定，除可计入应纳税所得额的坏账准备外，其他资产的减值在转化为实质性损失之前，不允许税前扣除，即资产的计税基础不会因减值准备的计提而发生变化，从而造成资产的账面价值与其计税基础之间出现差异。

【例5-7】大海公司2×16年12月10日购入原材料的成本为1 000万元。因部分生产线停工，2×16年12月31日，考虑到该原材料的市价及用其生产产成品的市价情况，估计该原材料的可变现净值为800万元。

该原材料因期末可变现净值低于成本，应计提存货跌价准备，金额为200万元。计提存货跌价准备后，该原材料的账面价值为800万元。

按税法的规定，企业计提的存货跌价准备不允许税前扣除，即该原材料的计税基础为

1 000 万元。

【例 5-8】 大海公司 2×16 年 12 月 31 日的应收账款余额为 1 000 万元，该公司期末对应收账款计提了 100 万元的坏账准备。

该项应收账款 2×16 年 12 月 31 日的账面价值为 900(1 000－100) 万元。其计税基础为账面价值 1 000 万元。

■ 二、负债的计税基础

负债的计税基础是指负债的账面价值减去未来期间计算应纳税所得额时按照税法规定可予以抵扣的金额。

负债的确认与偿还一般不会影响企业的损益，也不会影响其应纳税所得额，未来期间计算应纳税所得额时按照税法的规定可予以抵扣的金额为零，计税基础即为账面价值，如企业的短期借款、应付账款等。但是，在某些情况下，负债的确认可能会影响企业的损益，进而影响不同期间的应纳税所得额，使得负债的计税基础与账面价值之间产生差额，如按照会计规定确认的某些预计负债。负债的计税基础与账面价值的关系为：

负债的计税基础＝账面价值－未来期间按照税法的规定可予以税前扣除的金额

（一）企业因销售商品提供售后服务等原因确认的预计负债

按照《企业会计准则第 13 号——或有事项》的规定，企业应将预计提供售后服务发生的支出在满足有关确认条件时，在销售当期确认为费用，同时确认预计负债。但税法规定，与销售产品有关的支出应于发生时进行税前扣除。由于该类事项产生的预计负债在期末的计税基础为其账面价值与未来期间可税前扣除的金额之间的差额，因此其计税基础为零。

【例 5-9】 大海公司因销售商品提供售后服务等原因于当期确认了 200 万元的预计负债。税法规定，有关产品售后服务等与取得经营收入直接相关的费用于实际发生时允许税前列支。假定企业在确认该项预计负债的当期未发生售后服务费用。

预计负债的账面价值为 200 万元，计税基础＝账面价值 200 万元－可从未来经济利益中扣除的金额 200 万元＝0（万元）。

因其他事项确认的预计负债，应按照税法规定的计税原则确定其计税基础。在某些情况下，因有些事项确认的预计负债，如果税法规定无论是否实际发生均不允许税前扣除，即未来期间按照税法的规定可予以抵扣的金额为零，则其账面价值与计税基础相同。

【例 5-10】 假如大海公司 2×16 年 12 月 31 日因债务担保确认了预计负债 500 万元，但担保发生在关联方之间，担保方并未就该项担保收取与相应责任相关的费用。税法规定，与该项预计负债相关的费用不允许税前扣除。

2×16 年 12 月 31 日，该项预计负债的账面价值为 500 万元，计税基础＝账面价值 500 万元－可从未来经济利益中扣除的金额 0 万元＝500（万元）。

（二）预收账款

企业在收到客户预付的款项时，因不符合收入确认条件，会计上将其确认为负债。税法中对于收入的确认原则一般与会计规定相同，即会计上未确认收入时，计税时一般亦不计入应纳税所得额，该部分经济利益在未来期间计税时可予以税前扣除的金额为零，计税基础等于账面价值。

如果不符合会计准则规定的收入确认条件，但按税法的规定应计入当期应纳税所得额时，有关预收账款的计税基础为零。

【例 5-11】 大海公司 2×16 年 12 月 31 日收到客户的预付款项 100 万元。若预收的款项不计入当期应纳税所得额，2×16 年 12 月 31 日，预收账款的账面价值为 100 万元，计税基础＝账面价值 100 万元－可从未来经济利益中扣除的金额 0 万元 ＝100（万元）；若预收的款项计入当期应纳税所得额，2×16 年 12 月 31 日，预收账款的账面价值为 100 万元，按税法的规定预收的款项已计入当期应纳税所得额，所以在以后年度减少预收账款确认收入时，由税前会计利润计算应纳税所得额时应将其扣除，预收账款的计税基础＝账面价值 100 万元－可从未来经济利益中扣除的金额 100 万元 ＝0（万元）。

（三）其他负债

1. 应付职工薪酬

《企业会计准则》规定，企业为获得职工提供的服务而给予职工的各种形式的报酬以及其他相关支出均应作为企业的成本费用，在未支付之前确认为负债。税法规定，企业支付给职工的合理的工资薪金性质的支出可税前列支。一般情况下，对于应付职工薪酬，其计税基础为账面价值减去在未来期间可予以税前扣除的金额（零）之间的差额，即账面价值等于计税基础。

【例 5-12】 大海公司 2×16 年当期确认应支付的职工工资及其他薪金性质的支出为 3 000 万元，尚未支付。2×16 年 12 月 31 日，应付职工薪酬的账面价值为 3 000 万元，计税基础＝账面价值 3 000 万元－可从未来应税利益中扣除的金额 0 万元＝3 000（万元）。

需要说明的是，对于以现金结算的股份支付，企业在每一个资产负债表日确认的应付职工薪酬，按照税法的规定，实际支付时可计入应纳税所得额，未来期间可予以税前扣除的金额为其账面价值，因此计税基础为零。

2. 其他负债

如企业应交的罚款和滞纳金等，在尚未支付之前按照会计准则的规定确认为费用，同时作为负债反映。税法规定，行政性的罚款和滞纳金不得税前扣除，计税基础为账面价值减去未来期间计税时可予以税前扣除的金额（零）之间的差额，即计税基础等于账面价值。

【例 5-13】 大海公司 2×16 年 12 月因违反当地有关环保法规的规定，接到环保部门的处罚通知，要求其支付罚款 300 万元。税法规定，企业因违反国家有关法律法规的规定支付的罚款和滞纳金，计算应纳税所得额时不允许税前扣除。至 2×16 年 12 月 31 日，该项罚款尚未支付。

对于该项罚款，大海公司应计入 2×16 年利润表，同时确认为资产负债表中的负债。

因按照税法的规定，企业违反国家有关法律法规的规定支付的罚款和滞纳金不允许税前扣除，与该项负债相关的支出在未来期间计税时按照税法的规定准予税前扣除的金额为零，其计税基础＝账面价值 300 万元－未来期间计算应纳税所得额时按照税法规定可予以抵扣的金额 0 万元＝300（万元）。

三、特殊交易或事项中产生资产、负债计税基础的确定

除企业在正常生产经营活动过程中取得的资产和负债以外，对于某些特殊交易产生的资产、负债，其计税基础的确定应遵从税法规定，如企业合并过程中取得的资产、负债计税基础的确定。

由于会计与税收法规对企业合并的划分标准不同、处理原则不同，因此在某些情况下，会造成企业合并中取得的有关资产、负债的入账价值与其计税基础的差异。

四、暂时性差异

暂时性差异是指资产或负债的账面价值与其计税基础之间的差额。其中，账面价值是指按照《企业会计准则》的规定确定的有关资产、负债在企业的资产负债表中应列示的金额。由于资产、负债的账面价值与其计税基础不同，产生了在未来收回资产或清偿负债的期间内，应纳税所得额增加或减少导致未来期间应交所得税增加或减少的情况，在这些暂时性差异发生的当期，应当确认相应的递延所得税负债或递延所得税资产。根据暂时性差异对未来期间应交所得税影响的不同，分为应纳税暂时性差异和可抵扣暂时性差异。

某些不符合资产、负债的确认条件，未作为财务会计报告中资产、负债列示的项目，如果按照税法的规定可以确定其计税基础，该计税基础与其账面价值之间的差额也属于暂时性差异。

（一）应纳税暂时性差异

应纳税暂时性差异是指在确定未来收回资产或清偿负债期间的应纳税所得额时，将导致产生应税金额的暂时性差异。该差异在未来期间转回时，会增加转回期间的应纳税所得额，即在未来期间不考虑该事项影响的应纳税所得额的基础上，由于该暂时性差异的转回，会进一步增加转回期间的应纳税所得额和应交所得税金额。在该暂时性差异产生当期，应当确认相关的递延所得税负债。

应纳税暂时性差异通常产生于下述几种情况。

1. 资产的账面价值大于其计税基础

一项资产的账面价值代表的是企业在持续使用及最终出售该项资产时会取得的经济利益的总额，而计税基础代表的是一项资产在未来期间可予以税前扣除的总金额。资产的账面价值大于其计税基础，该项资产未来期间产生的经济利益不能全部税前抵扣，两者之间的差额需要缴税，即产生了应纳税暂时性差异。

【例 5-14】 大海公司的某项固定资产原值为 5 000 元，预计使用年限为 5 年，采用直线法计提折旧，期末无残值。税法允许采用双倍余额递减法计提折旧。该项固定资产各期账面价值、计税基础和应纳税暂时性差异余额见表 5-1。

表 5-1　固定资产各期账面价值、计税基础和应纳税暂时性差异余额　单位：元

各期期末	0	1	2	3	4	5
账面价值	5 000	4 000	3 000	2 000	1 000	0
计税基础	5 000	3 000	1 800	1 080	540	0
应纳税暂时性差异余额	0	1 000	1 200	920	460	0

2. 负债的账面价值小于其计税基础

一项负债的账面价值为企业预计在未来期间清偿该项负债时的经济利益流出，而其计税基础代表的是账面价值在扣除税法规定未来期间允许税前扣除的金额之后的差额。因负债的账面价值与其计税基础不同产生的暂时性差异实质上是税法规定的该项负债在未来期间可以税前扣除的金额。负债的账面价值小于其计税基础，实际上就是未来期间负债清偿时在应纳税所得额的基础上调增，增加应纳税所得额和应交所得税金额，即产生了应纳税暂时性差异。

（二）可抵扣暂时性差异

可抵扣暂时性差异是指在确定未来收回资产或清偿负债期间的应纳税所得额时，将导致产生可抵扣金额的暂时性差异。该差异在未来期间转回时会减少转回期间的应纳税所得额，减少未来期间的应交所得税金额。在该暂时性差异产生当期，应当确认相关的递延所得税资产。

可抵扣暂时性差异一般产生于下述几种情况。

1. 资产的账面价值小于其计税基础

资产的账面价值小于其计税基础，从经济含义来看，资产在未来期间产生的经济利益少，按照税法的规定允许税前扣除的金额多，则企业在未来期间可以减少应纳税所得额并减少应交所得税金额，形成可抵扣暂时性差异。

【例 5-15】 大海公司的某项固定资产原值为 5 000 元，预计使用年限为 5 年，采用双倍余额递减法计提折旧，期末无残值。税法允许采用直线法计提折旧。该项固定资产各期账面价值、计税基础和可抵扣暂时性差异余额见表 5-2。

表 5-2　固定资产各期账面价值、计税基础和可抵扣暂时性差异余额　单位：元

各期期末	0	1	2	3	4	5
账面价值	5 000	3 000	1 800	1 080	540	0
计税基础	5 000	4 000	3 000	2 000	1 000	0
可抵扣暂时性差异余额	0	1 000	1 200	920	460	0

2. 负债的账面价值大于其计税基础

负债的账面价值大于其计税基础，负债产生的暂时性差异实质上就是税法规定的该项负债可以在未来期间税前扣除的金额。一项负债的账面价值大于其计税基础，意味着未来期间按照税法的规定构成负债的全部或部分金额可以自未来应税经济利益中扣除，减少未来期间的应纳税所得额和应交所得税金额，即产生了可抵扣暂时性差异。

【例 5-16】 大海公司 2×16 年 12 月 31 日因销售产品提供售后服务等原因于当期确认了 100 万元的预计负债。税法规定，有关产品售后服务等与取得经营收入直接相关的费用于实际发生时允许税前列支。假定企业在确认预计负债的当期未发生售后服务费用。

2×16 年 12 月 31 日，该项预计负债的账面价值为 100 万元，计税基础＝账面价值 100 万元－可从未来经济利益中扣除的金额 100 万元＝0（万元）；应确认的可抵扣暂时性差异＝100－0＝100（万元）；应确认的递延所得税资产余额＝100×25%＝25（万元）。

（三）特殊项目产生的暂时性差异

1. 未作为资产、负债确认的项目产生的暂时性差异

某些交易或事项发生以后，因为不符合资产、负债的确认条件而未体现在资产负债表

中，但按照税法的规定能够确定资产、负债的计税基础的，其账面价值与计税基础之间的差异也构成暂时性差异。如企业发生的符合条件的广告费和业务宣传费支出，除另有规定外，不超过当期销售收入15%的部分准予扣除；超过部分准予在以后纳税年度结转扣除。该类费用在发生时按照会计准则的规定应计入当期损益，不形成资产负债表中的资产，但按照税法的规定可以确定其计税基础的，两者之间的差额也形成暂时性差异。

【例5-17】大海公司在开始正常生产经营活动之前发生了2 000万元的筹建费用，在发生时已计入当期损益。按照税法的规定，企业在筹建期间发生的费用，允许在开始正常生产经营活动之后5年内分期于税前扣除。

该项费用支出因按照会计准则的规定在发生时已计入当期损益，不体现为资产负债表中的资产，即如果将其视为资产，其账面价值为零。

按照税法的规定，该项费用可以在开始正常的生产经营活动之后5年内分期于税前扣除，假定企业在2×16年开始正常生产经营活动，当期税前扣除了400万元，其于未来期间可税前扣除的金额为1 600万元，即其在2×16年12月31日的计税基础为1 600万元。

该项资产的账面价值零万元与其计税基础1 600万元之间产生了1 600万元的暂时性差异，该项暂时性差异在未来期间可减少企业的应纳税所得额，为可抵扣暂时性差异，符合确认条件时，应确认为相关的递延所得税资产。

2. 可抵扣亏损及税款抵减产生的暂时性差异

按照税法的规定，可以结转以后年度的未弥补亏损及税款抵减，虽不是因资产、负债的账面价值与计税基础不同产生的，但与可抵扣暂时性差异具有同样的作用，均能减少未来期间的应纳税所得额和应交所得税金额，在会计处理上可视同可抵扣暂时性差异，在符合确认条件的情况下，应确认为与其相关的递延所得税资产。

【例5-18】大海公司于2×16年因政策性原因发生经营亏损2 000万元，按照税法的规定，该亏损可用于抵减以后5个年度的应纳税所得额。该公司预计其于未来5年期间能够产生足够的应纳税所得额以利用该经营亏损。

该经营亏损虽不是因比较资产、负债的账面价值与其计税基础产生的，但从其性质上来看，可以减少未来期间的应纳税所得额和应交所得税金额，视同可抵扣暂时性差异。在企业预计未来期间能够产生足够的应纳税所得额以利用该可抵扣亏损时，应确认相关的递延所得税资产。

第三节 递延所得税负债及递延所得税资产的确认和计量

一、递延所得税负债的确认和计量

（一）一般原则

企业在确认因应纳税暂时性差异产生的递延所得税负债时，应遵循以下原则：除《企业会计准则第 18 号——所得税》中明确规定可不确认递延所得税负债的情况以外，企业对于所有的应纳税暂时性差异均应确认相关的递延所得税负债。除与直接计入所有者权益的交易或事项以及企业合并中取得资产、负债相关的以外，在确认递延所得税负债的同时，应增加利润表中的所得税费用。

【例 5-19】 大海公司于 2×16 年 12 月 31 日购入某项机器设备，会计上采用直线法计提折旧，税法规定允许采用加速折旧法。该项设备的取得成本为 100 万元，使用年限为 10 年，净残值为零，计税时按双倍余额递减法计提折旧。假设不考虑中期报告的影响，该企业适用的所得税税率为 25%。

2×17 年 12 月 31 日，该项资产的账面价值＝100－10＝90（万元），计税基础＝100－20＝80（万元），应纳税暂时性差异余额＝90－80＝10（万元），应确认递延所得税负债余额＝10×25%＝2.5（万元），因无递延所得税负债期初余额，故 2×17 年递延所得税负债的发生额为 2.5 万元。其财务处理如下：

借：所得税费用　　25 000
　贷：递延所得税负债　　25 000

2×18 年 12 月 31 日，该项资产的账面价值＝100－10－10＝80（万元），计税基础＝100－20－16＝64（万元），应纳税暂时性差异余额＝80－64＝16（万元），应确认递延所得税负债余额＝16×25%＝4（万元），递延所得税负债期初余额为 2.5 万元，2×18 年递延所得税负债的发生额＝4－2.5＝1.5（万元）（贷方）。其账务处理如下：

借：所得税费用　　15 000
　贷：递延所得税负债　　15 000

（二）不确认递延所得税负债的特殊情况

在有些情况下，虽然资产、负债的账面价值与其计税基础不同，产生了应纳税暂时性差异，但出于各方面考虑，《企业会计准则第 18 号——所得税》中规定不确认相应的递延所得税负债，主要包括：

（1）商誉的初始确认。在非同一控制下的企业合并中，企业合并成本大于合并中取得的被购买方可辨认净资产公允价值份额的差额，可确认为商誉。

在免税合并情况下，被购买方的可辨认资产和负债维持原被购买方的计税基础，而账面价值应反映购买日的公允价值，由此产生的暂时性差异应确认为递延所得税资产或递延所得税负债，同时确认商誉。

在免税合并情况下，商誉的计税基础为零，账面价值和计税基础的差异不确认为递延所得税负债，因企业合并成本是固定的，若确认递延所得税负债，则考虑减少递延所得税后被购买方可辨认净资产公允价值，增加商誉，由此进入不断循环状态。

【例 5-20】 假定大海公司通过发行权益性证券取得 B 企业 100% 的净资产，该权益性证券的公允价值为 6 000 万元，该项合并符合税法规定的免税改组条件，购买日各项可辨认资产、负债的公允价值及其计税基础见表 5-3。

表 5-3　各项可辨认资产、负债的公允价值及其计税基础　　单位：万元

项目	公允价值	计税基础	暂时性差异
固定资产	3 000	2 000	1 000

续前表

项目	公允价值	计税基础	暂时性差异
应收账款	1 000	1 000	0
存货	1 800	1 300	500
应付账款	(700)	(700)	0
其他应付款	(100)	(0)	(100)
不包括递延所得税的可辨认资产、负债的公允价值	5 000	3 600	1 400

假定大海公司适用的所得税税率为25%，则该项交易中应确认的递延所得税负债及商誉的金额如下：

可辨认净资产公允价值	5 000
递延所得税资产（100×25%）	25
递延所得税负债（1 500×25%）	375
可辨认资产、负债的公允价值	4 650
商誉	1 350
企业合并成本	6 000

因该项合并符合税法规定的免税合并条件，如果当事各方选择进行免税处理，则作为购买方，其在免税合并中取得的被购买方的有关资产、负债应维持原计税基础不变。被购买方原账面上未确认商誉，即商誉的计税基础为零万元。

所确认的商誉金额1 350万元和计税基础零万元之间产生的应纳税暂时性差异，不再进一步确认相关的所得税金额。

需要说明的是，非同一控制下的企业合并形成的商誉，并且按照所得税法的规定，商誉在初始确认时计税基础等于账面价值的（即应税合并形成的商誉），该商誉在后续计量过程中因计提减值准备，使得商誉的账面价值小于计税基础的，会产生可抵扣暂时性差异，应确认相关的所得税金额。

（2）在除企业合并以外的其他交易或事项中，如果该项交易或事项发生时既不影响会计利润，也不影响应纳税所得额，则所产生的资产、负债的初始确认金额与其计税基础不同，形成应纳税暂时性差异的，交易或事项发生时不确认相应的递延所得税负债。其原因是无对应科目。

该类交易或事项在我国企业实务中并不多见，一般情况下有关资产、负债的初始确认金额均被税法所认可，两者之间不会产生差异。

（3）与子公司、联营企业、合营企业投资等相关的应纳税暂时性差异，一般应确认相应的递延所得税负债，但同时满足以下两个条件的除外：一是投资企业能够控制暂时性差异转回的时间；二是该暂时性差异在可预见的未来很可能不会转回。满足上述条件时，投资企业可以运用自身的影响力决定是否转回暂时性差异，如果不希望其转回，则在可预见的未来该项暂时性差异即不会转回，对未来期间计税不产生影响，从而无须确认相应的递延所得税负债。

对于权益法核算的长期股权投资，其计税基础与账面价值产生的有关暂时性差异是否应确认相关的所得税影响，应当考虑该项投资的持有意图：

1）如果企业拟长期持有，则因初始投资成本调整产生的暂时性差异预计未来期间不会转回，对未来期间没有所得税影响；因确认投资损益产生的暂时性差异，如果在未来期间逐期分回现金股利或利润时免税，也不存在对未来期间的所得税影响；因确认应享有的被投资单位其他权益变动而产生的暂时性差异，在长期持有的情况下，预计未来期间也不会转回。因此，在准备长期持有的情况下，对于采用权益法核算的长期股权投资账面价值与计税基础之间的差异，投资企业一般不确认相关的所得税影响。

2）在投资企业改变持有意图拟对外出售的情况下，按照税法的规定，企业在转让或处置投资资产时，投资资产的成本准予扣除。在持有意图由长期持有转变为拟近期出售的情况下，因长期股权投资的账面价值与计税基础不同产生的有关暂时性差异，均应确认相关的所得税影响。

（三）递延所得税负债的计量

《企业会计准则第 18 号——所得税》规定，资产负债表日，对于递延所得税负债，应当根据税法的规定，按照预期清偿该负债期间的适用税率计量，即递延所得税负债应以相关应纳税暂时性差异转回期间按照税法规定的适用所得税税率计量。

在我国，除享受优惠政策的情况以外，企业适用的所得税税率在不同年度一般不会发生变化，企业在确认递延所得税负债时，可以现行适用所得税税率为基础计算确定。对于享受优惠政策的企业，如经国家批准的经济技术开发区内的企业，享受一定期间的税率优惠，则所产生的暂时性差异应以预计其转回期间的适用所得税税率为基础计量。

无论应纳税暂时性差异的转回期间如何，会计准则中规定递延所得税负债不要求折现。对递延所得税负债进行折现，企业需要对相关的应纳税暂时性差异进行详细的分析，确定其具体的转回时间表，并在此基础上，按照一定的利率折现后确定递延所得税负债的金额。在实务中，要求企业进行类似的分析工作量较大，包含的主观判断因素较多，且很多情况下无法合理确定暂时性差异的具体转回时间，因此会计准则中规定递延所得税负债不予以折现。

二、递延所得税资产的确认和计量

（一）一般原则

资产、负债的账面价值与其计税基础不同产生可抵扣暂时性差异的，在估计未来期间能够取得足够的应纳税所得额以利用该可抵扣暂时性差异时，应当以很可能取得用来抵扣可抵扣暂时性差异的应纳税所得额为限，确认相关的递延所得税资产。

【例 5-21】 大海公司 2×16 年 12 月 31 日预提产品质量保证费用 100 万元，“预计负债——产品质量保证”科目无期初余额，2×16 年没有发生产品质量保证费用；2×17 年实际发生产品质量保证费用 80 万元，2×17 年 12 月 31 日预提产品质量保证费用 60 万元。大海公司适用的所得税税率为 25%。

(1) 2×16 年 12 月 31 日：

预计负债的账面价值＝100（万元）
预计负债的计税基础＝100－100＝0（万元）
可抵扣暂时性差异余额＝100－0＝100（万元）
递延所得税资产余额＝100×25%＝25（万元）

因递延所得税资产无期初余额，上述金额即为本期发生额。账务处理如下：

借：递延所得税资产　　250 000

　　贷：所得税费用　　250 000

（2）2×17 年 12 月 31 日：

预计负债的账面价值＝100－80＋60＝80（万元）

预计负债的计税基础＝80－80＝0（万元）

可抵扣暂时性差异余额＝80－0＝80（万元）

递延所得税资产余额＝80×25％＝20（万元）

因递延所得税资产的期初余额为 25 万元，所以本期发生额为 5 万元（贷方）。其账务处理如下：

借：所得税费用　　50 000

　　贷：递延所得税资产　　50 000

1. 递延所得税资产的确认应以未来期间可能取得的应纳税所得额为限

在可抵扣暂时性差异转回的未来期间内，企业无法产生足够的应纳税所得额用以抵减可抵扣暂时性差异的影响，使得与递延所得税资产相关的经济利益无法实现的，该部分递延所得税资产不应确认；企业有明确的证据表明其于可抵扣暂时性差异转回的未来期间能够产生足够的应纳税所得额，进而可利用可抵扣暂时性差异的，则应以可能取得的应纳税所得额为限，确认相关的递延所得税资产。

考虑到可抵扣暂时性差异转回的未来期间内可能产生应纳税所得额的限制，因无法取得足够的应纳税所得额而未确认相关的递延所得税资产的，应在会计报表附注中进行披露。

2. 按照税法规定可以结转以后年度的未弥补亏损和税款抵减，应视同可抵扣暂时性差异处理

在预计可利用可抵扣亏损或税款抵减的未来期间内能够取得足够的应纳税所得额时，除会计准则中规定不予以确认的情况外，应当以很可能取得的应纳税所得额为限，确认相应的递延所得税资产，同时减少确认当期的所得税费用。

与可抵扣亏损和税款抵减相关的递延所得税资产，其确认条件与可抵扣暂时性差异产生的递延所得税资产相同。

【例 5－22】 某企业在 2×16 年至 2×19 年每年的应税收益分别为：－600 万元、200 万元、200 万元、100 万元。适用的所得税税率始终为 25％，假设在 2×16 年发生的亏损弥补期内很可能获得足够的应纳税所得额用来抵扣可抵扣暂时性差异，无其他暂时性差异。该企业的账务处理如下：

（1）2×16 年：

借：递延所得税资产　　1 500 000

　　贷：所得税费用　　1 500 000

（2）2×17 年：

借：所得税费用　　500 000

　　贷：递延所得税资产　　500 000

(3) 2×18 年：

借：所得税费用　500 000

　贷：递延所得税资产　500 000

(4) 2×19 年：

借：所得税费用　250 000

　贷：递延所得税资产　250 000

3. 企业合并中的递延所得税资产的处理

在企业合并中，按照会计规定确定的合并中取得的各项可辨认资产、负债的入账价值与其计税基础之间形成可抵扣暂时性差异的，应确认相应的递延所得税资产，并调整合并中应予以确认的商誉等。

4. 与直接计入所有者权益的交易或事项相关的可抵扣暂时性差异的处理

与直接计入所有者权益的交易或事项相关的可抵扣暂时性差异，相应的递延所得税资产应计入所有者权益。如因可供出售金融资产公允价值下降而应确认的递延所得税资产。

【例 5-23】 大海公司 2×16 年 12 月 1 日取得一项可供出售金融资产，成本为 210 万元，2×16 年 12 月 31 日，该项可供出售金融资产的公允价值为 200 万元。大海公司适用的所得税税率为 25%。

2×16 年 12 月 31 日，该项可供出售金融资产的账面价值为 200 万元，该项可供出售金融资产的计税基础为 210 万元，该项可供出售金融资产产生的可抵扣暂时性差异为 10 万元，应确认的递延所得税资产为 2.5 万元。账务处理如下：

借：递延所得税资产　25 000

　贷：其他综合收益　25 000

（二）不确认递延所得税资产的特殊情况

在某些情况下，如果企业发生的某项交易或事项不是企业合并，交易发生时既不影响会计利润也不影响应纳税所得额，并且该项交易中产生的资产、负债的初始确认金额与其计税基础不同，产生可抵扣暂时性差异的，《企业会计准则第 18 号——所得税》规定，在交易或事项发生时不确认相应的递延所得税资产，原因是无对应科目。

若某项交易不是企业合并，递延所得税资产不能对应商誉；若交易发生时既不影响会计利润也不影响应纳税所得额，递延所得税资产不能对应“所得税费用”科目，从而不会影响留存收益，交易发生时产生暂时性差异的业务也不会涉及股本（或实收资本）和资本公积，因此递延所得税资产不能对应所有者权益。若确认递延所得税资产时，为使会计等式平衡，只能增加负债的价值或减少其他资产的价值，这种会计处理违背历史成本计量原则，因此不确认递延所得税资产。

【例 5-24】 甲企业于 2×16 年度共发生研发支出 200 万元，其中研究阶段发生支出 20 万元，开发阶段发生不符合资本化条件支出 60 万元，符合资本化条件支出 120 万元形成无形资产，假定该无形资产于 2×16 年 7 月 30 日达到预定用途，采用直线法按 5 年摊销。该企业 2×16 年税前会计利润为 1 000 万元，适用的所得税税率为 25%。

2×16 年 7 月 30 日，无形资产的初始入账金额为 120 万元，计税基础＝120×150%＝180（万元），可抵扣暂时性差异＝180－120＝60（万元），因该业务不是企业合并，初始确认时既不影响会计利润，也不影响应纳税所得额，所以不能确认递延所得税资产。

2×16 年 12 月 31 日，无形资产的账面价值＝120－120÷5÷12×6＝108（万元），计税基础＝108×150%＝162（万元），可抵扣暂时性差异＝162－108＝54（万元），但也不能确认递延所得税资产。

应说明的是，对于内部研发形成的无形资产，初始确认时不确认递延所得税资产；后续计量时，在会计摊销方法、摊销年限和残值与税法相同的情况下，虽然该无形资产后续计量时影响损益和应纳税所得额，但产生暂时性差异的事项并不是无形资产摊销部分，而是尚未摊销部分，所以该可抵扣暂时性差异也不能确认为递延所得税资产。

（三）递延所得税资产的计量

1. 适用税率的确定

确认递延所得税资产时，应估计相关可抵扣暂时性差异的转回时间，采用转回期间适用的所得税税率为基础计算确定。无论相关的可抵扣暂时性差异转回期间如何，递延所得税资产均不予以折现。

2. 递延所得税资产的减值

资产负债表日，企业应当对递延所得税资产的账面价值进行复核。如果未来期间很可能无法取得足够的应纳税所得额以利用可抵扣暂时性差异带来的利益，应当减记递延所得税资产的账面价值。递延所得税资产的账面价值减记以后，若以后期间根据新的环境和情况判断能够产生足够的应纳税所得额利用可抵扣暂时性差异，使得递延所得税资产包含的经济利益能够实现，则应相应恢复递延所得税资产的账面价值。

【例 5－25】大海公司 2×16 年 12 月 31 日购入一台价值 20 000 元的设备，预计使用期限为 5 年，无残值，采用双倍余额递减法计提折旧。税法允许采用直线法计提折旧。大海公司适用的所得税税率为 25%，假定无其他纳税调整事项。

该项设备的各年账面价值、计税基础和差额期末余额见表 5－4。

表 5－4　该项设备的各年账面价值、计税基础和差额期末余额　单位：元

项目	2×16 年	2×17 年	2×18 年	2×19 年	2×20 年	2×21 年
账面价值	20 000	12 000	7 200	4 320	2 160	0
计税基础	20 000	16 000	12 000	8 000	4 000	0
差额期末余额	0	4 000	4 800	3 680	1 840	0

假定 2×18 年年末之前，估计有足够的应纳税所得额用以抵扣可抵扣暂时性差异，2×18 年年末，估计未来期间很可能获得的应纳税所得额用以抵扣递延所得税资产的利益只有4 200 元。

2×18 年年末，大海公司的账务处理如下：

借：递延所得税资产　　50 [(4 200－4 000)×25%]

　贷：所得税费用　　50

假定 2×19 年年末，估计未来期间很可能获得的应纳税所得额用以抵扣递延所得税资产的利益只有 3 500 元。大海公司的账务处理如下：

借：所得税费用　　175

　贷：递延所得税资产　　175 [(4 200－3 500)×25%]

假定 2×20 年年末，估计未来期间很可能获得足够的应纳税所得额用以抵扣递延所得

税资产的利益。大海公司的账务处理如下：

借：所得税费用　415

　贷：递延所得税资产　415［(3 500－1 840)×25%］

三、特殊交易或事项中涉及递延所得税的确认

（一）与直接计入所有者权益的交易或事项相关的所得税

与当期及以前期间直接计入所有者权益的交易或事项相关的当期所得税及递延所得税，应当计入所有者权益。直接计入所有者权益的交易或事项主要有：会计政策变更采用追溯调整法或对前期差错更正采用追溯重述法调整期初留存收益、可供出售金融资产公允价值变动计入所有者权益、同时包含负债及权益成分的金融工具在初始确认时计入所有者权益等。

（二）与企业合并相关的递延所得税

在企业合并中，购买方取得的可抵扣暂时性差异，按照税法的规定可以用于抵减以后年度的应纳税所得额，但在购买日不符合递延所得税资产确认条件而不予以确认。购买日后的 12 个月内，如取得新的或进一步信息表明购买日的相关情况已经存在，预期被购买方在购买日可抵扣暂时性差异带来的经济利益能够实现，应当确认相关的递延所得税资产，同时减少商誉，商誉不足冲减的，差额部分确认为当前损益。除上述情况以外，确认与企业合并相关的递延所得税资产，应当计入当期损益。

这里指的是购买日不符合递延所得税资产确认条件的可抵扣暂时性差异，购买日后符合条件确认递延所得税资产的账务处理。对购买日符合递延所得税资产确认条件的可抵扣暂时性差异，应确认递延所得税资产，同时减少商誉。

【例 5－26】在某非同一控制下的企业合并中，因会计准则规定与适用税法规定的处理方法不同，在购买日产生了可抵扣暂时性差异 600 万元。假定购买日及未来期间企业适用的所得税税率为 25%。

购买日，因预计未来期间无法取得足够的应纳税所得额，未确认与可抵扣暂时性差异相关的递延所得税资产 150 万元；确认的商誉金额为 4 000 万元。

在购买日之后的第 9 个月，企业预计能够产生足够的应纳税所得额用来抵扣原合并时产生的 600 万元可抵扣暂时性差异的影响，企业应当考虑导致该利益变为现实的环境是否在购买日已经存在。

如果这些事实和环境出现在购买日之后，企业应进行以下账务处理：

借：递延所得税资产　1 500 000

　贷：所得税费用　1 500 000

如果这些事实和环境在购买日已经存在，企业应进行以下账务处理：

借：递延所得税资产　1 500 000

　贷：商誉　1 500 000

（三）与股份支付相关的当期递延所得税

与股份支付相关的支出在按照会计准则的规定确认为成本费用时，其相关的所得税影响应区别于税法的规定进行处理。如果税法规定与股份支付相关的支出不允许税前扣除，则不形成暂时性差异；如果税法规定与股份支付相关的支出允许税前扣除，在按照会计准

则的规定确认成本费用的期间内，企业应当根据会计期末取得的信息估计可税前扣除的金额计算确定其计税基础及由此产生的暂时性差异，在符合确认条件的情况下，应当确认相关的递延所得税。

■ 四、适用税率变化对已确认递延所得税资产和递延所得税负债的影响

因税收法规的变化，导致企业在某一会计期间适用的所得税税率发生变化时，企业应对已确认的递延所得税资产和递延所得税负债按照新的税率重新计量。

若产生暂时性差异影响利润总额，则递延所得税资产、递延所得税负债对应科目为“所得税费用”；若产生暂时性差异影响其他综合收益，则递延所得税资产、递延所得税负债对应科目为“其他综合收益”；若产生暂时性差异是由于非同一控制下吸收合并（免税合并）形成的，则递延所得税资产、递延所得税负债对应科目为“商誉”；若产生暂时性差异是由于会计政策变更、前期重要差错更正形成的，则递延所得税资产、递延所得税负债对应科目为“留存收益（盈余公积、利润分配——未分配利润）”。

递延所得税资产和递延所得税负债的计量如图 5-2 所示。

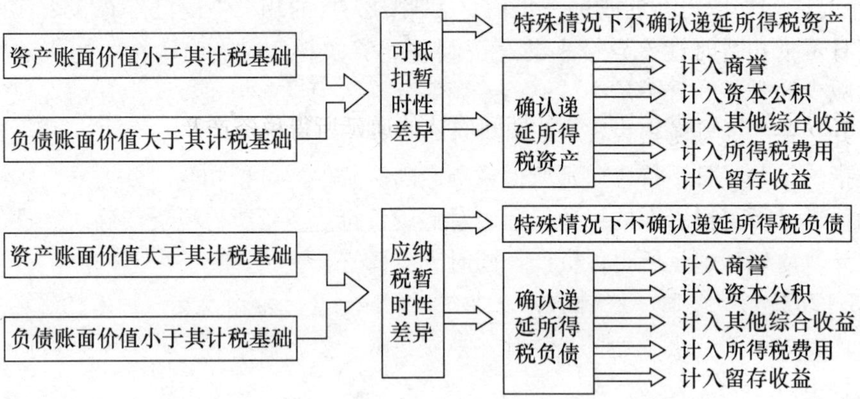

图 5-2　递延所得税资产和递延所得税负债的计量

第四节　所得税费用的确认和计量

在采用资产负债表债务法核算所得税的情况下，利润表中的所得税费用由两部分组成，即当期所得税和递延所得税。

■ 一、当期所得税

当期所得税是指企业按照税法的规定计算确定的针对当期发生的交易和事项，应缴纳给税务部门的所得税金额，即应交所得税。当期所得税应以适用的税收法规为基础计算确定。

企业在确定当期所得税时，对于当期发生的交易或事项，会计处理与税法处理不同的，应在会计利润的基础上，按照适用税收法规的规定进行调整，计算出当期应纳税所得额，按照应纳税所得额与适用所得税税率计算确定当期应交所得税。相关计算公式如下：

应交所得税＝应纳税所得额×所得税税率

应纳税所得额＝税前会计利润＋纳税调整增加额－纳税调整减少额

（一）纳税调整增加额

(1) 按会计准则的规定，核算时不作为收益计入财务报表，但在计算应纳税所得额时作为收益需要缴纳所得税。

(2) 按会计准则的规定，核算时确认为费用或损失计入财务报表，但在计算应纳税所得额时不允许扣减。

（二）纳税调整减少额

(1) 按会计准则的规定，核算时作为收益计入财务报表，但在计算应纳税所得额时不确认为收益。

(2) 按会计准则的规定，核算时不确认为费用或损失，但在计算应纳税所得额时允许扣减。

二、递延所得税

递延所得税是指企业在某一会计期间确认的递延所得税资产及递延所得税负债的综合结果，即按照《企业会计准则第 18 号——所得税》的规定应予以确认的递延所得税资产和递延所得税负债在期末应有的金额相对于原已确认金额之间的差额（即递延所得税资产及递延所得税负债的当期发生额），但不包括计入所有者权益的交易或事项及企业合并对商誉的所得税影响。用公式表示为：

$$\text{递延所得税}=\text{递延所得税资产本期发生额}+\text{递延所得税负债本期发生额}$$

$$=\left(\begin{matrix}\text{递延所得税}\\\text{资产期初余额}\end{matrix}-\begin{matrix}\text{递延所得税}\\\text{资产期末余额}\end{matrix}\right)+\left(\begin{matrix}\text{递延所得税}\\\text{负债期末余额}\end{matrix}-\begin{matrix}\text{递延所得税}\\\text{负债期初余额}\end{matrix}\right)$$

或

$$\text{递延所得税}=\begin{matrix}\text{当期递延所得}\\\text{税负债的增加}\end{matrix}+\begin{matrix}\text{当期递延所得}\\\text{税资产的减少}\end{matrix}-\begin{matrix}\text{当期递延所得}\\\text{税负债的减少}\end{matrix}-\begin{matrix}\text{当期递延所得}\\\text{税资产的增加}\end{matrix}$$

如果某项交易或事项按照会计准则的规定应计入所有者权益，由该交易或事项产生的递延所得税资产或递延所得税负债及其变化亦应计入所有者权益，不构成利润表中的递延所得税费用（或收益）。

三、所得税费用

计算确定了当期所得税及递延所得税以后，利润表中应予以确认的所得税费用为两者之和：

所得税费用＝当期所得税＋递延所得税费用

计入当期损益的所得税费用或收益不包括企业合并和直接在所有者权益中确认的交易或事项产生的所得税影响。与直接计入所有者权益的交易或者事项相关的当期所得税和递延所得税，应当计入所有者权益。

四、合并财务报表中因抵销未实现内部销售损益产生的递延所得税

企业在编制合并财务报表时，因抵销未实现内部销售损益导致合并资产负债表中资产、负债的账面价值与其在纳入合并范围的企业按照适用税法确定的计税基础之间产生暂时性差异的，在合并资产负债表中应当确认递延所得税资产或递延所得税负债，同时调整合并利润表中的所得税费用，但与直接计入所有者权益的交易或事项及企业合并相关的递延所得税除外。

企业在编制合并财务报表时，按照合并财务报表的编制原则，应将纳入合并范围的企业之间发生的未实现的内部交易损益予以抵销。因此，所涉及的资产负债项目在合并资产负债表中列示的价值与其在所属的企业个别资产负债表中的价值会有所不同，并进而可能导致与有关资产、负债所属个别纳税主体计税基础的不同，从合并财务报表作为一个完整经济主体的角度考虑，应当确认该暂时性差异的所得税影响。

【例 5-27】 大海公司拥有长江公司 60%的有表决权股份，能够控制长江公司的生产经营决策。2×16 年 9 月，大海公司以 1 600 万元将一批自产产品销售给长江公司，该批产品在大海公司的生产成本为 1 200 万元。至 2×16 年 12 月 31 日，长江公司尚未对外销售该批商品，假定涉及商品未发生减值。大海公司、长江公司适用的所得税税率均为 25%，且在未来期间预计不会发生变化。税法规定，企业的存货以历史成本作为计税基础。

大海公司在编制合并财务报表时，对于与长江公司发生的内部交易应进行以下抵销处理：

借：营业收入	16 000 000	
贷：营业成本		12 000 000
存货		4 000 000

经过上述抵销处理后，该项内部交易中涉及的存货在合并资产负债表中体现的价值为 1 200 万元，即在未发生减值的情况下，为出售方的成本，其计税基础为 1 600 万元。两者之间产生了 400 万元的可抵扣暂时性差异，与该暂时性差异相关的递延所得税在长江公司并未确认，为此在合并财务报表中应进行如下账务处理：

借：递延所得税资产	1 000 000（4 000 000×25%）	
贷：所得税费用		1 000 000

五、所得税的列报

企业对所得税的核算结果，除利润表中列示的所得税费用以外，在资产负债表中形成的应交税费（应交所得税）以及递延所得税资产和递延所得税负债应当遵循会计准则的规定列报。其中，递延所得税资产和递延所得税负债一般应当分别作为非流动资产和非流动负债在资产负债表中列示，所得税费用应当在利润表中单独列示，同时还应在附注中披露与所得税有关的信息。

一般情况下，在个别财务报表中，当期所得税资产与所得税负债及递延所得税资产及递延所得税负债可以抵销后的净额列示。在合并财务报表中，纳入合并范围的企业中的一方的当期所得税资产或递延所得税资产与另一方的当期所得税负债或递延所得税负债一般

不能予以抵销，除非所涉及的企业具有以净额结算的法定权利并且有以净额结算的意图。

关键概念

所得税会计　资产的计税基础　负债的计税基础　暂时性差异
应纳税暂时性差异　可抵扣暂时性差异

思考题

1. 简述所得税会计核算的一般程序。
2. 如何确定资产和负债的计税基础?
3. 确定递延所得税资产时应遵循哪些原则?
4. 确定递延所得税负债时应遵循哪些原则?
5. 如何确定利润表中的所得税费用?

第六章

外币折算

根据我国《企业会计准则——基本准则》的规定，会计主体在财务会计确认、计量和报告时以货币计量，反映会计主体的生产经营活动。记账本位币是指企业经营所处的主要经济环境中的货币。一般情况下，我国的企业采用人民币作为记账本位币。但在经济日益全球化的趋势下，资本的跨国流动和国际贸易不断扩大，一方面，外资企业在我国内地开办外商独资、合资企业，向内资企业或国内市场不断注入外币资本，使得我国的资本市场中外币资本不断增加；另一方面，内资企业与国际市场之间的业务往来不断增加，不断向国际市场拓展业务，参与国际资本市场竞争的程度和规模呈不断增强趋势，这样，企业可能以任何货币对发生的交易进行计价或结算，企业在其他国家或在我国境内设立的子公司、联营企业、合营企业和分支机构也可能采用不同于该企业记账本位币的货币进行记账。

为了反映企业或企业集团的经营业绩和财务状况，需要将不同货币计量的资产、负债、收入、费用等折算为一种货币反映，或将以其他货币反映的子公司、联营企业、合营企业和分支机构的经营业绩和财务状况折算为企业记账本位币反映。2006 年 2 月 15 日财政部颁布的《企业会计准则第 19 号——外币折算》主要是解决企业记账本位币的确定、外币交易会计处理中采用何种汇率折算外币金额以及外币财务报表的折算问题。

第一节 外币交易的会计处理

外币是指企业记账本位币以外的货币。外币交易是指以外币计价或者结算的交易，包括买入或者卖出外币、买入或卖出以外币计价的商品或者劳务、借入或者借出外币资金和其他以外币计价或结算的交易。

外币交易的会计处理涉及的会计问题，主要包括记账本位币的确定、外币交易从交易日至结算日折算汇率的选择以及产生的汇兑差异的处理。

一、记账本位币的确定

企业的记账本位币是指企业经营所处的主要经济环境中的货币。主要经济环境通常是其主要产生和支出现金的经济环境。我国企业通常应选择人民币作为记账本位币。业务收支以人民币以外的货币为主的企业，可以按规定选定其中一种货币作为记账本位币。但是，编报的财务报表应当折算为人民币。需说明的是，企业只能选择一种货币作为其记账本位币。

企业选定记账本位币，应当考虑下列因素：

（1）该货币主要影响商品和劳务销售价格，通常以该货币进行商品和劳务销售价格的计价和折算。

（2）该货币主要影响商品和劳务所需人工、材料和其他费用，通常以该货币进行上述费用的计价和结算。

企业在选定记账本位币时，上述两项因素应综合考虑，不能仅考虑其中一项。例如，国内某外贸公司为外贸自营出口企业，超过80%的营业收入来自向日本的出口，其商品销售价格主要受日元的影响，以日元计价，因此，从影响商品和劳务销售价格的角度看，该外贸公司应选择日元作为记账本位币。假定该外贸公司出口商品所需材料、人工和其他费用均以人民币计价，且公司对日元汇率波动产生的外币风险进行了套期保值，降低了汇率波动对企业取得的外币收入的影响，那么公司应当选择人民币作为记账本位币。

企业不得随意变更其已经确定的记账本位币，除非其经营所处的主要经济环境发生了重大变化。

如果企业因经营所处的主要经济环境发生重大变化，确需变更记账本位币的，应当采用变更当日的即期汇率将所有项目折算为变更后的记账本位币。

二、外币交易的会计处理

（一）外币交易的核算程序

外币交易的记账方法有外币统账制和外币分账制两种。外币统账制是指企业在发生外币交易时，即折算为记账本位币入账。从我国目前的情况看，除了银行等金融机构采用外币分账制外，绝大多数企业采用外币统账制。外币统账制具体核算内容如下：

（1）通常设置外币现金、外币债权和外币债务三类账户。

（2）采用外币复币记账方式。涉及外币业务时，外币账户要做复币式记录。即一方面要登记外币的金额，另一方面要登记记账本位币的金额。

（3）在交易日，将外币金额按照交易日的即期汇率或即期汇率的近似汇率折算为记账本位币金额，按照折算后的记账本位币金额登记有关账户；在登记有关记账本位币账户的同时，按照外币金额登记相应的外币账户。

（4）外币交易处理时的折算差额通过“财务费用——汇兑差额”等科目核算。

（5）期末，将所有外币货币性项目的外币余额按照期末即期汇率折算为记账本位币金额，并与原记账本位币金额相比较，其差额记入“财务费用——汇兑差额”等科目。

（二）即期汇率和即期汇率的近似汇率

即期汇率通常是指中国人民银行公布的当日人民币外汇牌价的中间价。企业发生的外币兑换业务或涉及外币兑换的交易事项，应当按照交易实际采用的汇率（即银行买入价或卖出价）折算。

即期汇率的近似汇率是指按照系统合理的方法确定的、与交易发生日即期汇率近似的汇率，通常采用当期平均汇率或加权平均汇率等。

企业通常应当采用即期汇率进行折算。汇率变动不大的，也可以采用即期汇率的近似汇率进行折算。

（三）外币交易的会计处理方法

外币交易的会计处理包括交易发生日的会计处理和资产负债表日及结算日的会计处理。

1. 交易发生日的会计处理

外币交易应当在初始确认时采用交易发生日的即期汇率将外币金额折算为记账本位币金额，也可以采用按照系统合理的方法确定的、与交易发生日即期汇率近似的汇率折算。

企业买入外币时，其增加的外币金额按即期汇率或近似汇率折算，减少的人民币金额按实际支付的人民币金额（银行的卖出价）登记，其差额计入当期的财务费用。

企业卖出外币时，其减少的外币按即期汇率或近似汇率折算，增加的人民币金额按实际收到的人民币金额（银行的买入价）登记，其差额计入当期的财务费用。

企业购入材料、设备或销售商品、取得借款等涉及的外币业务，其外币账户可以按即期汇率折算，也可以按近似汇率折算。上述业务在业务发生时不产生汇兑差额。

企业收到投资者以外币投入的资本，应当采用交易发生日即期汇率折算，不得采用合同约定汇率和即期汇率的近似汇率折算，外币投入资本与相应的货币性项目的记账本位币金额之间不产生外币资本折算差额。

【例 6-1】 甲股份有限公司以人民币为记账本位币，对外币交易采用交易日的即期汇率折算。2×16 年 1 月 12 日，因外币支付需要，从银行购入 10 000 美元，银行当日的美元卖出价为 1 美元＝7.5 元人民币，当日的中间价为 1 美元＝7.4 元人民币。

本例中，企业从银行购入外币，发生货币兑换，兑换所用汇率为银行的卖出价，而记账所用的即期汇率为中间价，由于汇率变动而产生的汇兑差额计入当期财务费用。相关会计分录如下：

借：银行存款——美元　　74 000（10 000×7.4）
　　财务费用　　1 000
　贷：银行存款——人民币　　75 000（10 000×7.5）

【例 6-2】 甲股份有限公司以人民币为记账本位币，对外币交易采用交易日的即期汇率折算。2×16 年 1 月 20 日，因业务需要，将公司持有的 100 000 欧元兑换为人民币，银行当日的欧元买入价为 1 欧元＝10.5 元人民币，当日的中间价为 1 欧元＝11 元人民币。

本例中，企业向银行卖出外币，发生货币兑换，兑换所用汇率为银行的买入价，而记账所用的即期汇率为中间价，由于汇率变动而产生的汇兑差额计入当期财务费用。相关会计分录如下：

借：银行存款——人民币　　1 050 000（100 000×10.5）

财务费用　　50 000

贷：银行存款——欧元　　1 100 000（100 000×11）

【例 6-3】 甲股份有限公司属于增值税一般纳税企业，选择确定的记账本位币为人民币，其外币交易采用交易日即期汇率折算。2×16 年 2 月 5 日，从美国乙公司购入某种工业原料 250 吨，每吨价格为 8 000 美元，当日的即期汇率为 1 美元＝7.6 元人民币，进口关税为 1 520 000 元人民币，支付进口增值税 2 842 400 元人民币，货款尚未支付，进口关税及增值税用银行存款支付。

本例中，企业从国外购入材料，发生外币交易，材料的成本为买价加上支付的关税，应付账款用即期汇率进行折算，支付的增值税可以抵扣，计入应交税费——应交增值税（进项税额）。相关会计分录如下：

借：原材料　　16 720 000（250×8 000×7.6＋1 520 000）

应交税费——应交增值税（进项税额）　　2 842 400

贷：应付账款——乙公司（美元）　　15 200 000（250×8 000×7.6）

银行存款　　4 362 400

【例 6-4】 甲股份有限公司的记账本位币为人民币，对外币交易采用交易日的即期汇率折算。2×16 年 3 月 20 日，从境外丙公司购入不需要安装的设备一台，设备价款为 300 000 美元，购入该设备当日的即期汇率为 1 美元＝7.5 元人民币，款项尚未支付。

本例中，企业从国外购入设备，发生外币交易，应付账款用即期汇率进行折算，相关会计分录如下：

借：固定资产——机器设备　　2 250 000

贷：应付账款——丙公司（美元）　　2 250 000（300 000×7.5）

【例 6-5】 甲公司的记账本位币为人民币，对外币交易采用交易日的即期汇率折算。2×16 年 3 月 6 日，向国外乙公司出口销售商品 10 000 件，根据销售合同的规定，销售价格为每件 200 美元，货款共计 2 000 000 美元，当日的即期汇率为 1 美元＝7.6 元人民币。假定不考虑增值税等相关税费，货款尚未收到。

本例中，企业向国外出口商品，发生外币交易，应收账款用即期汇率进行折算，相关会计分录如下：

借：应收账款——美元　　15 200 000（2 000 000×7.6）

贷：主营业务收入　　15 200 000

【例 6-6】 甲股份有限公司的记账本位币是人民币，对外币交易采用交易日即期汇率折算。2×16 年 12 月 1 日，从中国银行借入 3 000 000 港元，期限为 6 个月，借入的港元暂存银行。借入当日的即期汇率为 1 港元＝1.10 元人民币。

本例中，企业向银行借入外币，发生外币业务，外币借款和外币存款均按交易日即期汇率折算，相关会计分录如下：

借：银行存款——港元　　3 300 000（3 000 000×1.10）

贷：短期借款——港币　　3 300 000（3 000 000×1.10）

【例 6-7】 甲股份有限公司的记账本位币为人民币，对外币交易采用交易日的即期汇率折算。根据其与外商签订的投资合同，外商将分两次投入外币资本，投资合同约定的汇率是 1 美元＝8.00 元人民币。2×16 年 7 月 1 日，甲股份有限公司第一次收到外商投入资本 500 000 美元，当日即期汇率为 1 美元＝7.7 元人民币；2×16 年 10 月 5 日，第二次收到外商投入资本 500 000 美元，当日即期汇率为 1 美元＝7.6 元人民币。相关会计分录如下：

2×16 年 7 月 1 日，第一次收到外币资本时：

借：银行存款——美元　　3 850 000（500 000×7.7）

　贷：实收资本　　3 850 000

2×16 年 10 月 5 日，第二次收到外币资本时：

借：银行存款——美元　　3 800 000（500 000×7.6）

　贷：实收资本　　3 800 000

根据《关于外商投资的公司审批登记管理法律适用若干问题的执行意见》（工商外企字〔2006〕81 号），外商投资公司的注册资本只能采用收到出资当日的即期汇率，不再使用合同汇率，也不使用与即期汇率近似的汇率，与其相对应的资产类科目也不使用与即期汇率近似的汇率。这样，外币投入资本不会产生汇兑差额，资产类科目在期末仍分别货币性项目与非货币性项目处理。

虽然“股本（或实收资本）”账户的金额不能反映股权比例，但并不改变企业分配和清算的约定比例，这一约定比例通常已经包括在合同中。

2. 资产负债表日及结算日的会计处理

资产负债表日及结算日应该区别货币性项目和非货币性项目进行处理。对于货币性项目，应以当日即期汇率折算外币货币性项目，该项目因当日即期汇率不同于初始入账时或前一资产负债表日即期汇率而产生的汇兑差额计入当期损益。对于以历史成本计量的非货币性项目，仍采用交易发生日的即期汇率折算，不改变其记账本位币金额。但对于以成本与可变现净值孰低法计量的存货，如果其可变现净值以外币确定，则在确定存货的期末价值时，应先将可变现净值折算为记账本位币，再与以记账本位币反映的存货成本进行比较。

（1）货币性项目。货币性项目是指企业持有的货币资金和将以固定或可确定的金额收取的资产或者偿付的负债。例如，库存现金、银行存款、应收账款、其他应收款、长期应收款、短期借款、应付账款、其他应付款、长期借款、应付债券、长期应付款等。

货币性项目采用资产负债表日即期汇率折算。因资产负债表日即期汇率与初始确认时或者前一资产负债表日即期汇率不同而产生的汇兑差额，计入当期损益。

另外，结算外币货币性项目时，因汇率波动而形成的汇兑差额也应当计入当期损益。

【例 6－8】2×16 年 3 月 31 日，甲公司当月向国外乙公司进口的原材料应付账款 500 000 美元尚未偿还，当日即期汇率为 1 美元＝7.55 元人民币，其购入当日的即期汇率为 1 美元＝7.54 元人民币，该货款原记账本位币之差 5 000(500 000×7.55－500 000×7.54）元人民币计入当期损益。相关会计分录如下：

借：财务费用——汇兑差额　　5 000

　贷：应付账款——乙公司（美元）　　5 000

【例 6－9】2×16 年 4 月 30 日，甲公司当月向国外丙公司出口的商品应收账款 100 000 美元仍未收到丙公司发来的销售货款，当日即期汇率为 1 美元＝7.6 元人民币，销售当日的即期汇率为 1 美元＝7.5 元人民币，该货款原记账本位币之差 10 000(100 000×7.6－100 000×7.5）元人民币冲减当期损益。相关会计分录如下：

借：应收账款——丙公司（美元）　　10 000

　贷：财务费用——汇兑差额　　10 000

（2）非货币性项目。非货币性项目是指货币性项目以外的项目，如存货、预付账款、长期股权投资、交易性金融资产（股票、基金）、固定资产、无形资产等。

资产负债表日，以历史成本计量的外币非货币性项目仍采用交易发生日的即期汇率折算，不改变其记账本位币金额。但对于以成本与可变现净值孰低计量的存货，如果其可变现净值以外币确定，则在确定存货的期末价值时，应先将可变现净值折算为记账本位币，再与以记账本位币反映的存货成本进行比较。

【例 6-10】 某外商企业投入甲公司的外币资本 500 000 美元，已按当日即期汇率 1 美元＝7.5 元折算为人民币并记入"实收资本"账户。"实收资本"属于非货币性项目，因此，资产负债表日不需要再按照当日即期汇率进行调整。

【例 6-11】 某上市公司以人民币为记账本位币。2×16 年 11 月 25 日，以 1 000 美元/台的价格从美国某供货商处购入国际最新型号的甲器材 12 台（该器材在国内市场尚无供应），并于当日支付了相应货款（假定该上市公司有美元存款）。2×16 年 12 月 31 日，已经售出甲器材 2 台，库存尚有 10 台，国内市场仍无甲器材供应，其在国际市场的价格已降至 990 美元/台。11 月 25 日的即期汇率是 1 美元＝7.5 元人民币，12 月 31 日的即期汇率是 1 美元＝7.45 元人民币。假定不考虑增值税等相关税费。

本例中，由于存货在资产负债表日采用成本与可变现净值孰低法计量，因此，在以外币购入存货并且该存货在资产负债表日获得的可变现净值以外币反映时，在计提存货跌价准备时应当考虑汇率变动的影响。12 月 31 日对甲器材计提的存货跌价准备为 1 245(10×1 000×7.5－10×990×7.45）元人民币。相关的会计分录如下：

借：资产减值损失　　1 245

　贷：存货跌价准备　　1 245

资产负债表日，对于以公允价值计量的股票等非货币性项目，如果期末的公允价值以外币反映，则应当先将该外币金额按照公允价值确定日的即期汇率折算为记账本位币金额，再与原记账本位币金额进行比较，其差额作为公允价值变动处理，计入当期损益。

【例 6-12】 甲公司的记账本位币为人民币。2×16 年 12 月 5 日以每股 4 港元的价格购入乙公司的 H 股 20 000 股作为交易性金融资产，当日汇率为 1 港元＝1.1 元人民币，款项已支付。2×16 年 12 月 31 日，当月购入的乙公司 H 股的市价变为每股 3.2 港元，当日汇率为 1 港元＝1.15 元人民币。假定不考虑相关税费的影响。

2×16 年 12 月 5 日，该公司对上述交易作相关的会计分录如下：

借：交易性金融资产　　88 000（4×20 000×1.1）

　贷：银行存款——港元　　88 000（4×20 000×1.1）

根据《企业会计准则第 22 号——金融工具》的规定，交易性金融资产以公允价值计量。由于该项交易性金融资产是以外币计价的，在资产负债表日，不仅应考虑港元股票市价的变动，还应一并考虑港元与人民币之间汇率变动的影响。上述交易性金融资产在资产负债表日应按 73 600(3.2×20 000×1.15）元人民币入账，与原账面价值 88 000 元的差额为 14 400 元人民币，应计入公允价值变动损益。2×16 年 12 月 31 日，相关的会计分录如下：

借：公允价值变动损益　　14 400

　贷：交易性金融资产　　14 400

这 14 400 元人民币既包含甲公司所购乙公司 H 股公允价值变动的影响，又包含人民币与港元之间汇率变动的影响。

2×17 年 1 月 28 日，甲公司将所购乙公司 H 股按当日市价每股 5 港元全部售出，所得价款为 100 000 港元，按当日汇率 1 港元＝1.1 元人民币折算为 110 000(＝5×20 000×1.1) 元人民币，与其原账面价值 73 600(＝88 000－14 400) 元人民币的差额为 36 400 元人民币。对于汇率的变动和股票市价的变动不进行区分，均作为投资收益进行处理。因此，售出当日甲公司相关的会计分录如下：

借：银行存款——港元　　110 000（100 000×1.1）

　贷：交易性金融资产　　73 600

　　投资收益　　36 400

借：投资收益　　14 400

　贷：公允价值变动损益　　14 400

【例 6 - 13】甲公司的记账本位币为人民币，2×16 年 12 月 18 日以人民币向中国银行买入 5 000 美元，甲公司以中国人民银行公布的人民币汇率中间价作为即期汇率，当日的即期汇率为 1 美元＝7.55 元人民币，中国银行当日美元卖出价为 1 美元＝7.60 元人民币。2×16 年 12 月 31 日，当日的即期汇率为 1 美元＝7.50 元人民币。

本例中，交易日，企业发生的外币交易属于外币兑换业务或涉及外币兑换的交易事项，应当以交易实际采用的汇率即银行买入价或卖出价折算。因此，甲公司相关会计分录如下：

借：银行存款——美元　　37 750（5 000×7.55）

　财务费用——汇兑差额　　250

　贷：银行存款——人民币　　38 000（5 000×7.60）

资产负债表日，对于货币性项目采用资产负债表日即期汇率折算。因资产负债表日即期汇率与初始确认时或者前一资产负债表日即期汇率不同而产生的汇兑差额，计入当期损益。相关会计分录如下：

借：财务费用——汇兑差额　　250（5 000×7.55－5 000×7.50）

　贷：银行存款——美元　　250

【例 6 - 14】甲公司外币业务采用交易日的即期汇率进行折算，按季核算汇兑差额。2×16 年 3 月 31 日有关外币账户余额见表 6 - 1。

表 6 - 1

项　目	外币金额（万美元）	折算汇率	折算人民币金额（万元）
银行存款（借方）	400	7.60	3 040
应收账款（借方）	300	7.60	2 280
长期借款（贷方）	1 000	7.60	7 600
应付利息（贷方）	15	7.60	114

长期借款 1 000 万美元，系 2×15 年 10 月借入的外币一般借款，借款期限为 24 个月，票面年利率为 6%，实际年利率为 6%，按季计提利息，每年 1 月和 7 月支付半年的利息。

至 2×16 年 3 月 31 日，该生产线正处于建造过程之中，已使用外币借款 800 万美元，预计将于 2×16 年 12 月完工。

2×16 年 4 月至 6 月，甲公司发生如下外币业务（假定不考虑增值税等相关税费）：

(1) 4 月 1 日，为建造该生产线进口一套设备，并以外币银行存款 100 万美元支付设备购置价款。当日的即期汇率为 1 美元＝7.55 元人民币。设备于当月投入安装。

(2) 4 月 20 日，将 50 万美元兑换为人民币，当日银行美元买入价为 1 美元＝7.52 元人民币，卖出价为 1 美元＝7.56 元人民币。兑换所得人民币已存入银行。当日的即期汇率为 1 美元＝7.54 元人民币。

(3) 5 月 1 日，以外币银行存款向外国公司支付生产线安装费用 100 万美元。当日的即期汇率为 1 美元＝7.50 元人民币。

(4) 5 月 15 日，收到第一季度发生的应收账款 100 万美元。当日的即期汇率为 1 美元＝7.48 元人民币。

(5) 6 月 30 日，计提外币一般借款利息。假定外币一般借款应计利息通过“应付利息”科目核算。当日的即期汇率为 1 美元＝7.50 元人民币。

甲公司的账务处理如下：

(1) 编制 2×16 年第二季度外币业务的会计分录。

1) 4 月 1 日：

借：在建工程　　7 550 000
　贷：银行存款——美元户　　7 550 000（1 000 000×7.55）

2) 4 月 20 日：

借：银行存款——人民币户　　3 760 000（500 000×7.52）
　　财务费用　　10 000
　贷：银行存款——美元户　　3 770 000（500 000×7.54）

3) 5 月 1 日：

借：在建工程　　7 500 000
　贷：银行存款——美元户　　7 500 000（1 000 000×7.5）

4) 5 月 15 日：

借：银行存款——美元户　　7 480 000
　贷：应收账款——美元户　　7 480 000（1 000 000×7.48）

5) 6 月 30 日，计提外币一般借款利息 112.5(1 000×6%×3/12×7.5) 万元，应计入在建工程的部分为 108.75[(800×3/3＋100×3/3＋100×2/3)×6%×3/12×7.5] 万元，编制会计分录如下：

借：财务费用　　37 500
　　在建工程　　1 087 500
　贷：应付利息　　1 125 000（150 000×7.5）

(2) 计算 2×16 年第二季度计入在建工程和当期损益的汇兑差额。

1) 计入在建工程的汇兑差额计算如下：

长期借款汇兑差额＝1 000×(7.5－7.6)＝－100（万元）（借方）；

应付利息汇兑差额＝15×(7.5－7.6)＋15×(7.5－7.5)＝－1.5（万元）（借方）；

计入在建工程的汇兑净收益＝100＋1.5＝101.5（万元）。

2）计入当期损益的汇兑差额计算如下：

银行存款账户产生的汇兑差额＝(400－100－50－100＋100)×7.5－(400×7.6－100×7.55－50×7.54－100×7.5＋100×7.48)＝－31（万元）；

银行存款账户产生的汇兑损失＝31（万元）；

应收账款账户产生的汇兑差额＝(300－100)×7.5－(300×7.6－100×7.48)＝－32（万元）；

应收账款账户产生的汇兑损失＝32（万元）；

计入当期损益的汇兑净损失＝31＋32＋1＝64（万元）。

(3) 编制与期末汇兑损益相关的会计分录：

借：长期借款	1 000 000	
应付利息	15 000	
财务费用	630 000	
贷：银行存款		310 000
应收账款		320 000
在建工程		1 015 000

第二节 外币财务报表折算

一、境外经营记账本位币的确定

境外经营是指企业在境外的子公司、合营企业、联营企业、分支机构。在境内的子公司、合营企业、联营企业、分支机构，采用的记账本位币不同于企业的记账本位币的，也视同境外经营。

企业选定境外经营的记账本位币，除考虑一般因素外，还应当考虑下列因素：

(1) 境外经营对其所从事的活动是否拥有很强的自主性。

(2) 境外经营活动中与企业的交易是否在境外经营活动中占有较大比重。

(3) 境外经营活动产生的现金流量是否直接影响企业的现金流量、是否可以随时汇回。

(4) 境外经营活动产生的现金流量是否足以偿还其现有债务和可预期的债务。

例如，甲公司以人民币作为记账本位币，该公司在英国设有一家分公司 A 公司，A 公司在英国的经营活动只有一项，即销售来自甲公司的商品并将销售收入汇回甲公司，A 公司在英国的一切费用开支等均由甲公司提供资金。

在确定 A 公司的记账本位币时，不仅要考虑 A 公司主要产生和支出现金的货币，还需要考虑 A 公司与甲公司之间的关系：A 公司所从事的活动是否拥有极大的自主性，与甲公司的交易在A公司经营活动中所占比例，A公司经营活动产生的现金流量是否直接影响甲公司的现金流量并可随时汇回，以及A公司经营活动产生的现金流量在甲公司不提供资金的情况下是否足以偿还其现有债务和正常情况下可预期的债务。由于A公司的经营活动基本没有自主性，一切依赖于甲公司，且A公司的经营活动基本是A公司与甲公司之间的交易，因此，A公司虽然设在英国，也应当选择甲公司的记账本位币——人民币作为A公司的记账本位币。

二、外币财务报表折算的方法

企业的境外经营如果采用与企业相同的记账本位币，则境外经营的财务报表不存在折算问题。如果企业境外经营的记账本位币不同于企业的记账本位币，在将企业的境外经营通过合并、权益法核算等纳入企业的财务报表中时，需要将企业境外经营的财务报表折算为以企业记账本位币反映的财务报表，这一过程就是外币财务报表的折算。

在对企业境外经营财务报表进行折算前，应当调整境外经营的会计期间和会计政策，使之与企业的会计期间和会计政策相一致，根据调整后的会计政策及会计期间编制相应货币（记账本位币以外的货币）的财务报表，然后再进行折算。

外币财务报表折算的具体方法如下：

（1）资产负债表中的资产和负债项目，采用资产负债表日的即期汇率折算，所有者权益项目除“未分配利润”项目外，其他项目采用发生时的即期汇率折算。

（2）利润表中的收入和费用项目，采用交易发生日的即期汇率折算，也可以采用按照系统合理的方法确定的、与交易发生日即期汇率近似的汇率折算。

（3）产生的外币财务报表折算差额，在编制合并财务报表时，母公司确认部分应在合并资产负债表中“其他综合收益”项目列示。

【例6-15】 国内甲公司的记账本位币为人民币，该公司在境外有一子公司乙公司，乙公司确定的记账本位币为欧元。根据合同约定，甲公司拥有乙公司80%的股权，并能够控制乙公司的财务和经营政策。甲公司采用当期平均汇率折算乙公司利润表项目。乙公司的有关资料如下：2×16年12月31日的汇率为1欧元=11元人民币，2×16年的平均汇率为1欧元=10元人民币，实收资本、资本公积发生日的即期汇率为1欧元=8元人民币，2×15年12月31日的股本为500万欧元，折算为人民币为4 000万元；累计盈余公积为50万欧元，折算为人民币为455万元，累计未分配利润为120万欧元，折算为人民币为1 100万元，甲、乙公司均在年末提取盈余公积。

报表折算见表6-2、表6-3和表6-4。

表6-2　　利润表

编制单位：乙公司　　2×16年度　　单位：万元

项　目	期末数（欧元）	折算汇率	折算为人民币金额
一、营业收入	2 000	10	20 000
减：营业成本	1 600	10	16 000
税金及附加	40	10	400

续前表

项　目	期末数（欧元）	折算汇率	折算为人民币金额
管理费用	90	10	900
财务费用	10	10	100
加：投资收益	20	10	200
二、营业利润	280		2 800
加：营业外收入	140	10	1 400
减：营业外支出	20	10	200
三、利润总额	400		4 000
减：所得税费用	120	10	1 200
四、净利润	280		2 800
五、每股收益			
六、其他综合收益			
七、综合收益总额			

表 6-3　　**所有者权益变动表**

编制单位：乙公司　　2×16 年度　　单位：万元

	实收资本			盈余公积			未分配利润		其他综合收益	股东权益合计
	欧元	折算汇率	人民币	欧元	折算汇率	人民币	欧元	人民币		人民币
一、本年年初余额	500	8	4 000	50		455	120	1 100		5 555
二、本年增减变动金额										
（一）净利润							280	2 800		2 800
（二）其他综合收益										1 895
其中：外币报表折算差额									1 895	1 895
（三）利润分配										−2 000
1. 提取盈余公积				70	10	700	−70	−700		0
2. 对股东的分配							−200	−2 000		−2 000
三、本年年末余额	500	8	4 000	120		1 155	130	1 200	1 895	8 250

注：当期计提的盈余公积采用当期平均汇率折算，期初盈余公积为以前年度计提的盈余公积按相应年度平均汇率折算后金额的累计数，期初未分配利润记账本位币金额为以前年度未分配利润记账本位币金额的累计数。

表 6-4　　**资产负债表**

编制单位：乙公司　　2×16 年 12 月 31 日　　单位：万元

资　产	期末数（欧元）	折算汇率	折算为人民币金额	负债和股东权益	期末数（欧元）	折算汇率	折算为人民币金额
流动资产：				流动负债：			
货币资金	90	11	990	短期借款	45	11	495
应收账款	190	11	2 090	应付账款	285	11	3 135
存货	240	11	2 640	其他流动负债	110	11	1 210

续前表

资　产	期末数（欧元）	折算汇率	折算为人民币金额	负债和股东权益	期末数（欧元）	折算汇率	折算为人民币金额
其他流动资产	150	11	1 650	流动负债合计	440		4 840
流动资产合计	670		7 370	非流动负债：			
非流动资产：				长期借款	140	11	1 540
长期应收款	120	11	1 320	应付债券	80	11	880
固定资产	550	11	6 050	其他非流动负债	90	11	990
在建工程	80	11	880	非流动负债合计	310		3 410
无形资产	50	11	550	负债合计	750		8 250
其他非流动资产	30	11	330	股东权益：			
非流动资产合计	830		9 130	股本	500	8	4 000
				盈余公积	120		1 155(1)
				未分配利润	130		1 200(2)
				其他综合收益			1 895(3)
				股东权益合计	750		8 250
资产总计	1 500	—	16 500	负债和股东权益总计	1 500		16 500

注：(1) 盈余公积的折算金额＝上期期末的折算余额（年初盈余公积的余额）＋本期计提的盈余公积的折算金额（所有者权益变动表中的当年计提的盈余公积）；

(2) 未分配利润＝所有者权益变动表中的未分配利润；

(3) 折算后的记账本位币金额应该符合“资产＝负债＋所有者权益”这个会计等式，所以其他综合收益（外币报表折算差额）＝折算后的资产金额－折算后的负债金额－折算后的所有者权益金额。

三、特殊项目的处理

（一）少数股东应分担的外币财务报表折算差额

在企业境外经营为其子公司的情况下，企业在编制合并财务报表时，应按少数股东在境外经营所有者权益中所享有的份额计算少数股东应分担的外币报表折算差额，并入少数股东权益列示于合并资产负债表。

（二）实质上构成对境外经营净投资的外币货币性项目产生的汇兑差额的处理

母公司含有实质上构成对子公司（境外经营）净投资的外币货币性项目的情况下，在编制合并财务报表时，应分以下两种情况编制抵销分录：

(1) 实质上构成对子公司净投资的外币货币性项目以母公司或子公司的记账本位币反映，则应在抵销长期应收应付项目的同时，将其产生的汇兑差额转入“其他综合收益”项目。即，借记或贷记“财务费用——汇兑差额”科目，贷记或借记“其他综合收益”科目。

借：其他综合收益

　　贷：财务费用——汇兑差额

或作相反分录。

(2) 实质上构成对子公司净投资的外币货币性项目以母、子公司的记账本位币以外的货币反映，则应将母、子公司此项外币货币性项目产生的汇兑差额相互抵销，差额转入

“其他综合收益”项目。

如果合并财务报表中各子公司之间也存在实质上构成对另一子公司（境外经营）净投资的外币货币性项目，在编制合并财务报表时应比照上述原则编制相应的抵销分录。

【提示】作为集团整体，长期应收款和长期应付款应相互抵销，从合并财务报表角度，长期应收款和长期应付款产生的汇兑差额是由于外币财务报表折算形成的，不应影响合并净利润，所以应将其由“财务费用”转入“其他综合收益”。

四、境外经营的处置

企业在处置境外经营时，应当将资产负债表中所有者权益项目下列示的、与该境外经营相关的外币财务报表折算差额，自所有者权益项目转入处置当期损益；部分处置境外经营的，应当按处置的比例计算处置部分的外币财务报表折算差额，转入处置当期损益。

五、恶性通货膨胀经济情况下外币财务报表的折算

企业对处于恶性通货膨胀经济中的境外经营的财务报表，应当先予以重述，然后再进行折算。

（一）资产负债表项目的重述

在对资产负债表项目进行重述时，由于现金、应收账款、其他应收款等货币性项目已经以资产负债表日的计量单位表述，因此不需要对其进行重述；通过协议与物价变动挂钩的资产和负债，应根据协议约定进行调整；非货币性项目中，有些是以资产负债表日的计量单位列示的，如存货如果已经以可变现净值列示，资产负债表日就不需要进行重述，其他非货币性项目，如固定资产、投资、无形资产等，应自购置日起以一般物价指数变动予以重述。

（二）利润表项目的重述

在对利润表项目进行重述时，所有项目金额都需要自其初始确认之日起，以一般物价指数变动进行重述，以使利润表的所有项目都以资产负债表日的计量单位表述。由于上述重述而产生的差额计入当期净利润。

（三）恶性通货膨胀经济的特点

（1）三年累计通货膨胀率接近或超过100%。

（2）利率、工资和物价与物价指数挂钩。

（3）一般公众不是以当地货币，而是以相对稳定的外币为单位作为衡量货币金额的基础。

（4）一般公众倾向于以非货币性资产或相对稳定的外币来保存自己的财富，持有的当地货币立即用于投资以保持购买力。

（5）即使信用期限很短，赊销、赊购交易仍按补偿信用期预计购买力损失的价格成交。

关键概念

外币　外币交易　记账本位币　即期汇率　即期汇率的近似汇率　货币性项目

非货币性项目　境外经营

思考题

1. 简述外币财务报表折算的方法。
2. 确定记账本位币时应考虑哪些因素？

第七章

租　赁

第一节　租赁概述

租赁是指出租人在承租人支付一定报酬（通常为定期支付的租金）的条件下，授予承租人在约定的期限内占有和使用租赁资产权利的一种契约。人们习惯上称这种契约为租赁合同。根据我国《企业会计准则第 21 号——租赁》的规定，租赁是指在约定的期间内，出租人将资产使用权让与承租人，以获取租金的协议。该准则中的租赁不涉及以下事项：

（1）电影、录像、剧本、文稿、专利和版权等项目的许可使用协议。

（2）出租人以经营租赁方式租出的土地使用权和建筑物。

（3）出租人因融资租赁形成的长期债权的减值。

租赁的主要特征是，在租赁期内转移资产的使用权，而不是转移资产的所有权，这种转移是有偿的，取得使用权以支付租金为代价。

在市场经济条件下，租赁业务作为企业融资的重要形式，需求日益增长，越来越多的企业通过租赁的形式获取相关资产的使用权。租赁业发展至今，已经成为一个专门的行业，在现代经济生活中占有重要的地位。租赁业务的重要性主要体现在以下两个方面：一是对承租人而言，不需要支付资产的全部款项就可以获得该项资产的使用权，减少了资金的占用；二是对出租人而言，可以通过充裕的资金赚取利息收入，如果出租人同时也是出租资产的制造商或销售商，还可以据此增加产品的销量。

一、与租赁相关的概念

（1）租赁期，是指租赁协议规定的不可撤销的租赁期间。如果承租人有权选择续租该资产，并且在租赁开始日就可以合理确定承租人将会行使这种选择权，不论是否再支付租金，续租期也包括在租赁期之内。

（2）租赁开始日，是指租赁协议日与租赁各方就主要条款作出承诺日中的较早者。在租赁开始日，承租人和出租人应当将租赁认定为融资租赁或经营租赁，并确定在租赁期开始日应确认的金额。

（3）租赁期开始日，是指承租人有权行使其使用租赁资产权利的日期，表明租赁行为的开始。在租赁期开始日，承租人应当对租入资产、最低租赁付款额和未确认融资费用进行初始确认；出租人应当对应收融资租赁款、未担保余值和未实现融资收益进行初始确认。

（4）担保余值。就承租人而言，是指由承租人或与其有关的第三方担保的资产余值；就出租人而言，是指就承租人而言的担保余值加上与承租人和出租人均无关、但在财务上有能力担保的第三方担保的资产余值。其中，资产余值是指在租赁开始日估计的租赁期届满时租赁资产的公允价值。为了促使承租人谨慎地使用租赁资产，尽量减少出租人自身的风险和损失，租赁协议有时要求承租人或与其有关的第三方对租赁资产的余值进行担保，此时的担保余值是针对承租人而言的。除此以外，担保人还可能是与承租人和出租人均无关，但在财务上有能力担保的第三方，如担保公司，此时的担保余值是针对出租人而言的。

（5）未担保余值，是指租赁资产余值中扣除就出租人而言的担保余值以后的资产余值。对出租人而言，如果租赁资产余值中包含未担保余值，表明这部分余值的风险和报酬并没有转移，其风险应由出租人承担，因此，未担保余值不能作为应收融资租赁款的一部分。

（6）最低租赁付款额，是指在租赁期内，承租人应支付或可能被要求支付的款项（不包括或有租金和履约成本），加上由承租人或与其有关的第三方担保的资产余值。

承租人有购买租赁资产选择权，所订立的购买价款预计将远低于行使选择权时租赁资产的公允价值，因而在租赁开始日就可以合理确定承租人将会行使这种选择权的，购买价款应当计入最低租赁付款额。

或有租金是指金额不固定、以时间长短以外的其他因素（如销售量、使用量、物价指数等）为依据计算的租金。

履约成本是指租赁期内为租赁资产支付的各种使用费用，如技术咨询和服务费、人员培训费、维修费、保险费等。

（7）最低租赁收款额，是指最低租赁付款额加上独立于承租人和出租人的第三方对出租人担保的资产余值。

二、租赁的分类

（一）租赁分类的原则

（1）承租人和出租人应当在租赁开始日将租赁分为融资租赁和经营租赁。

（2）根据租赁的目的，以与租赁资产所有权相关的风险和报酬归属于出租人或承租人的程度为依据，将其分为融资租赁和经营租赁。如果实质上转移了与租赁资产所有权有关的全部风险和报酬，则该项租赁为融资租赁；反之则为经营租赁。

与租赁资产所有权有关的风险是指由于经营情况变化造成相关收益的变动，以及由于资产闲置或技术陈旧而发生的损失等；与资产所有权有关的报酬是指在资产可使用年限内直接使用资产而获得的经济利益、资产增值，以及处置资产所实现的收益等。

在企业的融资租赁业务中，风险和报酬的转移与所有权的转移不一定是同时进行的，所有权的转移更多的是一种法律形式。租赁期届满后，如果承租人购买了租赁资产，则租赁资产所有权转移给承租人，否则，则不会发生租赁资产所有权的转移。但是，不能就此认定此项业务不是融资租赁。一般情况下，如果租赁资产的效益大部分已在租赁期内为承租人所获得，租赁期满后，即使租赁资产归还给出租人，这项资产的价值与其出租前相比已经不重要。此时就可以将该租赁作为融资租赁。

（3）承租人和出租人对同一项租赁所划分的类型应当一致。

（4）如果由于承租人和出租人在租赁期内同意改变租赁合同的条款（续租除外）而导致对原来租赁分类的改变，则出租人和承租人均应当根据修订后的租赁合同，重新对租赁进行分类。但是由于租赁资产使用年限或担保余值的改变等导致会计估计的变更，或发生承租人违约等事项，则不应当对租赁重新分类。

（二）租赁分类的标准

根据租赁资产上所有权的风险和报酬是否从出租人转移给承租人，可以将租赁分为经营租赁和融资租赁两类。

根据我国《企业会计准则第 21 号——租赁》的规定，承租人和出租人应当在租赁开始日将租赁资产分为融资租赁和经营租赁。满足下列标准之一的，即应认定为融资租赁，除融资租赁以外的租赁为经营租赁。

（1）在租赁期届满时，资产的所有权转移给承租人。即如果在租赁协议中已经约定，或者根据其他条件在租赁开始日就可以合理地判断，租赁期届满时出租人会将资产的所有权转移给承租人，那么该项租赁应当认定为融资租赁。

（2）承租人有购买租赁资产的选择权，所订立的购价预计远低于行使选择权时租赁资产的公允价值，因而在租赁开始日就可合理地确定承租人将会行使这种选择权。例如，出租人和承租人签订了一项租赁协议，租赁期限为 3 年，租赁期届满时承租人有权以 2 000 元的价格购买租赁资产，在签订租赁协议时估计该租赁资产租赁期届满时的公允价值为 40 000 元，由于购买价格仅为公允价值的 5%（远低于公允价值 40 000 元），如果没有特别的情况，承租人在租赁期届满时将会购买该项资产。在这种情况下，在租赁开始日该项租赁应当认定为融资租赁。

（3）租赁期占租赁资产使用寿命的大部分。这里的“大部分”掌握在租赁期占租赁开始日租赁资产使用寿命的 75%以上（含 75%，下同）。这条标准强调的是租赁期占租赁资产使用寿命的比例，而非租赁期占该项资产全部可使用年限的比例。如果租赁资产是旧资产，在租赁前已使用年限超过资产自全新时起算可使用年限的 75%以上时，则这条判断标准不适用，不能使用这条标准确定租赁的分类。

例如，某项租赁设备全新时可使用年限为 15 年，已经使用了 5 年，从第 6 年开始租出，租赁期为8年，由于租赁开始时该设备使用寿命为10年，租赁期占使用寿命的80%（8年/10年），符合第（3）条标准，因此，该项租赁应当归类为融资租赁。如果从第6年开始，租赁期为4年，租赁期占使用寿命的40%，就不符合第（3）条标准，因此该项租赁不应认定为融资租赁（假定也不符合其他判断标准）。假如该项设备已经使用了12年，从第13年开始出租，租赁期为3年，此时，该设备使用寿命为3年，虽然租赁期为使用寿命的100%（3年/3年），但由于在租赁前该设备的已使用年限超过了可使用年限（15年）的75%（12年/15年=80%>75%），因此，也不能采用这条标准来判断租赁的分类。

（4）就承租人而言，租赁开始日最低租赁付款额的现值几乎相当于租赁开始日租赁资产公允价值；就出租人而言，租赁开始日最低租赁收款额的现值几乎相当于租赁开始日租赁资产公允价值。这里的"几乎相当于"掌握在90%以上。

（5）租赁资产性质特殊，如果不作较大修整，只有承租人才能使用。这条标准是指租赁资产是由出租人根据承租人对资产型号、规格等方面的特殊要求专门购买或建造的，具有专购、专用性质。这些租赁资产如果不作较大的重新改制，其他企业通常难以使用。这种情况下，该项租赁也应当认定为融资租赁。

第二节 经营租赁

在租赁的发展过程中，起源较早的租赁业务即为经营租赁。经营租赁的租赁期一般较短，承租人不承担租赁资产的风险，而且可以中途通知出租人撤销合同，一切使用成本由出租人承担。所以，在经营租赁方式下，承租人不需要将租赁资产资本化，而只需要将租金作为当期费用处理即可。

一、承租人对经营租赁的处理

（一）租金的处理

在经营租赁下，承租人不必将租赁资产资本化，只需将支付或应付的租金按一定的方法计入相关资产成本或当期损益。

承租人应当将经营租赁的租金在租赁期内各个期间按照年限平均法计入相关资产成本或当期损益；其他方法更为系统合理的，也可以采用其他方法。一般情况下，采用年限平均法将承租人支付的经营租赁租金确认为费用较为合理，但在某些特殊情况下，则应采用比年限平均法更系统合理的方法，比如根据租赁资产的使用量来确认租金费用。例如，某企业租入一台起重机，根据起重机的工作小时来确认当期应分摊的租金费用就比按年限平均法确认更为合理。

承租人确认的租金费用，借记"销售费用""管理费用"等科目，贷记"银行存款"等科目。

（二）初始直接费用的处理

对于承租人在经营租赁中发生的初始直接费用，应计入当期损益。其账务处理为：借记“管理费用”等科目，贷记“银行存款”等科目。

（三）或有租金的处理

在经营租赁下，承租人对或有租金的处理与融资租赁下相同，即在实际发生时计入当期损益。其账务处理为：借记“财务费用”“销售费用”等科目，贷记“银行存款”等科目。

（四）相关信息的披露

承租人对于重大的经营租赁，应当在附注中披露下列信息：

（1）资产负债表日后连续三个会计年度每年将支付的不可撤销经营租赁的最低租赁付款额。

（2）以后年度将支付的不可撤销经营租赁的最低租赁付款额总额。

二、出租人对经营租赁的处理

（一）租金的处理

在一般情况下，出租人应采用直线法将收到的租金在租赁期内确认为收益，但在某些特殊情况下，则应采用比直线法更系统合理的方法。比如根据租赁资产的使用量来确认租赁收益的方法。例如，出租一台起重机，根据起重机的工作小时来确认当期租赁收益就比按直线法确认更为合理。

出租人确认的租金收入，应借记“应收账款”或者“其他应收款”等科目，贷记“租赁收入”科目。实际收到租金时，借记“银行存款”等科目，贷记“应收账款”或者“其他应收款”等科目。

（二）初始直接费用的处理

出租人发生的初始直接费用，应当计入当期损益，借记“管理费用”等科目，贷记“银行存款”等科目。余额较大的应当资本化，在整个经营租赁期间内按照与确认租金收入相同的基础分期计入当期损益。

（三）租赁资产折旧的计提

对于经营租赁资产中的固定资产，应当采用出租人对类似应折旧资产通常所采用的折旧政策计提折旧；对于其他经营租赁资产如周转材料等，应当采用合理的方法进行摊销。

（四）或有租金的处理

在经营租赁下，出租人对或有租金的处理与融资租赁下相同，即在实际发生时计入当期收益，借记“银行存款”等科目，贷记“应收账款”或者“其他应收款”等科目。

（五）经营租赁资产在会计报表中的处理

在经营租赁下，与资产所有权有关的主要风险和报酬仍然留在出租人一方，因此出租人应当将出租资产作为自身拥有的资产在资产负债表中列示。如果出租资产属于固定资产，则列在资产负债表固定资产项下，如果出租资产属于流动资产，则列在资产负债表有关流动资产项下。

三、经营性租赁会计处理举例

【例 7-1】 2×16 年 1 月 1 日，A 公司向 B 公司租入一条生产线，租期为 3 年。生产线账面价值为 1 500 000 元，预计使用年限为 15 年。租赁合同规定，租赁开始日（2×16 年 1 月 1 日）A 公司向 B 公司一次性预付租金 300 000 元，第 1 年年末支付租金 100 000 元，第 2 年年末支付租金 200 000 元，第 3 年年末支付租金 300 000 元。租赁期届满后 B 公司收回设备，3 年的租金总额为 900 000 元。假定 A 公司和 B 公司均在年末确认租金费用和租金收入，并且不存在租金逾期支付的情况。

（1）承租人（A 公司）的会计处理。

分析：此项租赁没有满足融资租赁的任何一条标准，应作为经营租赁处理。确认租金费用时，不能依据各期实际支付的租金的金额确定，而应采用直线法分摊确认各期的租金费用。此项租赁租金费用总额为 900 000 元，按直线法计算，每年应分摊的租金费用为 300 000 元。账务处理如下：

1）2×16 年 1 月 1 日（租赁开始日）：

借：长期待摊费用	300 000	
贷：银行存款		300 000

2）2×16 年 12 月 31 日：

借：管理费用	300 000	
贷：长期待摊费用		200 000
银行存款		100 000

3）2×17 年 12 月 31 日：

借：管理费用	300 000	
贷：长期待摊费用		100 000
银行存款		200 000

4）2×18 年 12 月 31 日：

借：管理费用	300 000	
贷：银行存款		300 000

（2）出租人（B 公司）的会计处理。

分析：此项租赁没有满足融资租赁的任何一条标准，出租人应作为经营租赁处理。确认租金收入时，不能依据各期实际收到的租金的金额确定，而应采用直线法分配确认各期的租赁收入。此项租赁租金收入总额为 900 000 元，按直线法计算，每年应分配的租金收入为 300 000 元。相应的账务处理为：

1）2×16 年 1 月 1 日：

借：银行存款	300 000	
贷：应收账款		300 000

2）2×16 年 12 月 31 日：

借：银行存款	100 000	
应收账款	200 000	
贷：租赁收入		300 000

3）2×17 年 12 月 31 日：

借：银行存款	200 000	
应收账款	100 000	

贷：租赁收入　　300 000

4）2×18 年 12 月 31 日：

借：银行存款　　300 000

贷：租赁收入　　300 000

第三节 融资租赁

一、承租人对融资租赁的处理

（一）租赁期开始日

在租赁期开始日，承租人应当将租赁开始日租赁资产公允价值与最低租赁付款额现值两者中较低者作为租入资产的入账价值，将最低租赁付款额作为长期应付款的入账价值，其差额作为未确认融资费用。

承租人在计算最低租赁付款额的现值时，如果知悉出租人的租赁内含利率，应当采用出租人的租赁内含利率作为折现率；否则，应当采用租赁合同规定的利率作为折现率。如果出租人的租赁内含利率和租赁合同规定的利率均无法知悉，应当采用同期银行贷款利率作为折现率。其中，租赁内含利率是指在租赁开始日，使最低租赁收款额的现值与未担保余值的现值之和等于租赁资产公允价值与出租人的初始直接费用之和的折现率。

（二）未确认融资费用的分摊

在融资租赁下，承租人向出租人支付的租金中，包含了本金和利息两部分。承租人支付租金时，一方面应减少长期应付款；另一方面应同时将未确认的融资费用按一定的方法确认为当期融资费用。在先付租金（即每期期初等额支付租金）的情况下，租赁期第一期支付的租金不含利息，只需减少长期应付款，不必确认当期融资费用。

在分摊未确认的融资费用时，按照租赁准则的规定，承租人应当采用实际利率法。在采用实际利率法的情况下，根据租赁开始日租赁资产和负债的入账价值基础不同，融资费用分摊率的选择也不同。未确认融资费用的分摊率的确定具体分为下列几种情况：

（1）以出租人的租赁内含利率为折现率将最低租赁付款额折现，且以该现值作为租赁资产入账价值的，应当将租赁内含利率作为未确认融资费用的分摊率。

（2）以合同规定利率为折现率将最低租赁付款额折现，且以该现值作为租赁资产入账价值的，应当将合同规定利率作为未确认融资费用的分摊率。

（3）以银行同期贷款利率为折现率将最低租赁付款额折现，且以该现值作为租赁资产入账价值的，应当将银行同期贷款利率作为未确认融资费用的分摊率。

（4）以租赁资产公允价值为入账价值的，应当重新计算分摊率。该分摊率是使最低租赁付款额的现值等于租赁资产公允价值的折现率。

存在优惠购买选择权的，在租赁期届满时，未确认融资费用应全部摊销完毕，并且租赁负债也应当减少为优惠购买金额。在承租人或与其有关的第三方对租赁资产提供了担保或由于在租赁期届满时没有续租而支付违约金的情况下，在租赁期届满时，未确认融资费用应当全部摊销完毕，并且，租赁负债应减少至担保余值或该日应支付的违约金。

（三）租赁资产折旧的计提

承租人应对融资租入的固定资产计提折旧。

1. 折旧政策

对于融资租入资产，计提租赁资产折旧时，承租人应采用与自有应折旧资产相一致的折旧政策。同自有应折旧资产一样，租赁资产的折旧方法一般有年限平均法、工作量法、双倍余额递减法、年数总和法等。如果承租人或与其有关的第三方对租赁资产余值提供了担保，则应计提折旧总额为租赁期开始日固定资产的入账价值扣除担保余值后的余额；如果承租人或与其有关的第三方未对租赁资产余值提供担保，应计折旧总额为租赁期开始日固定资产的入账价值。

2. 折旧期间

确定租赁资产的折旧期间与租赁合同的规定有关。如果能够合理确定租赁期届满时承租人将会取得租赁资产所有权，即可认为承租人拥有该项资产的全部使用寿命，因此应以租赁期开始日租赁资产的寿命作为折旧期间；如果无法合理确定租赁期届满后承租人是否能够取得租赁资产的所有权，应以租赁期与租赁资产寿命两者中较短者作为折旧期间。

（四）履约成本的处理

履约成本是指租赁期内为租赁资产支付的各种使用费用，如技术咨询和服务费、人员培训费、维修费、保险费等。承租人发生的履约成本通常应计入当期损益。

（五）或有租金的处理

或有租金是指金额不固定、以除时间长短以外的其他因素（如销售量、使用量、物价指数等）为依据计算的租金。由于或有租金的金额不固定，无法采用系统合理的方法对其进行分摊，因此或有租金在实际发生时计入当期损益。

（六）租赁期届满时的处理

租赁期届满时，承租人对租赁资产的处理通常有三种情况：返还、优惠续租和留购。

1. 返还租赁资产

租赁期届满，承租人向出租人返还租赁资产时，通常借记“长期应付款——应付融资租赁款”“累计折旧”科目，贷记“固定资产——融资租入固定资产”科目。

2. 优惠续租租赁资产

承租人行使优惠续租选择权，应视同该项租赁一直存在而作出相应的账务处理。如果租赁期届满时没有续租，根据租赁合同规定须向出租人支付违约金时，借记“营业外支出”科目，贷记“银行存款”等科目。

3. 留购租赁资产

在承租人享有优惠购买选择权的情况下，支付购买价款时，借记“长期应付款——应付融资租赁款”科目，贷记“银行存款”等科目；同时，将固定资产从“融资租入固定资产”明细科目转入有关明细科目。

【例 7－2】 2×16 年 12 月 8 日，A 公司与 B 公司签订了一份租赁合同。合同主要条款如下：

（1）租赁标的物：程控生产线。

（2）租赁期开始日：租赁物运抵A公司生产车间之日（即2×16年12月31日）。

（3）租赁期：从租赁期开始日算起4年（即2×16年12月31日—2×20年12月31日）。

（4）租金支付方式：自租赁期开始日起每年年末支付租金600 000元。

（5）该生产线在2×16年12月31日B公司的公允价值为2 000 000元。

（6）租赁合同规定的利率为8%（年利率）。

（7）该生产线为全新设备，估计使用年限为8年。

（8）2×19年和2×20年两年，A公司每年按该生产线所生产的产品——微波炉的年销售收入的1%向B公司支付经营分享收入。

其他资料：采用实际利率法确认本期应分摊的未确认融资费用；采用年限平均法计提固定资产折旧；2×19年、2×20年A公司分别实现微波炉销售收入15 000 000元和20 000 000元；2×20年12月31日，将该生产线退还B公司；A公司在租赁谈判和签订租赁合同过程中发生可归属于租赁项目的手续费、差旅费10 000元。

承租人（A公司）的会计处理如下：

（1）租赁期开始日的会计处理。

第一步，判断租赁类型。本例中无优惠购买权，租赁期（4年）占租赁资产尚可使用年限（8年）的50%（小于75%），没有满足融资租赁的第（2）、（3）条标准；另外，最低租赁付款额的现值为1 987 260元（计算过程见后），大于租赁资产公允价值的90%，即1 800 000(2 000 000×90%）元，满足融资租赁的第（4）条标准，因此，A公司应当将该项租赁认定为融资租赁。

第二步，计算租赁开始日最低租赁付款额的现值，确定租赁资产的入账价值。本例中A公司不知道出租人的租赁内含利率，因此应选择租赁合同规定的利率8%作为最低租赁付款额的折现率。最低租赁付款额计算如下：

最低租赁付款额＝各期租金之和＋承租人担保的资产余值

＝600 000×4＋0＝2 400 000（元）

计算现值的过程如下：

每期租金600 000元的年金现值＝600 000×(*P*/*A*，8%，4)，查表得知：(*P*/*A*，8%，4)＝3.312 1，即每期租金的现值之和＝600 000×3.312 1＝1 987 260元，小于租赁资产公允价值2 000 000元。

根据孰低原则，租赁资产的入账价值应为其折现值1 987 260元。

第三步，计算未确认融资费用：

未确认融资费用＝最低租赁付款额－最低租赁付款额现值

＝2 400 000－1 987 260＝412 740（元）

第四步，将初始直接费用计入资产价值。初始直接费用是指在租赁谈判和签订租赁协议的过程中发生的可直接归属于租赁项目的费用。承租人发生的初始直接费用通常有印花税、佣金、律师费、差旅费、谈判费等。承租人发生的初始直接费用，应当计入租入资产价值。

2×16年12月31日，租入程控生产线：

借：固定资产——融资租入固定资产　　1 997 260
　　未确认融资费用　　412 740
　贷：长期应付款——应付融资租赁款　　2 400 000
　　　银行存款　　10 000

(2) 分摊未确认融资费用的会计处理。

第一步，确定融资费用分摊率。由于租赁资产的入账价值为其最低租赁付款额的折现值，因此该折现率就是其融资费用分摊率，即8%。

第二步，在租赁期内采用实际利率法分摊未确认融资费用（见表7-1）。

表7-1　　未确认融资费用分摊表（实际利率法）

2×16年12月31日　　单位：元

日　期	租　金	确认的融资费用	应付本金减少额	应付本金余额
(1)	(2)	(3)＝期初(5)×8%	(4)＝(2)－(3)	期末(5)＝期初(5)－(4)
2×16年12月31日				1 987 260
2×17年12月31日	600 000	158 980.8	441 019.2	1 546 240.8
2×18年12月31日	600 000	123 699.26	476 300.74	1 069 940.06
2×19年12月31日	600 000	85 595.21	514 404.79	555 535.27
2×20年12月31日	600 000	44 464.73*	555 535.27*	0
合　计	2 400 000	412 740	1 987 260	

* 作尾数调整：44 464.73＝600 000－555 535.27；555 535.27＝555 535.27－0。

第三步，进行账务处理。2×17年12月31日，支付第一期租金：

借：长期应付款——应付融资租赁款　　600 000
　贷：银行存款　　600 000

2×17年1月—12月，每月分摊未确认融资费用时，每月财务费用＝158 980.8÷12＝13 248.4（元），作会计分录如下：

借：财务费用　　13 248.4
　贷：未确认融资费用　　13 248.4

2×18年12月31日，支付第二期租金：

借：长期应付款——应付融资租赁款　　600 000
　贷：银行存款　　600 000

2×18年1月—12月，每月分摊未确认融资费用时，每月财务费用＝123 699.26÷12＝10 038.27（元），作会计分录如下：

借：财务费用　　10 308.27
　贷：未确认融资费用　　10 308.27

2×19年12月31日，支付第三期租金：

借：长期应付款——应付融资租赁款　　600 000
　贷：银行存款　　600 000

2×19年1月—12月，每月分摊未确认融资费用时，每月财务费用＝85 595.21÷12＝7 132.93（元）。作会计分录如下：

借：财务费用　　7 132.93
　贷：未确认融资费用　　7 132.93

2×20 年 12 月 31 日，支付第四期租金：

借：长期应付款——应付融资租赁款　　600 000
　贷：银行存款　　600 000

2×20 年 1 月—12 月，每月分摊未确认融资费用时，每月财务费用＝44 464.73÷12＝3 705.39 元。作会计分录如下：

借：财务费用　　3 705.39
　贷：未确认融资费用　　3 705.39

(3) 计提租赁资产折旧的会计处理。

第一步，计算融资租入固定资产的折旧（见表 7-2）。

表 7-2　融资租入固定资产折旧计算表（年限平均法）

2×17 年 1 月 1 日　　单位：元

日　期	固定资产原价	估计余值	折旧率*（%）	当年折旧费	累计折旧	固定资产净值
2×17 年 1 月 1 日	1 997 260	0				1 997 260
2×17 年 12 月 31 日			25	499 315	499 315	1 497 945
2×18 年 12 月 31 日			25	499 315	998 630	998 630
2×19 年 12 月 31 日			25	499 315	1 497 945	499 315
2×20 年 12 月 31 日			25	499 315	1 997 260	0
合　计	1 997 260	0	100	1 997 260		

* 根据合同规定，由于 A 公司无法合理确定在租赁期届满时能够取得租赁资产的所有权，因此，应当在租赁期与租赁资产尚可使用年限两者中的较短的期间内计提折旧。本例中，租赁期为 4 年，短于租赁资产尚可使用年限 8 年，因此应按 4 年计提折旧。

第二步，进行会计处理。2×17 年 1 月 31 日，计提本月折旧＝499 315÷12＝41 609.58（元）。作会计分录如下：

借：制造费用——折旧费　　41 609.58
　贷：累计折旧　　41 609.58

2×17 年 2 月—2×20 年 12 月的会计分录同上。

(4) 或有租金的会计处理。

2×19 年 12 月 31 日，根据合同规定应向 B 公司支付经营分享收入 150 000 元：

借：销售费用　　150 000
　贷：其他应付款——B 公司　　150 000

2×20 年 12 月 31 日，根据合同规定应向 B 公司支付经营分享收入 200 000 元：

借：销售费用　　200 000
　贷：其他应付款——B 公司　　200 000

(5) 租赁期届满时的会计处理。

2×20 年 12 月 31 日，将该生产线退还 B 公司：

借：累计折旧　　1 997 260
　贷：固定资产——融资租入固定资产　　1 997 260

二、出租人对融资租赁的处理

(一) 租赁期开始日的处理

在租赁期开始日，将应收融资租赁款、未担保余值之和与其现值的差额确认为未实现融资收益，在将来收到租金的各期内确认为租赁收入。

(二) 未实现融资收益的分配

根据租赁准则的规定，未实现融资收益应当在租赁期内各个期间进行分配，确认为各期的租赁收入。分配时，出租人应当采用实际利率法计算当期应当确认的租赁收入。

出租人每期收到租金时，按收到的租金金额，借记“银行存款”科目，贷记“长期应收款”科目。同时，每期确认租赁收入时，借记“未实现融资收益”科目，贷记“租赁收入”科目。

(三) 初始直接费用的处理

出租人发生的初始直接费用，应包括在应收融资租赁款的初始计量中（内含在最低租赁收款额中）。

(四) 未担保余值发生变动时的处理

由于未担保余值的金额决定了租赁内含利率的大小，从而决定着未实现融资收益的分配，因此，为了真实地反映企业的资产和经营业绩，根据谨慎性原则的要求，在未担保余值发生减少和已确认损失的未担保余值得以恢复的情况下，均应当重新计算租赁内含利率，以后各期根据修正后的租赁投资净额和重新计算的租赁内含利率确定应确认的租赁收入。在未担保余值增加时，不做任何调整。其账务处理如下：

(1) 期末，出租人的未担保余值的预计可收回金额低于其账面价值的差额，借记“资产减值损失”科目，贷记“未担保余值减值准备”科目。同时，将未担保余值减少额与由此所产生的租赁投资净额的减少额的差额，借记“未实现融资收益”科目，贷记“资产减值损失”科目。

(2) 如果已确认损失的未担保余值得以恢复，应在原已确认的损失金额内转回，借记“未担保余值减值准备”科目，贷记“资产减值损失”科目。同时，将未担保余值恢复额与由此所产生的租赁投资净额的增加额的差额，借记“资产减值损失”科目，贷记“未实现融资收益”科目。

(五) 或有租金的处理

出租人在融资租赁下收到的或有租金应计入当期损益。

(六) 租赁期届满时的处理

租赁期届满时出租人应区别下述情况进行会计处理。

1. 承租人将租赁资产交还出租人

这时有可能出现以下三种情况：

(1) 对资产余值全部担保的。出租人收到承租人交还的租赁资产时，应当借记“融资租赁资产”科目，贷记“长期应收款——应收融资租赁款”科目。如果收回租赁资产的价值低于担保余值，则应向承租人收取价值损失补偿金，借记“其他应收款”科目，贷记“营业外收入”科目。

(2) 对资产余值部分担保的。出租人收到承租人交还的租赁资产时，借记“融资租赁资产”科目，贷记“长期应收款——应收融资租赁款”“未担保余值”等科目。如果收回租赁资产的价值扣除未担保余值后的余额低于担保余值，则应向承租人收取价值损失补偿金，借记“其他应收款”科目，贷记“营业外收入”科目。

（3）对资产余值全部未担保的。出租人收到承租人交还的租赁资产时，借记“融资租赁资产”科目，贷记“未担保余值”科目。

2. 优惠续租租赁资产

（1）如果承租人行使优惠续租选择权，则出租人应视同该项租赁一直存在而作出相应的账务处理，如继续分配未实现融资收益等。

（2）如果租赁期届满时承租人没有续租，根据租赁合同规定应向承租人收取违约金时，将其确认为营业外收入。同时，将收回的租赁资产按上述规定进行处理。

3. 留购租赁资产

租赁期届满时，承租人行使了优惠购买选择权。出租人应按收到的承租人支付的购买资产的价款，借记“银行存款”等科目，贷记“长期应收款——应收融资租赁款”科目。

【例 7-3】承例 7-2，B公司的有关资料如下：

（1）该程控生产线公允价值为 2 000 000 元。

（2）发生初始直接费用 10 000 元。

（3）采用实际利率法确认本期应分配的未实现融资收益。

（4）2×19 年、2×20 年 A 公司分别实现微波炉销售收入 15 000 000 元和 20 000 000 元，根据合同规定，这两年应向该公司取得的经营分享收入分别为 150 000 元和 200 000 元。

（5）2×20 年 12 月 31 日，从 A 公司收回该生产线。

出租人 B 公司的账务处理如下：

（1）租赁期开始日的账务处理。

第一步，计算租赁内含利率。租赁内含利率是指在租赁开始日，使最低租赁收款额的现值与未担保余值的现值之和等于租赁资产公允价值与出租人的初始直接费用之和的折现率。由于本例中不存在与承租人和出租人均无关、但在财务上有能力担保的第三方对出租人担保的资产余值，因此最低租赁收款额等于最低租赁付款额，即租金×期数＋承租人担保余值＝600 000×4＋0＝2 400 000（元）。租赁资产的公允价值＋初始直接费用＝2 000 000＋10 000＝2 010 000（元），因此有：600 000×（P/A，r，4）＝2 010 000（元）。

当 $r=7\%$ 时，600 000×3.387 2＝2 032 320＞2 010 000；当 $r=8\%$ 时，600 000×3.312 1＝1 987 260＜2 010 000。因此，$7\%<r<8\%$，运用插值法计算租赁内含利率 r 如下：

年金系数	利率
3.387 2	7%
3.35	r
3.312 1	8%

$$\frac{3.3872-3.35}{3.3872-3.3121}=\frac{7\%-r}{7\%-8\%}$$

解得：$r=7.49\%$，即租赁内含利率为 7.49%。

第二步，计算租赁开始日最低租赁收款额及其现值和未实现融资收益：

最低租赁收款额＝最低租赁付款额＋第三方担保的余值

＝(各期租金之和＋承租人担保余值)＋第三方担保余值

＝(600 000×4＋0)＋0＝2 400 000（元）

最低租赁收款额现值＝600 000×(P/A，7.49%，4)

＝2 010 000（元）

未实现融资收益＝2 400 000－2 010 000＝390 000（元）

第三步，判断租赁类型。本例中租赁期（4 年）占租赁资产尚可使用年限（8 年）的 50%，没有满足融资租赁的第（3）条标准；另外，最低租赁收款额的现值为 2 010 000 元，大于租赁资产公允价值的 90%，即 1 800 000(2 000 000×90%) 元，满足融资租赁的第（4）条标准，因此，B 公司应当将该项租赁认定为融资租赁。

第四步，进行账务处理。2×16 年 12 月 31 日，租出程控生产线，发生初始直接费用，作如下会计分录：

借：长期应收款——应收融资租赁款	2 400 000	
贷：融资租赁资产		2 000 000
银行存款		10 000
未实现融资收益		390 000

(2) 未实现融资收益分配的账务处理。

第一步，计算租赁期内各租金收取期应分配的未实现融资收益（见表 7－3）。

表 7－3　未实现融资收益分配表

2×16 年 12 月 31 日　单位：元

日期	租金	确认的融资收入	租赁投资净额减少额	租赁投资净额余额
(1)	(2)	(3)＝期初(5)×7.49%	(4)＝(2)－(3)	期末(5)＝期初(5)－(4)
2×16 年 12 月 31 日				2 010 000
2×17 年 12 月 31 日	600 000	150 549	449 451	1 560 549
2×18 年 12 月 31 日	600 000	116 885.12	483 114.88	1 077 434.12
2×19 年 12 月 31 日	600 000	80 699.82	519 300.18	558 133.94
2×20 年 12 月 31 日	600 000	41 866.06*	558 133.94	0
合计	2 400 000	390 000	2 010 000	

* 作尾数调整：41 866.06＝600 000－558 133.94；558 133.94＝558 133.94－0。

第二步，进行账务处理。2×17 年 12 月 31 日，收到第一期租金：

借：银行存款	600 000	
贷：长期应收款——应收融资租赁款		600 000

2×17 年 1 月—12 月，每月确认融资收入时：

借：未实现融资收益	12 545.75（150 549÷12）	
贷：租赁收入		12 545.75

2×18 年 12 月 31 日，收到第二期租金：

借：银行存款 600 000
　贷：长期应收款——应收融资租赁款 600 000

2×18 年 1 月—12 月，每月确认融资收入时：

借：未实现融资收益 9 740.43（116 885.12÷12）
　贷：租赁收入 9 740.43

2×19 年 12 月 31 日，收到第三期租金：

借：银行存款 600 000
　贷：长期应收款——应收融资租赁款 600 000

2×19 年 1 月—12 月，每月确认融资收入时：

借：未实现融资收益 6 724.99（80 699.82÷12）
　贷：租赁收入 6 724.99

2×20 年 12 月 31 日，收到第三期租金：

借：银行存款 600 000
　贷：长期应收款——应收融资租赁款 600 000

2×20 年 1 月—12 月，每月确认融资收入时：

借：未实现融资收益 3 488.84（41 866.06÷12）
　贷：租赁收入 3 488.84

（3）或有租金的会计处理。

2×19 年 12 月 31 日，根据合同规定应向 A 公司收取经营分享收入 150 000 元：

借：应收账款——A 公司 150 000
　贷：租赁收入 150 000

2×20 年 12 月 31 日，根据合同规定应向 A 公司收取经营分享收入 200 000 元：

借：应收账款——A 公司 200 000
　贷：租赁收入 200 000

（4）租赁期届满时的会计处理。

2×20 年 12 月 31 日，将该生产线从 A 公司收回，既无担保余值，也无未担保余值，因此作备查登记。

第四节 售后租回的会计处理

售后租回交易，无论是承租人还是出租人，均应按照租赁准则的规定，将售后租回交易认定为融资租赁或经营租赁。对于出租人来讲，售后租回交易（无论是融资租赁还是经营租赁的售后租回交易）同其他租赁业务的会计处理没有什么区别。对于承租人来讲，由于其既是资产的承租人同时又是资产的出售者，售后租回交易同其他租赁业务的会计处理有所不同。

一、售后租回交易形成融资租赁

在形成融资租赁的售后租回交易方式下，对卖主（承租人）而言，与资产所有权有关的全部报酬和风险并未转移，并且售后租回交易的租金和资产的售价往往是以一揽子方式进行谈判的，应视为一项交易，出售资产的损益应与资产的金额相联系。因此，无论卖主（承租人）所发生的销售收入高于还是低于出售前资产的账面价值，所发生的收益或损失都不应立即确认为当期损益，而应将其作为融资费用递延并按资产的折旧进度进行分摊，作为折旧费用的调整。

承租人对售后租回交易中售价与资产账面价值的差额应通过“递延收益——未实现售后租回损益（融资租赁）”科目进行核算。分摊时，按既定比例减少未实现售后租回损益，同时相应增加或减少折旧费用。

【例 7-4】 假设 2×16 年 1 月 1 日，甲公司将一台真空镀膜设备按 600 000 元的价格销售给乙公司。该机器的公允价值为 600 000 元，账面原价为 800 000 元，已提折旧 300 000 元。同时又签订了一份融资租赁协议将机器租回。

甲公司对售后租回交易中售价与资产账面价值的差额作会计处理如下：

(1) 2×16 年 1 月 1 日，结转出售固定资产的成本：

借：固定资产清理	500 000	
累计折旧	300 000	
贷：固定资产——真空镀膜设备		800 000

(2) 2×16 年 1 月 1 日，向乙公司出售真空镀膜设备：

借：银行存款	600 000	
贷：固定资产清理		500 000
递延收益——未实现售后租回损益		100 000

计算过程见表 7-4。

表 7-4　　未实现售后租回收益分摊表（年限平均法）

2×16 年 1 月 1 日　　单位：元

日期	售价	固定资产账面价值	摊销期	分摊率(%)	摊销额	未实现售后租回损益
2×16 年 1 月 1 日	600 000	500 000	5 年			100 000
2×16 年 12 月 31 日				20	20 000	80 000
2×17 年 12 月 31 日				20	20 000	60 000
2×18 年 12 月 31 日				20	20 000	40 000
2×19 年 12 月 31 日				20	20 000	20 000
2×20 年 12 月 31 日				20	20 000	0
合计	600 000	500 000		100	100 000	

(3) 2×16 年 12 月 31 日，确认本年度应分摊的未实现售后租回损益：

借：递延收益——未实现售后租回损益（融资租赁）	20 000	
贷：制造费用——折旧费		20 000

租回设备时，比照承租人融资租赁业务会计处理方法进行处理。

二、售后租回交易形成经营租赁

售后租回交易认定为经营租赁的，应当分别情况处理：在有确凿证据表明售后租回交易是按照公允价值达成的，售价与账面价值的差额应当计入当期损益。如果售后租回交易不是按照公允价值达成的，有关损益应于当期确认。但若该损失由低于市价的未来付款额补偿，应将其递延，并按与确认租金费用相一致的方法分摊于预计的资产使用期限内。售价高于公允价值的，其高出公允价值的部分应予以递延，并在预计的使用期限内摊销。具体的会计处理如表 7-5 所示。

表 7-5　　售后租回交易形成经营租赁的会计处理

<table>
<tr><td rowspan="5">售后租回交易形成的经营租赁</td><td>售后回租交易按照公允价值达成</td><td colspan="3">售价与账面价值的差额应当计入当期损益</td></tr>
<tr><td rowspan="4">售后租回交易不是按照公允价值达成</td><td rowspan="3">售价低于公允价值</td><td>售价大于账面价值</td><td>应确认利润</td></tr>
<tr><td rowspan="2">售价小于账面价值（损失）</td><td>损失不能得到补偿，确认损失</td></tr>
<tr><td>损失能够得到补偿，确认递延收益，以后摊销</td></tr>
<tr><td>售价高于公允价值</td><td colspan="2">其高出公允价值的部分应予以递延，并在预计的使用期限内摊销，公允价值与账面价值的差额计入当期损益</td></tr>
</table>

注：表中资产的公允价值不应低于资产的账面价值，当公允价值低于账面价值时，应对资产计提减值准备。

（一）售后租回交易形成经营租赁，售价高于资产公允价值

【例 7-5】 假定 2×16 年 1 月 1 日，A 公司将一台全新办公设备按照 2 000 000 元的价格销售给 B 公司。该设备 2×16 年 1 月 1 日的账面价值为 1 800 000 元，公允价值为 1 800 000 元。A、B 公司立即签订了一份经营租赁合同，租期为 4 年，每年年末支付租金 400 000 元。

(1) 计算未实现售后租回损益：

未实现售后租回损益＝售价－资产的公允价值
＝2 000 000－1 800 000
＝200 000（元）

(2) 编制会计分录如下：

2×16 年 1 月 1 日，结转出售固定资产的成本：

借：固定资产清理　　1 800 000
　贷：固定资产　　1 800 000

2×16 年 1 月 1 日，向 B 公司出售设备：

借：银行存款　　2 000 000
　贷：固定资产清理　　1 800 000
　　递延收益——未实现售后租回损益（经营租赁）　　200 000

2×16 年 12 月 31 日，确认本年应分摊的未实现售后租回损益：

借：递延收益——未实现售后租回损益（经营租赁） 50 000
　贷：管理费用 50 000

其他有关账务处理略。

但是，如果有确凿证据表明，售后租回交易是按照公允价值达成的，售价与资产账面价值之间的差额应当计入当期损益。假定该设备的公允价值是 1 000 000 元。

在这种情况下，编制会计分录如下：

2×16 年 1 月 1 日，结转出售固定资产的成本：

借：固定资产清理 1 800 000
　贷：固定资产 1 800 000

2×16 年 1 月 1 日，向 B 公司出售设备：

借：银行存款 2 000 000
　贷：固定资产清理 1 800 000
　　营业外收入 200 000

（二）售后租回交易形成经营租赁，售价低于资产公允价值且损失由低于市价的未来租赁付款额补偿

【例 7-6】 假定 2×16 年 1 月 1 日，A 公司将一台全新的市价为 2 200 000 的办公设备，按照 2 000 000 元的价格销售给 B 公司，并立即签订了一份经营租赁合同。该设备 2×16 年 1 月 1 日的账面价值为 2 200 000 元，假定未来租赁付款总额低于市价 2 000 000 元。

（1）计算未实现售后租回损益：

未实现售后租回损益＝售价－资产的账面价值
＝2 000 000－2 200 000
＝－200 000（元）

（2）编制会计分录如下：

2×16 年 1 月 1 日，结转出售固定资产的成本：

借：固定资产清理 2 200 000
　贷：固定资产 2 200 000

2×16 年 1 月 1 日，向 B 公司出售设备：

借：银行存款 2 000 000
　　递延收益——未实现售后租回损益（经营租赁） 200 000
　贷：固定资产清理 2 200 000

2×16 年 12 月 31 日，确认本年应分摊的未实现售后租回损益：

借：管理费用 50 000
　贷：递延收益——未实现售后租回损益（经营租赁） 50 000

其他有关账务处理略。

但是，如果有确凿证据表明，售后租回交易是按照公允价值达成的或售价低于公允价值且未来租赁付款额不低于市价，售价与账面价值之间的差额应当计入当期损益。在这种情况下，会计分录为：

2×16 年 1 月 1 日，结转出售固定资产的成本：

借：固定资产清理　　2 200 000

　贷：固定资产　　2 200 000

2×16 年 1 月 1 日，向 B 公司出售设备：

借：银行存款　　2 000 000

　　营业外收支出　　200 000

　贷：固定资产清理　　2 200 000

关键概念

租赁　租赁期　租赁开始日　租赁期开始日　担保余值　未担保余值
最低租赁付款额　或有租金　履约成本　最低租赁收款额　租赁内含利率

思考题

1. 租赁的基本分类有哪几种？
2. 简述融资租赁与经营租赁的区别。
3. 简述售后租回交易的会计处理。

第八章

会计政策、会计估计变更和差错更正

第一节 会计政策、会计估计和前期差错概述

一、会计政策及其变更

会计政策是指企业在会计确认、计量和报告中所采用的原则、基础和会计处理方法。其中：

原则是指按照企业会计准则规定的、适合于企业会计核算所采用的具体会计原则。例如，《企业会计准则第 14 号——收入》规定企业确认收入时要同时满足已将商品所有权上的主要风险和报酬转移给购货方、收入的金额能够可靠地计量、相关的经济利益很可能流入企业等，就属于收入确认的具体会计原则。

基础是指为了将会计原则应用于交易或者事项而采用的基础，主要是计量属性，包括历史成本、重置成本、可变现净值、现值和公允价值等。例如，《企业会计准则第 8 号——资产减值》中涉及的公允价值就是计量基础。

会计处理方法是指企业在会计核算中按照法律、行政法规或者国家统一的会计制度等规定采用或者选择的、适合于本企业的具体会计处理方法。例如，《企业会计准则第 1 号——存货》规定的企业应当采用先进先出法、加权平均法或者个别计价法确定发出存货的实际成本，就属于会计处理方法。

（一）会计政策的特点

在我国，会计准则属于法规，会计政策所包括的具体会计原则、基础和具体会计处理

方法由会计准则规定。企业是在法规所允许的范围内选择适合本企业实际情况的会计政策。所以，会计政策首先具有强制性和层次性的特点，其次具有可选择性。

(1) 会计政策的强制性。企业在发生某项经济业务时，必须从允许的会计原则、基础和会计处理方法中选择出适合本企业特点的会计政策。

(2) 会计政策的层次性。会计政策包括会计原则、基础和会计处理方法三个层次。其中，会计原则是指导企业会计核算的具体原则；会计基础是为将会计原则体现在会计核算中而采用的基础；处理方法是按照会计原则和基础的要求，由企业在会计核算中采用或者选择的、适合于本企业的具体会计处理方法。会计原则、基础和会计处理方法三者之间是一个具有逻辑性、密不可分的整体，通过这个整体，会计政策才能得以应用和落实。

(3) 会计政策的选择性。由于企业经济业务的复杂性和多样化，某些经济业务在符合会计原则和基础的要求下，可以有多种会计处理方法。例如，存货的计价，可以有先进先出法、加权平均法、个别计价法等。

（二）重要的会计政策

企业应当披露重要的会计政策。判断会计政策是否重要，应当考虑与会计政策相关项目的性质和金额。企业应当披露的重要会计政策包括：

(1) 发出存货成本的计量，是指企业确定发出存货成本所采用的会计处理。例如，企业发出存货成本的计量是采用先进先出法还是采用其他计量方法。

(2) 长期股权投资的后续计量，是指企业取得长期股权投资后的会计处理。例如，企业对被投资单位的长期股权投资是采用成本法还是采用权益法核算。

(3) 投资性房地产的后续计量，是指企业对投资性房地产进行后续计量所采用的会计处理。例如，企业对投资性房地产的后续计量是采用成本模式还是公允价值模式。

(4) 固定资产的初始计量，是指对取得的固定资产初始成本的计量。例如，企业取得的固定资产初始成本是以购买价款还是以购买价款的现值为基础进行计量。

(5) 生物资产的初始计量，是指对取得的生物资产初始成本的计量。例如，企业为取得生物资产而产生的借款费用应当予以资本化还是计入当期损益。

(6) 无形资产的确认，是指对无形项目的支出是否确认为无形资产。例如，企业内部研究开发项目开发阶段的支出是确认为无形资产还是在发生时计入当期损益。

(7) 非货币性资产交换的计量，是指非货币性资产交换事项中对换入资产成本的计量。例如，非货币性资产交换是以换出资产的公允价值作为确定换入资产成本的基础，还是以换出资产的账面价值作为确定换入资产成本的基础。

(8) 收入的确认，是指收入确认所采用的会计方法。例如，企业确认收入时是按照从购货方已收或应收的合同或协议价款确定销售商品收入金额，还是按照应收的合同或协议价款的公允价值确定销售商品收入金额。

(9) 合同收入与费用的确认，是指确认建造合同的收入和费用所采用的会计处理方法。例如，企业确认建造合同的合同收入和合同费用采用完工百分比法。

(10) 借款费用的处理，是指借款费用的会计处理方法，即是采用资本化还是采用费用化。

(11) 合并政策，是指编制合并财务报表所采纳的原则。例如，母公司与子公司的会计年度不一致的处理原则、合并范围的确定原则等。

（12）其他重要会计政策。

（三）会计政策变更

会计政策变更是指企业对相同的交易或者事项由原来采用的会计政策改用另一会计政策的行为。为保证会计信息的可比性，使财务报表使用者在比较企业一个以上期间的财务报表时，能够正确判断企业的财务状况、经营成果和现金流量的趋势，一般情况下，企业采用的会计政策，在每一会计期间和前后各期应当保持一致，不得随意变更。否则会削弱会计信息的可比性。但是满足下列条件之一的，可以变更会计政策：

（1）法律、行政法规或者国家统一的会计制度等要求变更。这种情况是指按照法律、行政法规以及国家统一的会计制度的规定，要求企业采用新的会计政策，则企业应当按照法律、行政法规以及国家统一的会计制度的规定改变原会计政策，按照新的会计政策执行。

例如，《企业会计准则第1号——存货》规定，不允许企业采用后进先出法核算发出存货成本，这就要求执行企业会计准则体系的企业按照现行规定，将原来以后进先出法核算发出存货成本改为现行准则规定可以采用的会计政策。

（2）会计政策变更能够提供更可靠、更相关的会计信息。由于经济环境、客观情况的改变，使企业原来采用的会计政策所提供的会计信息，已不能恰当地反映企业的财务状况、经营成果和现金流量等情况。在这种情况下，应改变原有会计政策，按变更后新的会计政策进行会计处理，以便对外提供更可靠、更相关的会计信息。

例如，投资性房地产后续计量可以有两种不同模式，即成本模式和公允价值模式。假如过去房地产所在地区的房地产交易市场不太完善，企业当时对投资性房地产采用成本模式计量。但随着经济发展，现在房地产交易市场已经非常活跃，如果该企业能够从房地产交易市场上持续、可靠地取得同类或类似房地产的市场价格及其他相关信息，从而能够对投资性房地产的公允价值作出合理的估计，这种情况下，该企业可以将投资性房地产的后续计量方法由成本模式变更为公允价值模式。

需注意的是，除法律、行政法规以及国家统一的会计制度要求变更会计政策的，应当按照国家的相关规定执行外，企业因满足上述第（2）个条件变更会计政策时，必须有充分、合理的证据表明其变更的合理性，并说明变更会计政策后，能够提供关于企业财务状况、经营成果和现金流量等更可靠、更相关的会计信息的理由。对会计政策的变更，企业仍应经股东大会或董事会、经理（厂长）会议或类似机构批准，并按照法律、行政法规等的规定报送有关各方备案。如无充分、合理的证据表明会计政策变更的合理性，或者未重新经股东大会或董事会、经理（厂长）会议或类似机构批准擅自变更会计政策的，或者连续、反复地自行变更会计政策的，视为滥用会计政策，按照前期差错更正的方法进行处理。

上市公司的会计政策目录及变更会计政策后重新制定的会计政策目录，除应当按照信息披露的要求对外公布外，还应当报公司上市地交易所备案。未报公司上市地交易所备案的，视为滥用会计政策，按照前期差错更正的方法进行处理。

对会计政策变更的认定，直接影响会计处理方法的选择。因此，在会计实务中，企业应当正确认定属于会计政策变更的情形。下列两种情况不属于会计政策变更：

第一，本期发生的交易或者事项与以前相比具有本质差别而采用新的会计政策。实际上这是企业为新的交易或事项选择适当的会计政策，并没有改变原有的会计政策。例如，某企业以往租入的设备均为临时需要而租入的，按经营租赁会计处理方法核算，但自本年度起租入的设备均采用融资租赁方式，则该企业自本年度起对新租赁的设备采用融资租赁会计处理方法核算。由于该企业原租入的设备均为经营租赁，本年度起租赁的设备均改为融资租赁，经营租赁和融资租赁有着本质差别，因而改变会计政策不属于会计政策变更。

第二，对初次发生的或不重要的交易或者事项采用新的会计政策。比如，企业本期新增了期货交易业务，应按相应办法进行处理，不属于会计政策变更。再如，企业在原生产经营过程中使用少量的低值易耗品，并且价值较低，故企业在领用低值易耗品时一次计入费用；该企业于近期转产，生产新产品，所需低值易耗品比较多，且价值较大，企业对领用的低值易耗品改为五五摊销的方法，分摊计入费用。该企业低值易耗品原在企业生产经营中所占的费用比例并不大，改变低值易耗品处理方法后，对损益的影响并不大，属于不重要的事项，会计政策在这种情况下的改变不属于会计政策变更。

二、会计估计及其变更

会计估计是指企业对结果不确定的交易或者事项以最近可利用的信息为基础所作的判断。由于商业活动中内在的不确定因素影响，许多财务报表中的项目不能精确地计量，而只能加以估计。估计涉及以最近可利用的、可靠的信息为基础所作的判断。

（一）会计估计的特点

（1）会计估计的存在是由于经济活动中内在的不确定性因素的影响。在会计核算中，企业总是力求保持会计核算的准确性，但有些经济业务本身具有不确定性，例如，固定资产折旧年限、固定资产残余价值、无形资产摊销年限等，因而需要根据经验做出估计。在进行会计核算和相关信息披露的过程中，会计估计是不可避免的。

（2）进行会计估计时，往往以最近可利用的信息或数据为基础。企业在会计核算中，由于经营活动中内在的不确定性，不得不经常进行估计。一些估计的主要目的是确定资产或负债的账面价值，例如，担保责任引起的负债；另一些估计的主要目的是确定将在某一期间记录的收益或费用的金额，例如，某一期间的折旧、摊销的金额。企业在进行会计估计时，通常应根据当时的情况和经验，以一定的信息或数据为基础。但是，随着时间的推移、环境的变化，进行会计估计的基础可能会发生变化。因此，进行会计估计所依据的信息或者数据不得不经常发生变化。由于最新的信息是最接近目标的信息，以其为基础所作的估计最接近实际，所以进行会计估计时，应以最近可利用的信息或数据为基础。

（3）进行会计估计并不会削弱会计确认和计量的可靠性。企业为了定期、及时地提供有用的会计信息，将延续不断的经营活动人为划分为一定的期间，并在权责发生制的基础上对企业的财务状况和经营成果进行定期确认和计量。例如，在会计分期的情况下，许多企业的交易跨越若干会计年度，以至于需要在一定程度上作出决定：某一年度发生的开支，哪些可以合理地预期能够产生其他年度以收益形式表示的利益，从而全部或部分向后递延；哪些可以合理地预期在当期能够得到补偿，从而确认为费用。也就是说，需要决定在结算日，哪些开支可以在资产负债表中处理，哪些开支可以在利润表中作为当年费用处理。因此，由于会计分期和货币计量的前提，在确认和计量过程中，不得不对许多尚在延续中、其结果尚未确定的交易或事项予以估计入账。

（二）重要的会计估计

企业应当披露重要的会计估计，不具有重要性的会计估计可以不披露。判断会计估计是否重要，应当考虑与会计估计相关项目的性质和金额。企业应当披露的重要会计估计包括：

（1）存货可变现净值的确定。

（2）采用公允价值模式下的投资性房地产公允价值的确定。

（3）固定资产的预计使用寿命与净残值；固定资产的折旧方法。

（4）生物资产的预计使用寿命与净残值；各类生产性生物资产的折旧方法。

（5）使用寿命有限的无形资产的预计使用寿命与净残值。

（6）可收回金额按照资产组的公允价值减去处置费用后的净额确定的，确定公允价值减去处置费用后的净额的方法；可收回金额按照资产组预计未来现金流量的现值确定的，预计未来现金流量及其折现率的确定。

（7）合同完工进度的确定。

（8）权益工具公允价值的确定。

（9）债务人债务重组中转让的非现金资产的公允价值、由债务转成的股份的公允价值和修改其他债务条件后债务的公允价值的确定；债权人债务重组中受让的非现金资产的公允价值、由债权转成的股份的公允价值和修改其他债务条件后债权的公允价值的确定。

（10）预计负债初始计量的最佳估计数的确定。

（11）公允价值的确定。

（12）承租人对未确认融资费用的分摊；出租人对未实现融资收益的分配。

（13）探明矿区权益、井及相关设施的折耗方法，与油气开采活动相关的辅助设备及设施的折旧方法。

（14）非同一控制下企业合并成本的公允价值的确定。

（15）其他重要会计估计。

（三）会计估计变更

会计估计变更是指由于资产和负债的当前状况及预期经济利益和义务发生了变化，从而对资产或负债的账面价值或者资产的定期消耗金额进行调整。

由于企业经营活动中内在的不确定因素，许多财务报表项目不能准确地计量，只能加以估计，估计过程涉及以最近可以得到的信息为基础所作的判断。但是，估计毕竟是就现有数据对未来所作的判断，随着时间的推移，如果赖以进行估计的基础发生变化，或者由于取得了新的信息、积累了更多的经验或后来的发展可能不得不对估计进行修订。会计估计变更的情形包括：

（1）赖以进行估计的基础发生了变化。企业进行会计估计，总是依赖于一定的基础，如果其所依赖的基础发生了变化，则会计估计也应相应发生变化。

（2）取得了新的信息，积累了更多的经验。企业进行会计估计是就现有数据对未来所做的判断，随着时间的推移，企业有可能取得新的信息、积累更多的经验，在这种情况下，企业可能不得不对会计估计进行修订，即发生会计估计变更。

例如，企业的一项固定资产使用年限原预计为 15 年，以后由于新技术的发展等原因，预计使用寿命为 10 年，相应调减折旧年限。再如，某企业原根据当时能够得到的信息，对应收账款每年按其余额的 5%计提坏账准备；现在掌握了新的信息，判定不能收回的应收账款比例已达 15%，企业改按 15%的比例计提坏账准备。

会计估计变更并不意味着以前期间会计估计是错误的，只是由于情况发生变化，或者掌握了新的信息、积累了更多的经验，使得变更会计估计能够更好地反映企业的财务状况和经营成果。如果以前期间的会计估计是错误的，则属于会计差错，按会计差错更正的会计处理办法进行处理。

三、会计政策变更与会计估计变更的划分

企业应当正确划分会计政策变更与会计估计变更，并按照不同的方法进行相关会计处理。企业应当以变更事项的会计确认、计量基础和列报项目是否发生变更，作为判断该变更是会计政策变更还是会计估计变更的划分基础。

具体方法如下：分析并判断该事项是否涉及会计确认、计量基础选择或列报项目的变更，当至少涉及上述一项划分基础变更时，该事项是会计政策变更；不涉及上述划分基础变更时，该事项可以判断为会计估计变更。

（1）以会计确认是否发生变更作为判断基础。《企业会计准则——基本准则》规定了资产、负债、所有者权益、收入、费用和利润等六项会计要素的确认标准，是会计处理的首要环节。一般来说，对会计确认的指定或选择是会计政策，其相应的变更是会计政策变更。会计确认的变更一般会引起列报项目的变更。例如，某企业在前期将某项研究开发费用开发阶段的支出计入当期损益，而当期按照《企业会计准则第 6 号——无形资产》的规定，符合资本化条件的开发阶段的支出，应计入无形资产成本。该事项中会计确认发生了变化，所以该变更是会计政策变更。

（2）以计量基础是否发生变更作为判断基础。《企业会计准则——基本准则》规定了历史成本、重置成本、可变现净值、现值和公允价值等 5 项会计计量属性，是会计处理的计量基础。一般来说，对计量基础的指定或选择是会计政策，其相应的变更是会计政策变更。例如，某企业在前期对购入的价款超过正常信用条件延期支付的固定资产初始计量采用历史成本，而当期按照《企业会计准则第 4 号——固定资产》的规定，该类固定资产的初始成本应以购买价款的现值为基础确定。该事项的计量基础发生了变化，所以该变更属于会计政策变更。

（3）以列报项目是否发生变更作为判断基础。《企业会计准则第 30 号——财务报表》规定了财务报表项目应采用的列报原则。一般来说，对列报项目的指定或选择是会计政策，其相应的变更是会计政策变更。当然，在实务中，有时列报项目的变更往往伴随着会计确认的变更而发生。例如，某商业企业在前期将商品采购费用列入营业费用，当期根据《企业会计准则第 1 号——存货》的规定，将采购费用列入成本。因为列报项目发生了变化，所以该变更是会计政策变更。当然这里也涉及会计确认的变更。

（4）根据会计确认、计量基础和列报项目所选择的、为取得与该项目有关的金额或数值所采用的处理方法，不是会计政策，而是会计估计，其相应的变更是会计估计变更。例如，某企业原采用双倍余额递减法计提固定资产折旧，后根据固定资产使用的实际情况，企业决定改用直线法计提固定资产折旧。该事项前后采用的两种计提折旧方法都是以历史成本作为计量基础，对该事项的会计确认和列报项目也未发生变更，只是固定资产折旧、固定资产净值等相关金额发生了变化。因此，该事项属于会计估计变更。

财务报表列报的信息并不是企业所能提供的全部信息（例如，虽然企业可以提供某项资产以历史成本和公允价值两种不同计量基础确定的账面金额，但是企业的资产负债表中

只能反映两者其一），而财务报表所列报的会计信息和列报方式取决于采用的会计政策。当根据计量基础直接确定与资产或负债项目有关的金额和数值是不可能或不切实可行的，采用会计估计就可以得到适用的近似金额或数值。总之，在单个会计期间，会计政策决定了财务报表所列报的会计信息和列报方式；会计估计是用来确定与财务报表所列报的会计信息有关的金额和数值。

企业应当正确划分会计政策变更和会计估计变更，并按不同的方法进行相关会计处理。企业通过判断会计政策变更和会计估计变更划分基础仍然难以对某项变更进行区分的，应当将其作为会计估计变更处理。

四、前期差错

前期差错是指由于没有运用或错误运用下列两种信息，而对前期财务报表造成省略或错报：一是编报前期财务报表时预期能够取得并加以考虑的可靠信息。例如或有事项，在资产负债表日应该能够估计或有事项可能性问题，但企业却没有估计。二是前期财务报告批准报出时能够取得的可靠信息。例如存货已经有减值迹象，需要计提跌价准备，但企业未计提跌价准备。

没有运用或错误运用上述两种信息而形成前期差错的情形主要有：

（1）计算以及账户分类错误。例如，企业购入的五年期国债，意图长期持有，但在记账时记入了交易性金融资产，导致账户分类上的错误，并导致在资产负债表上流动资产和非流动资产的分类也有误。

（2）采用法律、行政法规或者国家统一的会计制度等不允许的会计政策。例如，按照《企业会计准则第 17 号——借款费用》的规定，为购建固定资产的专门借款而发生的借款费用，满足一定条件的，在固定资产达到预定可使用状态前发生的，应予以资本化，计入所购建固定资产的成本；在固定资产达到预定可使用状态后发生的，计入当期损益。如果企业固定资产已达到预定可使用状态后发生的借款费用，也计入该项固定资产的价值，予以资本化，则属于采用法律或会计准则等行政法规、规章所不允许的会计政策。

（3）对事实的疏忽或曲解，以及舞弊。例如，企业对某项建造合同应按建造合同规定的方法确认营业收入，但该企业按确认商品销售收入的原则确认收入。

（4）在期末对应计项目与递延项目未予以调整。例如，企业应在本期摊销的费用在期末未予摊销。

（5）漏记已完成的交易。例如，企业销售一批商品，商品已经发出，开出增值税专用发票，商品销售收入确认条件均已满足，但企业在期末未将已实现的销售收入入账。

（6）提前确认尚未实现的收入或不确认已实现的收入。例如，在采用支付手续费委托代销商品的销售方式下，应于收到代销单位的代销清单时确认商品销售收入的实现。如果企业在发出委托代销商品时即确认为收入，则为提前确认尚未实现的收入。

（7）资本性支出与收益性支出划分差错。例如，企业发生的管理人员的工资一般作为收益性支出，而发生的在建工程人员工资一般作为资本性支出。如果企业将发生的在建工程人员工资计入了当期损益，则属于资本性支出与收益性支出的划分差错。

须注意的是，就会计估计的性质来说，它是个近似值，随着更多信息的获得，估计可能需要进行修正，但是会计估计变更不属于前期差错更正。

第二节 会计政策变更的会计处理及披露

一、会计政策变更的会计处理

发生会计政策变更时，有两种会计处理方法，即追溯调整法和未来适用法，两种方法适用于不同的情形。

（一）追溯调整法

追溯调整法是指对某项交易或事项变更会计政策，视同该项交易或事项初次发生时即采用变更后的会计政策，并以此对财务报表相关项目进行调整的方法。

1. 追溯调整法的处理程序

追溯调整法一般由以下步骤构成：

第一步，计算会计政策变更的累积影响数；

第二步，编制相关项目的调整分录；

第三步，调整列报前期最早期初财务报表相关项目及其金额；

第四步，附注说明。

采用追溯调整法时，对于比较财务报表期间的会计政策变更，应调整各期间净损益各项目和财务报表其他相关项目，视同该政策在比较财务报表期间上一直采用。对于比较财务报表可比期间以前的会计政策变更的累积影响数，应调整比较财务报表最早期间的期初留存收益，财务报表其他相关项目的数字也应一并调整。

2. 会计政策变更累积影响数

采用追溯调整法时，首先需要计算会计政策变更累积影响数。

会计政策变更累积影响数是指按照变更后的会计政策对以前各期追溯计算的列报前期最早期初留存收益应有金额与现有金额之间的差额。

上述留存收益金额，包括盈余公积和未分配利润等项目，不考虑由于损益的变化而应当补分的利润或股利。例如，由于会计政策变化，增加了以前期间可供分配的利润，该企业通常按净利润的30%分派股利，但在计算调整会计政策变更当期期初的留存收益时，不应当考虑由于以前期间净利润的变化而需要分派的股利。

累积影响数通常可以通过以下步骤计算获得：

第一步，根据新会计政策重新计算受影响的前期交易或事项；

第二步，计算两种会计政策下的差异；

第三步，计算差异的所得税影响金额；

第四步，确定前期中的每一期的税后差异；

第五步，计算会计政策变更的累积影响数。

需注意的是，对以前年度损益进行追溯调整或追溯重述的，应当重新计算各列报期间的每股收益。

【例 8-1】甲公司与乙公司签订经营租赁合同，合同规定从 2×16 年 1 月 1 日起，甲公司将一幢办公楼对外出租，租期 3 年，每年租金 6 000 000 元，在年初一次性收取。甲公司对该投资性房地产采用成本模式计量，出租时办公楼的原价为 100 000 000 元，已提折旧 20 000 000 元，预计尚可使用年限为 20 年，采用年限平均法计提折旧，无残值，假定甲公司计提折旧的方法及预计使用年限符合税法规定。从 2×15 年起，甲公司所在地有活跃的房地产交易市场，公允价值能够持续可靠取得，甲公司决定从 2×19 年 1 月 1 日起，对该投资性房地产由成本模式改为公允价值计量模式。甲公司对外出租的办公楼 2×15 年 12 月 31 日、2×16 年 12 月 31 日、2×17 年 12 月 31 日、2×18 年 12 月 31 日的公允价值分别为 80 000 000 元、90 000 000 元、96 000 000 元、101 000 000 元。假定按年确认公允价值变动损益，甲公司适用的所得税税率为 25%，按净利润的 10%提取法定盈余公积。甲公司对外发放的股票份额为 9 000 万股。

根据上述资料，甲公司的账务处理如下：

(1) 计算改变投资性房地产计量模式后的累积影响数，见表 8-1。

表 8-1　　改变投资性房地产计量模式后的累积影响数　　单位：元

年度	成本模式计量当期损益	公允价值模式计量当期损益	税前差异	所得税影响	税后差异
2×16	2 000 000	16 000 000	14 000 000	3 500 000	10 500 000
2×17	2 000 000	12 000 000	10 000 000	2 500 000	7 500 000
小计	4 000 000	28 000 000	24 000 000	6 000 000	18 000 000
2×18	2 000 000	11 000 000	9 000 000	2 250 000	6 750 000
合计	6 000 000	39 000 000	33 000 000	8 250 000	24 750 000

甲公司 2×19 年 12 月 31 日的比较财务报表列报前期最早期初为 2×18 年 1 月 1 日。

甲公司在 2×16 年、2×17 年按公允价值模式计算对损益影响分别为 16 000 000 元（租金收入 6 000 000 元＋公允价值变动损益 10 000 000 元）和 12 000 000 元（租金收入 6 000 000 元＋公允价值变动损益 6 000 000 元）；按成本模式计量对损益影响均为 2 000 000 元（租金收入 6 000 000 元－每年计提折旧 4 000 000 元），两种方法税前差异的合计为 24 000 000 元，对所得税影响为 6 000 000 元，两者差异的税后净影响额为 18 000 000 元，即为该公司 2×19 年期初由成本模式改为公允价值模式的累积影响数。

甲公司在 2×18 年按公允模式计算的税前利润为 11 000 000 元（租金收入 6 000 000 元＋公允价值变动损益 5 000 000 元），按成本模式计算的税前利润为 2 000 000 元（租金收入 6 000 000 元－当年计提折旧 4 000 000 元），两者的所得税影响为 2 250 000 元，两者差异的税后净影响额为 6 750 000 元，应调整 2×18 年当期金额（即 2×19 年利润表的上年数额）。

(2) 编制有关项目的调整分录。

1) 编制 2×18 年初调整分录：

a. 调整会计政策变更累积影响数：

借：投资性房地产——成本　　80 000 000

　　　　　　　　——公允价值变动　　16 000 000

　　投资性房地产累计折旧（摊销）　　28 000 000

贷：投资性房地产 100 000 000
　　递延所得税负债 6 000 000
　　利润分配——未分配利润 18 000 000

b. 调整利润分配：

借：利润分配——未分配利润 1 800 000
　贷：盈余公积 1 800 000

2）编制 2×18 年调整分录：

a. 调整投资性房地产：

借：投资性房地产——公允价值变动 5 000 000
　　投资性房地产累计折旧（摊销） 4 000 000
　贷：递延所得税负债 2 250 000
　　　利润分配——未分配利润 6 750 000

b. 调整利润分配：

借：利润分配——未分配利润 675 000
　贷：盈余公积 675 000

(3) 财务报表调整和重述。

甲公司在列报 2×19 年度的财务报表时，应调整资产负债表有关项目的年初数；利润表有关项目的上年数及所有者权益变动表有关项目的上年数和本年数也应作相应调整。表 8-2、表 8-3、表 8-4 分别列示资产负债表年初数栏调整前和调整后的数字、利润表及所有者权益变动表上年数栏调整前和调整后的数字。

1）资产负债表项目的调整：调增投资性房地产年初余额 33 000 000 元；调增递延所得税负债年初余额 8 250 000 元；调增盈余公积年初余额 2 475 000 元；调增未分配利润年初余额 22 275 000 元。

2）利润表项目的调整：调减营业成本上年金额 4 000 000 元，调增公允价值变动收益上年金额 5 000 000 元，则调增利润总额上年金额 9 000 000 元；调增所得税费用上年金额 2 250 000 元；调增净利润上年金额 6 750 000 元；调增基本每股收益上年金额 0.075 元。

3）所有者权益变动表项目的调整：调增会计政策变更项目中盈余公积上年金额 1 800 000 元，未分配利润上年金额 16 200 000 元，所有者权益合计上年金额 18 000 000 元；调增会计政策变更项目中盈余公积本年金额 2 475 000 元，未分配利润本年金额 22 275 000 元，所有者权益合计本年金额 24 750 000 元。

表 8-2　资产负债表

编制单位：甲公司　　2×19 年 12 月 31 日　　单位：元

资　产	年初余额			负债和所有者权益	年初余额		
	调整前	调整数	调整后		调整前	调整数	调整后
……				递延所得税负债		8 250 000	
投资性房地产		33 000 000		盈余公积		2 475 000	
				未分配利润		22 275 000	
资产合计		33 000 000		负债和所有者权益合计		33 000 000	

表 8-3　　利润表

编制单位：甲公司　　2×19 年度　　单位：元

项　目	上年金额		
	调整前	调整数	调整后
……		（略）	
营业成本		−4 000 000	
公允价值变动收益		5 000 000	
……			
利润总额		9 000 000	
减：所得税费用		2 250 000	
净利润		6 750 000	
基本每股收益		0.075	

表 8-4　　所有者权益变动表

编制单位：甲公司　　2×19 年度　　单位：元

项　目	本年余额				上年余额			
	……	盈余公积	未分配利润	所有者权益	……	盈余公积	未分配利润	所有者权益
一、上年末余额								
加：会计政策变更		2 475 000	22 275 000	24 750 000		1 800 000	16 200 000	18 000 000
前期差错更正								
二、本年年初余额								
……								

（二）未来适用法

未来适用法是指将变更后的会计政策应用于变更日及以后发生的交易或者事项，或者在会计估计变更当期和未来期间确认会计估计变更影响数的方法。

在未来适用法下，不需要计算会计政策变更产生的累积影响数，也无须重编以前年度的财务报表。企业会计账簿记录及财务报表上反映的金额，变更之日仍保留原有的金额，不因会计政策变更而改变以前年度的既定结果，并在现有金额的基础上再按新的会计政策进行核算。

（三）会计政策变更的会计处理方法的选择

对于会计政策变更，企业应当根据具体情况，分别采用不同的会计处理方法：

（1）在法律、行政法规或者国家统一的会计制度等要求变更的情况下，企业应当分别以下情况进行处理：国家发布相关的会计处理办法，则按照国家发布的相关会计处理办法进行处理；国家没有发布相关的会计处理办法，则采用追溯调整法进行会计处理。

（2）在会计政策变更能够提供更可靠、更相关的会计信息的情况下，企业应当采用追溯调整法进行会计处理，将会计政策变更累积影响数调整列报前期最早期初留存收益，其他相关项目的期初余额和列报前期披露的其他比较数据也应当一并调整。

（3）确定会计政策变更对列报前期影响数不切实可行的，应当从可追溯调整的最早期间期初开始应用变更后的会计政策；当期期初确定会计政策变更对以前各期累积影响数不切实可行的，应当采用未来适用法处理。其中，不切实可行是指企业在采取所有合理的方法后，仍然不能获得采用某项规定所必需的相关信息，而导致无法采用该项规定，则该项规定在此时是不切实可行的。

对于以下特定前期，对某项会计政策变更应用追溯调整法或进行追溯重述以更正一项前期差错是不切实可行的：

第一，应用追溯调整法或追溯重述法的累积影响数不能确定。在某些情况下，调整一个或者多个前期比较信息以获得与当期会计信息的可比性是不切实可行的。例如，企业的账簿、凭证因不可抗力而毁坏、遗失，或因人为因素如盗窃、故意毁坏等，可能使当期期初确定会计政策变更对以前各期累积影响数无法计算，即不切实可行，则会计政策变更应当采用未来适用法进行处理。

第二，应用追溯调整法或追溯重述法要求对管理层在该期当时的意图作出假定。

第三，应用追溯调整法或追溯重述法要求对有关金额进行重大估计，并且不可能将提供有关交易发生时存在状况的证据（例如，有关金额确认、计量或披露日期存在事实的证据，以及在受变更影响的当期和未来期间确认会计估计变更的影响的证据）和该期间财务报表批准报出时能够取得的信息这两类信息与其他信息客观地加以区分。

对根据某项交易或者事项确认、披露的财务报表项目应用会计政策时常常需要进行估计。本质上，估计是主观行为，而且可能在资产负债表日后才作出。当追溯调整会计政策变更或者追溯重述前期差错更正时，要作出切实可行的估计更加困难，因为有关交易或者事项已经发生较长一段时间，要获得作出切实可行的估计所需要的相关信息往往比较困难。

■ 二、会计政策变更的披露

企业应当在附注中披露与会计政策变更有关的下列信息：

（1）会计政策变更的性质、内容和原因。包括：对会计政策变更的简要阐述；变更的日期；变更前采用的会计政策；变更后所采用的新会计政策；会计政策变更的原因。

（2）当期和各个列报前期财务报表中受影响的项目名称和调整金额。包括：采用追溯调整法时计算出的会计政策变更的累积影响数；当期和各个列报前期财务报表中需要调整的净损益及其影响金额；其他需要调整的项目名称和调整金额。

（3）无法进行追溯调整的，说明该事实和原因以及开始应用变更后的会计政策的时点、具体应用情况。包括：无法进行追溯调整的事实；确定会计政策变更对列报前期影响数不切实可行的原因；在当期期初确定会计政策变更对以前各期累积影响数不切实可行的原因；开始应用新会计政策的时点和具体应用情况。

需注意的是，在以后期间的财务报表中，不需要重复披露在以前期间的附注中已披露的会计政策变更的信息。

第三节　会计估计变更的会计处理及披露

一、会计估计变更的会计处理

企业对会计估计变更应当采用未来适用法处理。即在会计估计变更当期及以后期间采用新的会计估计，不改变以前期间的会计估计，也不调整以前期间的报告结果。其具体处理方法为：

（1）会计估计变更仅影响变更当期的，其影响数应当在变更当期予以确认。

（2）会计估计变更既影响变更当期又影响未来期间的，其影响数应当在变更当期和未来期间予以确认。例如，某企业 2007 年 12 月购买的固定资产，当时估计使用寿命为 10 年。2011 年年初由于新技术的发展等原因，需要对原预计使用寿命做出修正，修改后的预计使用寿命为 6 年，即还能再使用 3 年。则这个变更不仅对 2011 年有影响，对以后期间 2012 年、2013 年也有影响。

会计估计变更的影响数应计入变更当期与前期相同的项目中。为了保证不同期间的财务报表具有可比性，会计估计变更的影响如果以前包括在企业日常经营活动的损益中，则以后也应包括在相应的损益类项目中；如果会计估计变更的影响数以前包括在特殊项目中，则以后也相应作为特殊项目反映。

【例 8-2】甲公司 2×16 年 12 月购入一台管理用电子设备，原价为 530 000 元，预计使用年限 5 年，预计净残值 30 000 元。购入时企业采用直线法计提折旧。2×18 年 1 月 1 日起，由于新技术的发展等原因，需要对原预计使用寿命和净残值做出修正，净残值由 30 000 元改为 10 000 元，折旧年限由 5 年改为 4 年。假定税法允许按变更后的折旧额在税前扣除。

甲公司对上述会计估计变更的会计处理如下：

（1）不调整以前各期折旧，也不计算累积影响数。

（2）变更日以后发生的经济业务改按新估计使用寿命和新预计净残值提取折旧。2×17 年（会计估计变更前）的折旧额＝(530 000－30 000)÷5＝100 000（元）；2×18 年（会计估计变更后）的折旧额＝(530 000－100 000－10 000)÷3＝140 000 元。2×18 年不必对以前年度已提折旧进行调整，只需按重新预计的尚可使用寿命和净残值计算确定年折旧费用，编制会计分录如下：

借：管理费用　　140 000

　贷：累计折旧　　140 000

（3）会计估计变更对净利润的影响数＝(100 000－140 000)×(1－25%)＝－30 000（元），即由于会计估计变更，使 2×18 年净利润减少了 30 000 元。

二、会计估计变更的披露

企业应当在附注中披露与会计估计变更有关的下列信息：

(1) 会计估计变更的内容和原因。包括变更的内容、变更日期以及会计估计变更的原因。

(2) 会计估计变更对当期和未来期间的影响数。包括会计估计变更对当期和未来期间损益的影响金额，以及对其他各项目的影响金额。

(3) 会计估计变更的影响数不能确定的，披露这一事实和原因。

第四节 前期差错更正的会计处理及披露

一、前期差错更正的会计处理

重要的前期差错是指足以影响财务报表使用者对企业财务状况、经营成果和现金流量作出正确判断的前期差错。不重要的前期差错是指不足以影响财务报告使用者对企业财务状况、经营成果和现金流量作出正确判断的会计差错。

前期差错的重要性取决于在相关环境下对遗漏或错误表述的规模和性质的判断。前期差错所影响的财务报表项目的金额或性质，是判断该前期差错是否具有重要性的决定性因素。一般来说，前期差错所影响的财务报表项目的金额越大、性质越严重，其重要性水平越高。

企业应当采用追溯重述法更正重要的前期差错，但确定前期差错累积影响数不切实可行的除外。追溯重述法是指在发现前期差错时，视同该项前期差错从未发生过，从而对财务报表相关项目进行更正的方法。

（一）不重要的前期差错的处理

对于不重要的前期差错，企业无须调整财务报表相关项目的期初数，但应调整发现当期与前期相同的相关项目。属于影响损益的，应直接计入本期与上期相同的净损益项目；属于不影响损益的，应调整本期与前期相同的相关项目。

【例 8-3】甲公司在 2×16 年 12 月 31 日发现一台价值 9 600 元、应计入固定资产并于 2×15 年 2 月 1 日开始计提折旧的管理用设备，在 2×15 年计入了当期费用。该公司固定资产折旧采用直线法，该资产估计使用年限为 4 年，假设不考虑净残值因素。甲公司在 2×16 年 12 月 31 日更正此差错的会计分录为：

借：固定资产	9 600	
贷：管理费用		5 000
累计折旧		4 600

假设该项差错直至 2×19 年 2 月后才发现，则不需要做任何分录，因为该项差错已经抵销了。

（二）重要的前期差错的处理

对于重要的前期差错，企业应当在重要的前期差错发现当期的财务报表中，通过下述处理对其进行追溯更正：追溯重述差错发生期间列报的前期比较金额；如果前期差错发生在列报的最早前期之前，则追溯重述列报的最早前期的资产、负债和所有者权益相关项目的期初余额。具体而言：

(1) 发生的重要前期差错如影响损益，应将其对损益的影响数调整发现当期的期初留存收益，财务报表其他相关项目的期初数也应一并调整；如不影响损益，应调整财务报表相关项目的期初数。

(2) 在编制比较财务报表时，对于比较财务报表期间的重要的前期差错，应调整各该期间的净损益和其他相关项目，视同该差错在产生的当期已经更正；对于比较财务报表期间以前的重要的前期差错，应调整比较财务报表最早期间的期初留存收益，财务报表其他相关项目的数字也应一并调整。例如，2×17 年 12 月发现 2×16 年一项固定资产少提折旧 500 万元，则在编制 2×17 年年报时，调整 2×17 年利润表中作为比较基础的 2×16 年利润表中的相关数据；调整 2×17 年资产负债表的年初数。

确定前期差错影响数不切实可行的，可以从可追溯重述的最早期间开始调整留存收益的期初余额，财务报表其他相关项目的期初余额也应当一并调整，也可以采用未来适用法。比如，2×17 年 4 月发现的 2×13 年的差错，无法确定对 2×14 年之前的影响数额，则从可追溯重述的最早期间 2×15 年开始调整留存收益的期初余额；如果无法追溯重述，则可以采用未来适用法。

为了保证经营活动的正常进行，企业应当建立健全内部稽核制度，保证会计数据的真实、完整。但是，在日常会计核算中也可能由于各种原因造成会计差错，如抄写差错、对事实的疏忽和误解以及对会计政策的误用。企业发现会计差错时，应当根据差错的性质及时纠正。对于当期发现的、属于当期的会计差错，应调整本期相关项目。例如，企业将本年度在建工程人员的工资计入了管理费用，则应将计入管理费用的在建工程人员工资调整计入工程成本。

对于年度资产负债表日至财务报告批准报出日之间发现的报告年度及以前年度的差错，应按照《企业会计准则第 29 号——资产负债表日后事项》的规定进行处理。

【例 8-4】 甲公司 2×16 年发现 2×15 年一项管理用固定资产漏提折旧 2 000 000 元，属于重要的前期差错。所得税申报表中未扣除该项折旧费用。甲公司适用的所得税税率为 25%，无其他纳税调整事项。

(1) 分析前期差错的影响数。

2×15 年少计折旧费用 2 000 000 元；多计所得税费用 500 000(2 000 000×25%) 元；多计净利润 1 500 000 元；多计应交税费 500 000 元；多提盈余公积 150 000 元。假定税法允许调整应交所得税。

(2) 编制有关项目的调整分录。

1) 补提折旧：

借：以前年度损益调整	2 000 000	
贷：累计折旧		2 000 000

2) 调整应交所得税：

借：应交税费——应交所得税　500 000

　贷：以前年度损益调整　500 000

3）将"以前年度损益调整"科目余额转入利润分配：

借：利润分配——未分配利润　1 500 000

　贷：以前年度损益调整　1 500 000

4）调整利润分配有关数字：

借：盈余公积　150 000

　贷：利润分配——未分配利润　150 000

（3）财务报表调整与重述。

财务报表略。甲公司在列报 2×16 年财务报表时，应调整 2×16 年资产负债表有关项目的年初余额、利润表有关项目及所有者权益变动表的上年金额。

1）资产负债表项目的调整：调增累计折旧 2 000 000 元；调减应交税费 500 000 元；调减盈余公积 150 000 元；调减未分配利润 1 350 000 元。

2）利润表项目的调整：调增管理费用上年金额 2 000 000 元；调减所得税费用上年金额 500 000 元；调减净利润上年金额 1 500 000 元。

3）所有者权益变动表项目的调整：调减前期差错更正项目中盈余公积上年金额 150 000 元，未分配利润上年金额 1 350 000 元，所有者权益合计上年金额 1 500 000 元。

■ 二、前期差错更正所得税的会计处理

（一）应交所得税的调整

应交所得税的调整按税法规定执行。具体来说，当会计制度和税法对涉及的损益类调整事项处理的口径相同时，则应考虑应交所得税和所得税费用的调整；当会计制度和税法对涉及的损益类调整事项处理的口径不同时，则不应考虑应交所得税的调整。

（二）递延所得税资产和递延所得税负债的调整

若调整事项涉及暂时性差异，则应调整递延所得税资产或递延所得税负债。

【例 8-5】甲公司为增值税一般纳税企业。所得税采用资产负债表债务法核算，适用的所得税税率为 25%，按净利润的 10%提取法定盈余公积。2×16 年 5 月 20 日，甲公司发现在 2×15 年 12 月 31 日计算 A 库存产品的可变现净值时发生差错，该库存产品的成本为 1 000 万元，预计可变现净值应为 700 万元，2×15 年 12 月 31 日甲公司误将 A 库存产品的可变现净值预计为 900 万元。

甲公司的账务处理如下：

借：以前年度损益调整　2 000 000

　贷：存货跌价准备　2 000 000

借：递延所得税资产　500 000

　贷：以前年度损益调整　500 000

借：利润分配——未分配利润　1 500 000

　贷：以前年度损益调整　1 500 000

借：盈余公积　150 000

　贷：利润分配——未分配利润　150 000

三、前期差错更正的披露

企业应当在附注中披露与前期差错更正有关的下列信息：

（1）前期差错的性质。

（2）各个列报前期财务报表中受影响的项目名称和更正金额。

（3）无法进行追溯重述的，说明该事实和原因以及对前期差错开始进行更正的时点、具体更正情况。在以后期间的财务报表中，不需要重复披露在以前期间的附注中已披露的前期差错更正的信息。

关键概念

会计政策　会计政策变更　会计估计　会计估计变更　前期差错　追溯调整法
会计政策变更累积影响数　未来适用法

思考题

1. 简述追溯调整法的处理程序。
2. 会计政策变更和会计估计变更有何主要区别？
3. 如何对前期差错进行更正？

第九章 资产负债表日后事项

第一节 资产负债表日后事项概述

一、资产负债表日后事项的定义

资产负债表日后事项是指资产负债表日至财务报告批准报出日之间发生的有利或不利事项。理解这一定义，需要注意下述几个方面。

（一）资产负债表日

资产负债表日是指会计年度末和会计中期期末。其中，年度资产负债表日是指公历12月31日；中期是指短于一个完整的会计年度的报告期间，包括半年度、季度和月度，会计中期期末相应地是指公历半年末、季末和月末，例如，提供第一季度财务报告时，资产负债表日是指该年度的3月31日；提供半年度财务报告时，资产负债表日是该年度的6月30日。

如果母公司或者子公司在国外，无论该母公司或子公司如何确定会计年度和会计中期，其向国内提供的财务报告都应根据我国《会计法》和会计准则的要求确定资产负债表日。

（二）财务报告批准报出日

财务报告批准报出日是指董事会或类似机构批准财务报告报出的日期。通常是指对财务报告的内容负有法律责任的单位或个人批准财务报告对外公布的日期。

财务报告的批准者包括所有者、所有者中的多数、董事会或类似的管理单位、部门和个人。公司制企业的董事会有权批准对外公布财务报告，因此，公司制企业财务报告批准报出日是指董事会批准财务报告报出的日期。对于非公司制企业，财务报告批准报出日是指经理（厂长）会议或类似机构批准财务报告报出的日期。

（三）有利事项或不利事项

资产负债表日后事项包括有利或不利事项。“有利或不利事项”的含义是，资产负债表日后事项肯定对企业财务状况和经营成果具有一定影响（既包括有利影响也包括不利影响）。如果某些事项的发生对企业并无任何影响，那么，这些事项既不是有利事项，也不是不利事项，就不属于准则所称的资产负债表日后事项。

二、资产负债表日后事项涵盖的期间

资产负债表日后事项涵盖的期间是自资产负债表日次日起至财务报告批准报出日止的一段时间。具体是指：报告年度次年的1月1日或报告期下一期间的第一天至董事会或类似机构批准财务报告对外公布的日期。财务报告批准报出以后、实际报出之前又发生与资产负债表日后事项有关的事项，并由此影响财务报告对外公布日期的，应以董事会或类似机构再次批准财务报告对外公布的日期为截止日期。

【例9-1】甲上市公司2×16年的年度财务报告于2×17年3月10日编制完成，注册会计师完成年度审计工作并签署审计报告的日期为2×17年3月20日，2×17年3月25日董事会批准财务报告对外公布，财务报告实际对外公布的日期为2×17年3月30日，股东大会召开日期为2×17年4月20日。

本例中，甲公司2×16年年报的资产负债表日后事项涵盖的期间为2×17年1月1日至2×16年3月25日。如果在3月25日至30日之间发生了重大事项，需要调整财务报表相关项目的数字或需要在财务报表附注中披露；经调整或说明后的财务报告再经董事会批准报出的日期为2×17年3月28日，实际报出的日期为2×17年4月2日，则资产负债表日后事项涵盖的期间为2×17年1月1日至2×17年3月28日。

三、资产负债表日后事项的内容

资产负债表日后事项包括资产负债表日后调整事项（以下简称“调整事项”）和资产负债表日后非调整事项（以下简称“非调整事项”）两类。

（一）调整事项

资产负债表日后调整事项是指对资产负债表日已经存在的情况提供了新的或进一步证据的事项。

如果资产负债表日及所属会计期间已经存在某种情况，但当时并不知道其存在或者不能知道确切结果，资产负债表日后发生的事项能够证实该情况的存在或者确切结果，则该事项属于资产负债表日后事项中的调整事项。调整事项能对资产负债表日的存在情况提供追加的证据，并会影响编制财务报表过程中的内在估计。

企业在生产经营中可能存在一些不确定的因素，会计人员只能根据专业知识作出估计和判断，如果资产负债表日后事项对资产负债表日的情况提供了进一步的证据，证据表明的情况与原来的估计和判断不完全一致，则需要对原来的会计处理进行调整。

企业发生的资产负债表日后调整事项，通常包括下列各项：

(1) 资产负债表日后诉讼案件结案，法院判决证实了企业在资产负债表日已经存在现时义务，需要调整原先确认的与该诉讼案件相关的预计负债，或确认一项新负债。

(2) 资产负债表日后取得确凿证据，表明某项资产在资产负债表日发生了减值或者需要调整该项资产原先确认的减值金额。

(3) 资产负债表日后进一步确定了资产负债表日前购入资产的成本或售出资产的收入。

(4) 资产负债表日后发现了财务报表舞弊或差错。

【例 9-2】 2×16 年 4 月甲公司销售给乙公司一批产品，货款为 100 万元（含增值税），乙公司于 5 月份收到所购物资并验收入库，按合同规定，乙公司应于收到所购物资后一个月内付款。由于乙公司财务状况不佳，到 2×16 年 12 月 31 日仍未付款。甲公司于 12 月 31 日编制 2×16 年度财务报表时，已为该项应收账款提取坏账准备 10 万元；12 月 31 日资产负债表上“应收账款”项目的金额为 500 万元，其中 90 万元为该项应收账款。甲公司于 2×17 年 2 月 2 日收到法院通知，乙公司已宣告破产清算，无力偿还所欠部分货款。甲公司预计可收回应收账款的 40%。

本例中，甲公司在年度资产负债表日根据乙公司的财务状况不佳的情况，对应收乙公司 100 万元账款计提了 10 万元的坏账准备；在资产负债表日后至财务报告批准报出日之间取得新的证据表明，估计其应收乙公司的 100 万元账款只能回收 40%。根据资产负债表日后事项的判断标准，该事项属于资产负债表日后调整事项。

（二）非调整事项

资产负债表日后非调整事项是指表明资产负债表日后发生的情况的事项。非调整事项的发生不影响资产负债表日企业的财务报表数字，只说明资产负债表日后发生了某些情况。对于财务报告使用者来说，非调整事项说明的情况有的重要，有的不重要。其中重要的非调整事项虽然与资产负债表日的财务报表数字无关，但可能影响资产负债表日以后的财务状况和经营成果，如不加以说明将会影响财务报告使用者作出正确估计和决策，因此，按准则规定应适当披露。

企业发生的资产负债表日后非调整事项，通常包括下列各项：

(1) 资产负债表日后发生重大诉讼、仲裁、承诺。

(2) 资产负债表日后资产价格、税收政策、外汇汇率发生重大变化。

(3) 资产负债表日后因自然灾害导致资产发生重大损失。

(4) 资产负债表日后发行股票和债券以及其他巨额举债。

(5) 资产负债表日后资本公积转增资本。

(6) 资产负债表日后发生巨额亏损。

(7) 资产负债表日后发生企业合并或处置子公司。

【例 9-3】 甲公司 2×16 年度的财务报告于 2×17 年 3 月 20 日批准报出。2×17 年 1 月 20 日，甲公司发生火灾，资产损失惨重。

本例中，甲公司发生火灾导致资产发生惨重损失的事实在资产负债表日并不存在，为资产负债表日后发生的情况的事项，属于非调整事项。因该事项属于重要事项，按会计准则规定应适当披露。

（三）调整事项与非调整事项的区别

如何确定资产负债表日后发生的某一事项是调整事项还是非调整事项，是运用资产负债表日后事项准则的关键。某一事项究竟是调整事项还是非调整事项，取决于该事项表明的情况在资产负债表日或资产负债表日以前是否已经存在。若该情况在资产负债表日或之前已经存在，则属于调整事项；反之，则属于非调整事项。

【例 9-4】债务人乙公司财务情况恶化导致债权人甲公司发生坏账损失。有这样两种情况：(1) 2×16 年 12 月 31 日乙公司财务状况良好，甲公司预计应收账款可按时收回；乙公司一周后发生重大火灾，导致甲公司 60%的应收账款无法收回。(2) 2×16 年 12 月 31 日甲公司根据掌握的资料判断，乙公司有可能破产清算，甲公司估计对乙公司的应收账款将有 10%无法收回，故按 10%的比例计提坏账准备；一周后甲公司接到通知，乙公司已被宣告破产清算，甲公司估计有 80%的债权无法收回。

本例中，第 (1) 种情况导致甲公司 2×16 年度应收账款损失的因素是火灾，应收账款发生损失这一事实在资产负债表日以后才发生，因此乙公司发生火灾导致甲公司应收款项发生坏账的事项属于非调整事项；第 (2) 种情况导致甲公司 2×16 年度应收账款无法收回的事实是乙公司财务状况恶化，该事实在资产负债表日已经存在，乙公司被宣告破产只是证实了资产负债表日财务状况恶化的情况，因此该事项属于调整事项。

（四）表明持续经营假设不再适用的事项

资产负债表日后事项表明持续经营假设不再适用的，企业不应当在持续经营基础上编制财务报表。即企业不得在原有基础上调整财务报表金额，也不得仅仅在财务报表附注中做出说明。资产负债表日后事项准则在总则部分单独列出一个条款，对该事项做出规定，既明确了企业在发生该种事项情况下的处理要求，同时也表明准则对调整事项、非调整事项处理方法的规定主要适用于符合持续经营假设的企业。

在理解资产负债表日后事项的会计处理时，还需要明确以下两个问题：

第一，如何确定资产负债表日后某一事项是调整事项还是非调整事项，是对资产负债表日后事项进行会计处理的关键。调整和非调整事项是一个广泛的概念，就事项本身而言，可以有各种各样的性质，只要符合企业会计准则中对这两类事项的判断原则即可。另外，同一性质的事项可能是调整事项，也可能是非调整事项，这取决于该事项表明的情况是在资产负债表日或资产负债表日以前已经存在或发生，还是在资产负债表日后才发生的。

第二，企业会计准则以列举的方式说明了资产负债表日后事项中哪些属于调整事项，哪些属于非调整事项，但并没有列举详尽。会计实务中，会计人员应按照资产负债表日后事项的判断原则，确定资产负债表日后事项中哪些属于调整事项，哪些属于非调整事项。

在估计存货可变现净值时，如果涉及资产负债表日后事项，在有确凿证据表明资产负债表日后事项对资产负债表日存货已经存在的情况提供了新的或进一步的证据，应当作为资产负债表日后调整事项处理；否则，应当作为资产负债表日后非调整事项处理。

第二节 资产负债表日后调整事项的会计处理

一、资产负债表日后调整事项的处理原则

企业发生资产负债表日后调整事项，应当调整资产负债表日已编制的财务报表。对于年度财务报告而言，由于资产负债表日后事项发生在报告年度的次年，报告年度的有关账目已经结转，特别是损益类科目在结账后已无余额。因此，年度资产负债表日后发生的调整事项，应分别按以下情况进行处理：

（1）涉及损益的事项，通过“以前年度损益调整”科目核算。调整完成后，将“以前年度损益调整”科目的余额转入“利润分配——未分配利润”科目。

（2）涉及利润分配调整的事项，直接在“利润分配——未分配利润”科目中核算。

（3）不涉及损益以及利润分配的事项，调整相关科目。

（4）通过上述账务处理后，还应同时调整财务报表相关项目的数字，包括：资产负债表日编制的财务报表相关项目的期末数或本年发生数；当期编制的财务报表相关项目的期初数或上年数；经过上述调整后，如果涉及报表附注内容的，还应当调整报表附注相关项目的数字。

二、资产负债表日后调整事项的具体会计处理

为简化处理，如未作专门说明，本章所有例子均假定如下：财务报告批准报出日是次年3月31日，所得税税率为25%，按净利润的10%提取法定盈余公积，提取法定盈余公积后不再作其他分配；调整事项按税法规定可计入报告年度应纳税所得额的事项，均应调整应缴纳的所得税；涉及递延所得税资产的，均假定未来期间很可能取得用来抵扣暂时性差异的应纳税所得额。

事项一 资产负债表日后诉讼案件结案，法院判决证实了企业在资产负债表日已经存在现时义务，需要调整原先确认的与该诉讼案件相关的预计负债，或确认一项新负债。

这一事项是指导致诉讼的事项在资产负债表日已经发生，但尚不具备确认负债的条件而未确认，因此法院判决后应确认一项新负债；或者虽已确认，但需要调整已确认负债的金额。

【例9-5】甲公司因合同违约，于2×16年12月被乙公司告上法庭，要求甲公司赔偿120万元。2×16年12月31日法院尚未判决，甲公司按或有事项准则对该诉讼事项确认预计负债90万元。2×17年3月5日，经法院判决甲公司应赔偿乙公司100万元。甲公司和乙公司双方均服从判决。判决当日，甲公司向乙公司支付赔偿款100万元。甲、乙两公司2×16年所得税汇算清缴在2×17年4月30日完成（假定因合同违约产生的预计负债在实际支付时可税前扣除）。

本例中，2×17年3月5日的判决证实了甲、乙两公司在资产负债表日（即2×16年12月31日）分别存在现时赔偿义务和获赔权利，因此两公司都应将“法院判决”这一事项作为调整事项进行处理。

（1）甲公司的账务处理。

1）2×17年3月5日，记录支付的赔款，并调整递延所得税资产：

借：预计负债　900 000

　贷：其他应付款　900 000

借：以前年度损益调整　100 000

　贷：其他应付款　100 000

借：应交税费——应交所得税　250 000

　贷：以前年度损益调整　250 000（1 000 000×25%）

借：以前年度损益调整　225 000（900 000×25%）

　贷：递延所得税资产　225 000

借：其他应付款　1 000 000

　贷：银行存款　1 000 000

需注意的是，资产负债表日后事项如果涉及货币资金收支项目，均不调整报告年度资产负债表的货币资金项目和现金流量表各项目的数字。本例中，虽然当日已经支付了赔偿款，但在调整财务报表相关数字时，只需调整上述前四笔分录，第五笔分录应作为2×17年的会计事项处理。2×16年末因确认预计负债90万元时已确认相应的递延所得税资产，日后事项发生后递延所得税资产不复存在，故应冲销相应记录。

2）将“以前年度损益调整”科目余额转入未分配利润：

借：利润分配——未分配利润　75 000

　贷：以前年度损益调整　75 000

3）因净利润变动，调整盈余公积：

借：盈余公积　7 500（75 000×10%）

　贷：利润分配——未分配利润　7 500

4）调整报告年度报表。

a. 资产负债表项目的调整：调减递延所得税资产22.5万元；调增其他应付款100万元；调减应交税费25万元；调减预计负债90万元；调减盈余公积0.75万元；调减未分配利润6.75万元。

b. 利润表和所有者权益变动表项目的调整：调增营业外支出10万元；调减所得税费用2.5万元；调减提取法定盈余公积0.75万元。

（2）乙公司的账务处理。

1）2×17年3月5日，记录收到的赔款，并调整应交所得税：

借：其他应收款　1 000 000

　贷：以前年度损益调整　1 000 000

借：以前年度损益调整　250 000（1 000 000×25%）

　贷：应交税费——应交所得税　250 000

借：银行存款　1 000 000

贷：其他应收款　　1 000 000

需注意的是，在调整财务报表相关数字时，只需调整上述前两笔分录，第三笔分录应作为 2×17 年的会计事项处理。

2）将“以前年度损益调整”科目余额转入未分配利润：

借：以前年度损益调整　　750 000

贷：利润分配——未分配利润　　750 000

3）因净利润增加，补提盈余公积：

借：利润分配——未分配利润　　75 000

贷：盈余公积　　75 000（750 000×10%）

4）调整报告年度报表。

a. 资产负债表项目的调整：调增其他应收款 100 万元；调增应交税费 25 万元；调增盈余公积 7.5 万元；调增未分配利润 67.5 万元。

b. 利润表和所有者权益变动表项目的调整：调增营业外收入 100 万元；调增所得税费用 25 万元；调增提取法定盈余公积 7.5 万元。

【例 9-6】 2×17 年 3 月 10 日，法院对丙公司起诉甲公司合同违约一案作出判决，要求甲公司赔偿丙公司 200 万元。甲公司不服判决，向二审法院提起上诉。甲公司的律师认为，二审法院很可能维持一审判决。该诉讼为甲公司因合同违约于 2×16 年 12 月 5 日被丙公司起诉至法院的诉讼事项。2×16 年 12 月 31 日，法院尚未作出判决。经咨询律师后，甲公司认为该诉讼很可能败诉，2×16 年 12 月 31 日确认预计负债 140 万元。

甲公司的账务处理如下：

(1) 2×17 年 3 月 10 日，调整预计负债并调整递延所得税资产：

借：以前年度损益调整　　600 000

贷：预计负债　　600 000

借：递延所得税资产　　150 000

贷：以前年度损益调整　　150 000（600 000×25%）

(2) 将“以前年度损益调整”科目余额转入未分配利润：

借：利润分配——未分配利润　　450 000

贷：以前年度损益调整　　450 000

(3) 因净利润变动，调整盈余公积：

借：盈余公积　　45 000（450 000×10%）

贷：利润分配——未分配利润　　45 000

(4) 调整报告年度报表。

1）资产负债表项目的调整：调增递延所得税资产 15 万元；调增预计负债 60 万元；调减盈余公积 4.5 万元；调减未分配利润 40.5 万元。

2）利润表和所有者权益变动表项目的调整：调增营业外支出 60 万元；调减所得税费用 15 万元；调减提取法定盈余公积 4.5 万元。

事项二　资产负债表日后取得确凿证据，表明某项资产在资产负债表日发生了减值或者需要调整该项资产原先确认的减值金额。

【例 9-7】 甲公司 2×16 年 4 月销售给乙企业一批产品，价款为 580 万元（含应向购货方收取的增值税额)，乙企业于5月份收到所购物资并验收入库。按合同规定乙企业应于收到所购物资后一个月内付款。由于乙企业财务状况不佳，到2×16年12月31日仍未付款。甲公司于12月31日编制2×16年度会计报表时，根据乙企业财务状况估计该应收账款应提坏账准备为应收金额的10%，并计提了58万元的坏账准备，12月31日资产负债表上“应收账款”项目的余额为760万元；该项应收账款已按522万元列入资产负债表“应收账款”项目内。甲公司于2×17年3月2日收到乙企业通知，乙企业已进行破产清算，无力偿还所欠部分账款，预计甲公司可收回应收账款的40%。按照税法规定，如有证据表明资产已发生永久或实质性损害时，才允许从应纳税所得额中扣除相关的损失，但经税务部门批准在应收账款余额5‰的范围内计提的坏账准备可以在税前扣除，甲公司已经税务部门批准按应收账款5‰计提的坏账准备允许在税前扣除，本年度除应收乙企业账款计提的坏账准备外，无其他纳税调整事项。甲公司于2×17年4月30日完成2×16年所得税汇算清缴。

分析及会计处理如下：

(1) 甲公司2×16年度编制财务报告时，在年度资产负债表日根据乙企业的财务状况不佳的情况，对应收乙企业580万元账款计提了10%的坏账准备计58万元；在资产负债表日后至财务报告批准报出日之间收到新的证据表明，估计其应收乙企业的580万元账款只能收回40%。根据资产负债表日后两类事项的判断标准，判断上述事项属于资产负债表日后调整事项。

(2) 甲公司原对乙企业应收账款计提的坏账准备为58万元，按新的证据估计应计提的坏账准备为348(580×60%)万元，差额290万元应当调整2×16年度会计报表相关项目的数字，包括应收账款项目、资产减值损失项目，以及由此影响的所有者权益、净利润等项目的金额。

(3) 甲公司所得税采用资产负债表债务法核算，经税务部门批准按应收账款余额5‰计提的坏账准备可以在税前扣除，按调整事项计算而补提的290万元坏账准备不能在税前扣除，这部分预计可从以后年度应纳税所得额中扣除的坏账损失的所得税影响金额应确认为递延所得税资产。

(4) 账务处理。

1) 补提坏账准备：

应补提的坏账准备＝580×60%－58＝290(万元)

借：以前年度损益调整——资产减值损失　　2 900 000
　贷：坏账准备　　2 900 000

2) 确认递延所得税资产：

借：递延所得税资产　　725 000 (2 900 000×25%)
　贷：以前年度损益调整——调整所得税　　725 000

3) 将“以前年度损益调整”科目的余额转入利润分配：

借：利润分配——未分配利润　　2 175 000
　贷：以前年度损益调整　　2 175 000 (2 900 000－725 000)

4) 因净利润变动，调整盈余公积：

借：盈余公积　　217 500

　　贷：利润分配——未分配利润　　217 500（2 175 000×10%）

5）调整报告年度会计报表相关项目的数字。

a. 资产负债表项目的调整：调减应收账款 290 万元；调增递延所得税资产 72.5 万元；调减盈余公积 21.75 万元；调减未分配利润 195.75 万元。

b. 利润表及所有者权益变动表项目的调整：调增资产减值损失 290 万元；调减所得税费用 72.5 万元；调减提取法定盈余公积 21.75 万元。

事项三　资产负债表日后进一步确定了资产负债表日前购入资产的成本或售出资产的收入。

这类调整事项包括两方面的内容：其一，若资产负债表日前购入的资产已经按暂估金额等入账，资产负债表日后获得证据，可以进一步确定该资产的成本，则应该对已入账的资产成本进行调整。其二，企业在资产负债表日已根据收入确认条件确认资产销售收入，但资产负债表日后获得关于资产收入的进一步证据，如发生销售退回等，此时也应调整财务报表相关项目的金额。需说明的是，资产负债表日后发生的销售退回，既包括报告年度或报告中期销售的商品在资产负债表日后发生的销售退回，也包括以前期间销售的商品在资产负债表日后发生的销售退回。

资产负债表所属期间或以前期间所售商品在资产负债表日后退回的，应作为资产负债表日后调整事项处理。发生于资产负债表日后至财务报告批准报出日之间的销售退回事项，可能发生于年度所得税汇算清缴之前，也可能发生于年度所得税汇算清缴之后，其会计处理分别为：

（1）涉及报告年度所属期间的销售退回发生于报告年度所得税汇算清缴之前，应调整报告年度利润表的收入、成本等，并相应调整报告年度的应纳税所得额以及报告年度应缴纳的所得税等。

【例 9-8】甲公司 2×16 年 11 月销售给丙公司一批产品，销售价格 250 万元（不含应向购买方收取的增值税额），销售成本 200 万元，货款于 12 月 31 日尚未收到。2×16 年 12 月 25 日接到丙公司通知，丙公司在验收物资时，发现该批产品存在严重的质量问题需要退货。甲公司希望通过协商解决问题，并与丙公司协商解决办法。甲公司在编制 2×16 年度资产负债表时，将该应收账款 292.5 万元（包括向购买方收取的增值税额）列示于资产负债表的“应收账款”项目内，甲公司按应收账款年末余额的 5%计提坏账准备。2×17 年 1 月 10 日双方协商未成，甲公司收到丙公司通知，该批产品已经全部退回。甲公司于 2×17 年 1 月 15 日收到退回的产品，以及购货方退回的增值税专用发票的发票联和税款抵扣联（假如该商品增值税率为 17%，甲公司为增值税一般纳税人，不考虑其他税费因素）。甲公司已经税务部门批准在应收款项余额 5‰的范围内计提的坏账准备可以在税前扣除，除应收丙公司账款计提的坏账准备外，无其他纳税调整事项。甲公司所得税采用资产负债表债务法核算，假定 2×17 年 2 月 15 日完成了 2×16 年所得税汇算清缴。

分析及会计处理如下：

（1）甲公司于 2×16 年 11 月销售给丙公司的产品于 2×17 年 1 月 15 日退回，甲公司所售产品发生质量问题虽已于 2×16 年 12 月 25 日得到通知，且已知客户要求退货，甲公司认为通过协商能够予以解决，因此，将应收丙公司的账款纳入了 2×16 年度的资产负债表应收账款项目，并计提了5%的坏账准备。此事项属于资产负债表日所属期间的所销售商品的退回，应当作为资产负债表日后调整事项处理，调整2×16年度资产负债表相关项目的年末数和利润表相关项目的发生数。

(2) 因甲公司在编制2×16年度会计报表时，已将该销售退回商品实现的收入、成本、应收账款等纳入了会计报表相关项目，因此，应当相应调整相关收入、成本、应收账款，以及所计提的坏账准备等。

(3) 甲公司2×16年度的所得税汇算清缴于2×17年2月15日完成，该销售商品退回发生于所得税汇算清缴之前，因此，在所得税汇算清缴时已从应纳税所得额中扣除了该部分销售退回所实现的应纳税所得额；该销售退回经调整会计报表相关收入、成本等项目的金额后的相关收入、成本以及收益也未包括在利润总额中，因此，在不存在其他纳税调整事项的情况下，甲公司按照所得税汇算清缴所计算的应交所得税作为当期的所得税费用。

(4) 账务处理。

1) 调整销售收入：

借：以前年度损益调整　2 500 000

　　应交税费——应交增值税（销项税额）　425 000（2 500 000×17%）

　贷：应收账款　2 925 000

2) 调整坏账准备余额：

借：坏账准备　146 250（2 925 000×5%）

　贷：以前年度损益调整　146 250

3) 调整销售成本：

借：库存商品　2 000 000

　贷：以前年度损益调整　2 000 000

4) 调整应交所得税：

借：应交税费——应交所得税　121 343.75

　贷：以前年度损益调整　121 343.75

[(2 500 000－2 000 000－2 925 000×5‰)×25%]

5) 调整原已确认的递延所得税资产：

借：以前年度损益调整　32 906.25

　贷：递延所得税资产　32 906.25 [(146 250－14 625)×25%]

6) 将“以前年度损益调整”科目余额转入利润分配：

借：利润分配——未分配利润　265 312.5

　贷：以前年度损益调整　265 312.5

(2 500 000－2 000 000－146 250－121 343.75＋32 906.25)

7) 调整利润分配有关数字：

借：盈余公积　26 531.25

　贷：利润分配——未分配利润　26 531.25（265 312.5×10%）

8) 调整报告年度会计报表相关项目的数字。

a. 资产负债表项目的调整：调减应收账款277.875万元；调增存货200万元；调减

递延所得税资产 3.290 625 万元；调减应交税费 54.634 375 万元；调减盈余公积 2.653 125 万元；调减未分配利润 23.878 125 万元。

b. 利润表及所有者权益变动表项目的调整：调减营业收入 250 万元；调减营业成本 200 万元；调减资产减值损失 14.625 万元；调减所得税费用 8.843 75（12.134 375－3.290 625）万元；调减提取法定盈余公积 2.653 125 万元。

（2）涉及报告年度所属期间的销售退回发生于报告年度所得税汇算清缴之后，但在报告年度财务报告批准报出日之前，按照规定，虽然销售退回发生于报告年度所得税汇算清缴之后，但由于报告年度财务报告尚未批准报出，仍然属于资产负债表日后事项，其销售退回仍应作为调整事项进行处理，并调整报告年度会计报表相关的收入、成本等。按照税法规定在此期间销售退回所涉及的应交所得税的调整作为本年度的纳税调整事项。

【例 9－9】甲公司 2×16 年 11 月销售给丙公司一批产品，销售价格 250 万元（不含应向购买方收取的增值税额），销售成本 200 万元，货款于当年 12 月 31 日尚未收到。2×16 年 12 月 25 日接到丙公司通知，丙公司在验收物资时，发现该批产品存在严重的质量问题需要退货。甲公司希望通过协商解决问题，并与丙公司协商解决办法。甲公司在编制 2×16 年度资产负债表时，将该应收账款 292.5 万元（包括向购买方收取的增值税额）列示于资产负债表的“应收账款”项目内，公司按应收账款年末余额的 5%计提坏账准备。2×17 年 3 月 10 日双方协商未成，甲公司收到丙公司通知，该批产品已经全部退回。甲公司于 2×17 年 3 月 15 日收到退回的产品，以及购货方退回的增值税专用发票的发票联和税款抵扣联（假如该商品增值税率为 17%，甲公司为增值税一般纳税人，不考虑其他税费因素）。甲公司已经税务部门批准在应收款项余额 5‰的范围内计提的坏账准备可以在税前扣除，2×16 年度除应收丙公司账款计提的坏账准备外，无其他纳税调整事项。甲公司所得税采用资产负债表债务法核算，2×17 年 2 月 15 日完成了 2×16 年所得税汇算清缴。

分析及会计处理如下：

（1）甲公司于 2×16 年 11 月销售给丙公司的产品于 2×17 年 3 月 15 日退回，甲公司所售产品发生质量问题虽已于 2×16 年 12 月 25 日得到通知，且已知客户要求退货，甲公司认为通过协商能够予以解决，因此，将应收丙公司的账款纳入了 2×16 年度的资产负债表应收账款项目，并计提了 5%的坏账准备。此事项属于资产负债表日所属期间的所销售商品的退回，应当作为资产负债表日后调整事项处理，调整 2×16 年度资产负债表相关项目的年末数和利润表相关项目的发生数。

（2）甲公司在编制 2×16 年度会计报表时，已将该销售退回商品实现的收入、成本、应收账款等纳入了会计报表相关项目，因此，应当相应调整相关收入、成本、应收账款，以及所计提的坏账准备等。

（3）甲公司 2×16 年度的所得税汇算清缴于 2×17 年 2 月 15 日完成，该销售商品退回发生于所得税汇算清缴之后，因此，在所得税汇算清缴时包括了该销售商品所实现的收益，已纳入 2×16 年度的应纳税所得额并缴纳了所得税，该部分已缴纳的所得税调整 2×17 年度的应纳税所得额。由于按照资产负债表日后调整事项的会计处理原则，该销售退回应调整会计报表相关收入、成本等项目的金额，由此产生的收益对所得税的影响金额在采用资产负债表债务法的情况下，确认为递延所得税资产，待计算缴纳 2×17 年度所得税时再予以抵减。

(4) 账务处理。

1) 调整销售收入:

借: 以前年度损益调整　　2 500 000

　　应交税费——应交增值税 (销项税额)　　425 000(2 500 000×17%)

　贷: 应收账款　　2 925 000

2) 调整坏账准备余额:

借: 坏账准备　　146 250 (2 925 000×5%)

　贷: 以前年度损益调整　　146 250

3) 调整销售成本:

借: 库存商品　　2 000 000

　贷: 以前年度损益调整　　2 000 000

4) 调整应交所得税:

借: 递延所得税资产　　121 343.75

　贷: 以前年度损益调整　　121 343.75

[(2 500 000−2 000 000−2 925 000×5‰)×25%]

5) 调整原已确认的递延所得税资产:

借: 以前年度损益调整　　32 906.25

　贷: 递延所得税资产　　32 906.25 [(146 250−14 625)×25%]

6) 将"以前年度损益调整"科目余额转入利润分配:

借: 利润分配——未分配利润　　265 312.5

　贷: 以前年度损益调整　　265 312.5

(2 500 000−2 000 000−146 250−121 343.75+32 906.25)

7) 调整利润分配有关数字:

借: 盈余公积　　26 531.25

　贷: 利润分配——未分配利润　　26 531.25 (265 312.5×10%)

8) 调整报告年度会计报表相关项目的数字。

a. 资产负债表项目的调整: 调减应收账款 277.875 万元; 调增库存商品 200 万元; 调增递延所得税资产 8.843 75 万元; 调减应交税费 42.5 万元; 调减盈余公积 2.653 125 万元; 调减未分配利润 23.878 125 万元。

b. 利润表及所有者权益变动表项目的调整: 调减营业收入 250 万元; 调减营业成本 200 万元; 调减资产减值损失 14.625 0 万元; 调减所得税费用 8.843 75(12.134 375−3.290 625) 万元; 调减提取法定盈余公积 2.653 125 万元。

事项四　资产负债表日后发现了财务报表舞弊或差错。

这一事项是指资产负债表日后发现报告期或以前期间存在的财务报表舞弊或差错。企业发生这一事项后, 应当将其作为资产负债表日后调整事项, 调整报告年度的年度财务报告或中期财务报告相关项目的数字。

【例 9-10】 甲公司系上市公司, 属于增值税一般纳税企业, 适用的增值税税率为 17%, 适用的所得税税率为 25%。除特别说明外, 甲公司采用账龄分析法计提坏账准备, 3 个月以内账龄的应收款项计提坏账准备的比例为 5‰。根据税法规定, 按应收款项期末余额5‰计提的坏账准备允许在税前抵扣。不考虑除增值税、所得税以外的其他相关税费。甲公司按当年实现净利润的10%提取法定盈余公积。

甲公司2×16年度所得税汇算清缴于2×17年2月28日完成，在此之前发生的2×16年度纳税调整事项，均可进行纳税调整。甲公司2×16年度财务报告于2×17年3月31日经董事会批准对外报出。

2×17年1月1日至3月31日，甲公司发生如下交易或事项：

(1) 1月14日，甲公司收到乙公司退回的2×16年10月4日从其购入的一批商品，以及税务机关开具的进货退出证明单。当日，甲公司向乙公司开具红字增值税专用发票。该批商品的销售价格（不含增值税）为200万元，增值税为34万元，销售成本为185万元。假定甲公司销售该批商品时，销售价格是公允的，也符合收入确认条件。至2×17年1月14日，该批商品的应收账款尚未收回。

(2) 2月25日，甲公司办公楼因电线短路引发火灾，造成办公楼严重损坏，直接经济损失230万元。

(3) 2月26日，甲公司获知丙公司被法院依法宣告破产，预计应收丙公司账款250万元（含增值税）收回的可能性极小，应按全额计提坏账准备。甲公司在2×16年12月31日已被告知丙公司资金周转困难无法按期偿还债务，因而按应收丙公司账款余额的50%计提了坏账准备。

(4) 3月5日，甲公司发现2×16年度漏记某项生产设备折旧费用200万元，金额较大。至2×16年12月31日，该生产设备生产的已完工产品尚未对外销售。

(5) 3月15日，甲公司决定以2 400万元收购丁上市公司股权。该项股权收购完成后，甲公司将拥有丁上市公司有表决权股份的10%。

(6) 3月28日，甲公司董事会提议的利润分配方案为：提取法定盈余公积620万元，分配现金股利210万元。甲公司根据董事会提议的利润分配方案，将提取的法定盈余公积作为盈余公积，将拟分配的现金股利作为应付股利，并进行账务处理，同时调整2×16年12月31日资产负债表相关项目。

分析与账务处理如下：

(1) 分析上述事项哪些属于调整事项：

事项(1)是资产负债表日后进一步确定了资产负债表日前购入资产的成本或售出资产的收入，属于调整事项。

事项(2)属于资产负债表日后非调整事项。

事项(3)是资产负债表日后取得确凿证据，表明某项资产在资产负债表日发生了减值或者需要调整该项资产原先确认的减值金额，属于调整事项。

事项(4)是资产负债表日后发现了财务报表舞弊或差错，属于调整事项。

事项(5)属于资产负债表日后非调整事项。

事项(6)是资产负债表日后发现了财务报表舞弊或差错，属于调整事项。

(2) 对调整事项进行会计处理。

1) 对事项(1)的处理：

借：以前年度损益调整　　2 000 000

　　应交税费——应交增值税（销项税额）　　340 000

贷：应收账款　2 340 000

借：库存商品　1 850 000

贷：以前年度损益调整　1 850 000

借：坏账准备　11 700（2 340 000×5‰）

贷：以前年度损益调整　11 700

借：应交税费——应交所得税　34 575[(2 000 000－1 850 000－11 700)×25%]

贷：以前年度损益调整　34 575

借：利润分配——未分配利润　103 725

贷：以前年度损益调整　103 725

借：盈余公积　10 372.5

贷：利润分配——未分配利润　10 372.5

2）对事项（3）的处理：

借：以前年度损益调整　1 250 000

贷：坏账准备　1 250 000

借：递延所得税资产　312 500

贷：以前年度损益调整　312 500

借：利润分配——未分配利润　937 500

贷：以前年度损益调整　937 500

借：盈余公积　93 750

贷：利润分配——未分配利润　93 750

3）对事项（4）的处理：

借：库存商品　2 000 000

贷：累计折旧　2 000 000

4）对事项（6）的处理：

借：应付股利　2 100 000

贷：利润分配——未分配利润　2 100 000

（3）调整事项影响 2×16 年 12 月 31 日资产负债表项目见表 9-1。

表 9-1　单位：万元

资产负债表项目	调整金额
应收账款	－357.83（－234＋1.17－125）
存货	＋385（185＋200）
固定资产	－200（折旧）
递延所得税资产	＋31.25
应交税费	－37.457 5（－34－3.457 5）
应付股利	－210
盈余公积	－10.412 25（－1.037 25－9.375 0）
未分配利润	＋116.289 75（－10.372 5＋1.037 25－93.75＋9.375＋210）

第三节 资产负债表日后非调整事项的处理

一、资产负债表日后非调整事项的处理原则

资产负债表日后发生的非调整事项，是表明资产负债表日后发生的情况的事项，与资产负债表日存在状况无关，不应当调整资产负债表日的财务报表。但有的非调整事项对财务报告使用者具有重大影响，如不加以说明，将不利于财务报告使用者做出正确估计和决策，因此，重要的资产负债表日后非调整事项应在附注中披露。

二、资产负债表日后非调整事项的具体会计处理办法

资产负债表日后发生的非调整事项，应当在报表附注中披露每项重要的资产负债表日后非调整事项的性质、内容，及其对财务状况和经营成果的影响。无法作出估计的，应当说明原因。

资产负债表日后非调整事项的主要例子有：

(1) 资产负债表日后发生重大诉讼、仲裁、承诺。资产负债表日后发生的重大诉讼等事项，对企业影响较大，为防止误导投资者及其他财务报告使用者，应当在报表附注中进行相关披露。

(2) 资产负债表日后资产价格、税收政策、外汇汇率发生重大变化。

(3) 资产负债表日后因自然灾害导致资产发生重大损失。

【例 9-11】 甲企业拥有某外国企业（乙企业）15%的股权，无重大影响，投资成本2 000万元。乙企业的股票在国外的某家股票交易所上市交易。在编制2×16年12月31日的资产负债表时，甲企业对乙企业投资的账面价值按初始投资成本反映。2×17年1月，该国发生海啸造成乙企业的股票市场价值大幅下跌，甲企业对乙企业的股权投资遭受重大损失。

自然灾害导致的资产重大损失对企业资产负债表日后财务状况的影响较大，如果不加以披露，有可能使财务报告使用者做出错误的决策，因此应作为非调整事项在报表附注中进行披露。本例中海啸发生在2×17年1月，属于资产负债表日后才发生或存在的事项，应当作为非调整事项在2×16年度报表附注中进行披露。

(4) 资产负债表日后发行股票和债券以及其他巨额举债。企业发行股票、债券以及向银行或非银行金融机构举借巨额债务都是比较重大的事项，虽然这一事项与企业资产负债表日的存在状况无关，但这一事项的披露能使财务报告使用者了解与此有关的情况及可能带来的影响，故应披露。

(5) 资产负债表日后资本公积转增资本。企业以资本公积转增资本将会改变企业的资本（或股本）结构，影响较大，需要在报表附注中进行披露。

(6) 资产负债表日后发生巨额亏损。企业在资产负债表日后发生巨额亏损将会对企业报告期以后的财务状况和经营成果产生重大影响，应当在报表附注中及时披露该事项，以便为投资者或其他财务报告使用者作出正确决策提供信息。

(7) 资产负债表日后发生企业合并或处置子公司。企业合并或者处置子公司的行为可以影响股权结构、经营范围等方面，对企业未来生产经营活动能产生重大影响。因此，企业应在报表附注中披露处置子公司的信息。

(8) 资产负债表日后，企业利润分配方案中拟分配的以及经审议批准宣告发放的股利或利润。资产负债表日后，企业制定利润分配方案，拟分配或经审议批准宣告发放股利或利润的行为，并不会致使企业在资产负债表日形成现时义务，因此虽然发生该事项可导致企业负有支付股利或利润的义务，但支付义务在资产负债表日尚不存在，不应该调整资产负债表日的财务报告，因此，该事项为非调整事项。但是，由于该事项对企业资产负债表日后的财务状况有较大影响，可能导致现金较大规模流出、企业股权结构变动等，为便于财务报告使用者更充分了解相关信息，企业需要在财务报告中适当披露该信息。

关键概念

资产负债表日后事项　资产负债表日　财务报告批准报出日　资产负债表日后事项涵盖的期间　资产负债表日后调整事项　资产负债表日后非调整事项

思考题

1. 资产负债表日后调整事项包括哪些主要内容？
2. 资产负债表日后非调整事项包括哪些主要内容？

第十章

企业合并

第一节 企业合并概述

企业是以盈利为目的的社会经济组织。在市场经济体制下，企业按照特定的生产技术条件将生产要素组合起来，进行生产经营活动，以收入弥补成本费用，获得利润，求得生存和发展。但在市场经济条件下，企业间的竞争始终存在，而在经济处于持续增长的时期，企业之间的竞争更趋激烈。企业出于提高经济实力、增强竞争能力的需要，不断扩大生产经营规模，进行多元化经营，于是就要对原来效益不佳的经济资源进行重新组合，实现生产要素的合理流动，调整产业结构，以较低的风险、较少的投资成本，较快地实现新的生产能力，这就导致了企业的合并。在市场经济条件下，由于企业间的竞争而引发的产权转让，以及产权转让过程中产权交易市场的形成，终将导致企业之间的合并。企业合并是市场经济发展的产物。《企业会计准则第 20 号——企业合并》规范了对企业合并的会计处理。

一、企业合并的定义

《企业会计准则第 20 号——企业合并》对企业合并作出了如下定义："企业合并，是指将两个或者两个以上单独的企业合并形成一个报告主体的交易或事项。"报告主体可能是个别财务报告主体，也可能是合并财务报告主体。

在企业合并中，虽然一个或一个以上的企业可能丧失其独立的法人资格，但从会计角度看，法人资格的丧失并不是企业合并的必要条件。因此，只要以前彼此独立的企业合并成为一个会计主体，而它的经济资源和经营活动处于单一的管理机构控制之下，那么就完成了合并。企业合并的实质是控制而不是法律主体的解散，对有投资关系的控股合并，合并方和被合并方仍保留其法人资格。

二、企业合并的动因

从宏观角度分析，企业合并具有以下现实经济意义：

(1) 实现经济资源的增值。以经营良好、经济实力强的企业合并经营欠佳、经济实力差的企业，可以盘活被合并企业的资产，终止亏损的进一步发生，保全现有资本，并在新的组合下实现经济资源的增值。

(2) 促进经济资源的合理流动。通过企业合并，根据社会经济发展需要调整产业结构和产品结构，优化生产要素的组合，促进社会经济资源的合理流动。

(3) 提高企业竞争能力。通过纵向和横向的经济联合，可以扩大生产规模和提高生产能力，实现企业的规模经营，提高企业的市场竞争能力。

(4) 避免企业破产的负面影响。与破产这一避免资本和损耗的最终手段相比，合并无疑是一种积极的选择。企业合并不是破坏企业的生产能力，而是将生产要素进行新的组合，可以避免企业破产给社会带来的更大损失。

从微观角度分析，企业合并也具有一定的现实经济意义：

第一，高效率扩张。企业合并能使扩展中的企业迅速获得扩大生产所需的设备、管理人员，以及原材料供应渠道和销售网络。

第二，扩大规模效应。通过合并，能够以较少的资金投入扩大经营规模，提高生产能力，扩大市场份额，提高规模效应。

第三，节省交易费用，降低扩张成本。合并可以使企业所获得的厂房及设备的成本低于重置成本，从而节约交易费用，降低扩张成本。

第四，避免或降低直接投资风险。通过合并，购买现有企业生产能力，接受现有企业市场，较之于开发新产品、拓展新市场，风险要小得多。

第五，实现分散经营风险、多元化经营的目标。

第六，取得无形资产。企业合并可能是为了取得有形的经济资源，但更可能是为了获取无形资产，如专利权、经营特许权、优越的地理位置、优良的管理传统、非专利技术等。

三、企业合并的范围

(一) 企业合并准则规范的企业合并

企业合并是将两个或两个以上单独的企业合并形成一个报告主体的交易或事项。

企业合并的结果通常是一个企业取得了对一个或多个企业的控制权。企业合并至少包括两层含义：一是取得对另一个或多个企业（业务）的控制权；二是所合并的企业必须构成业务。

业务是指企业内部某些生产经营活动或资产、负债的组合，该组合具有投入、加工处理过程和产出能力，能够独立计算其成本费用或所产生的收入，但不构成一个企业，不具有独立的法人资格。

有关资产、负债的组合要形成一项业务，通常应具备的要素包括：

（1）投入，指原材料、人工、必要的生产技术等无形资产以及构成生产能力的机器设备等其他长期资产的投入。

（2）加工处理过程，指具有一定的管理能力、运营过程，能够组织投入形成产出。

（3）产出，最为典型的是生产出产成品，也可以是通过为其他部门提供服务来降低企业整体的运行成本等其他带来经济利益的方式。

有关资产、负债的组合要构成一项业务，不一定要同时具备上述三个要素，某些情况下具备投入和加工处理过程两个要素即可被认为构成一项业务。业务的持有目的，主要是为了向投资者提供回报，如生产的产品出售后形成现金流入，或是能够为企业的生产经营带来其他经济利益，如能够降低成本等。

有关资产、负债的组合是否构成一项业务，应结合所取得资产、负债的内在联系及是否构成独立的投入、加工处理过程等进行综合判断。实务中出现的如一个企业对另一个企业某条具有独立生产能力的生产线的合并、一保险公司对另一保险公司寿险业务的合并等，一般构成业务合并。

报告主体的变化产生于控制权的变化。在交易事项发生以后，一方能够对另一方实施控制，形成母子公司关系，涉及控制权的转移，从合并财务报告角度形成报告主体的变化；交易事项发生以后，一方能够控制另一方的全部净资产，被合并的企业在合并后失去其法人资格，也涉及控制权及报告主体的变化，形成企业合并。实务中，对于交易或事项发生前后是否形成控制权的转移，应当遵循实质重于形式原则，综合可获得的各方面情况进行判断。

假定在企业合并前A、B两个企业为各自独立的法律主体（在合并交易发生前，不存在任何投资关系），企业合并准则中所界定的企业合并，包括但不限于以下情形：

（1）企业A通过增发自身的普通股自企业B原股东处取得企业B的全部股权，该交易事项发生后，企业B仍持续经营。

（2）企业A通过支付对价取得企业B的净资产，该交易事项发生后，撤销企业B的法人资格。

（3）企业A以其资产作为出资投入企业B，取得对企业B的控制权，该交易事项发生后，企业B仍维持其独立法人资格继续经营。

（二）不包括在企业合并准则规范范围内的交易或事项

实务中，某些事项或交易因不符合企业合并的界定，不属于企业合并准则的规范范围，或者虽然从定义上属于企业合并，但因交易条件等各方面的限制，不包括在企业合并准则的规范范围之内。

1. 购买子公司的少数股权

购买子公司的少数股权是指一个企业已经能够对另一个企业实施控制，双方存在母子公司关系的基础上，为增加持股比例，母公司自子公司的少数股东处购买少数股东持有的对该子公司全部或部分股权。

根据企业合并的定义，考虑到该交易或事项发生前后不涉及控制权的转移，不形成报告主体的变化，不属于准则中所称企业合并。

2. 其他不按照企业合并准则核算的情况

（1）两方或者两方以上形成合营企业的企业合并。主要是指作为合营方将其拥有的资产、负债等投入所成立的合营企业，按照合营企业章程或合营合同、协议的规定，在合营企业成立以后，由合营各方对其生产经营活动实施共同控制的情况。因合营企业的各合营方中，并不存在占主导作用的控制方，不属于准则中界定的企业合并。

（2）仅通过合同而不是所有权份额将两个或者两个以上单独的企业合并形成一个报告主体的企业合并。某些情况下，一个企业能够对另一个企业实施控制，但该控制并非产生于持有另一个企业的股权，而是通过一些非股权因素产生的，例如通过签订委托受托经营合同，作为受托方虽不拥有受托经营企业的所有权，但按照合同协议的约定能够对受托经营企业的生产经营活动实施控制。这种情况下，因无法明确计量企业合并成本（某些情况下甚至不发生任何成本），虽然涉及控制权的转移，也不包括在企业合并准则的规范范围之内。

四、企业合并的方式

本质上看，企业合并是一个企业取得对另外一个企业的控制权、吸收另一个或多个企业的净资产以及将参与合并的企业相关资产、负债进行整合后成立新的企业等情况。因此，以合并方式为基础，企业合并包括控股合并、吸收合并及新设合并。

（一）控股合并

控股合并是指合并方（或购买方，下同）通过企业合并交易或事项取得对被合并方（或被购买方，下同）的控制权，能够主导被合并方的生产经营决策，从而将被合并方纳入其合并财务报表范围形成一个报告主体的情况。控股合并中，被合并方在企业合并后仍保持其独立的法人资格继续经营，合并方在合并中取得的是对被合并方的股权。合并方在其账簿及个别财务报表中应确认对被合并方的长期股权投资，合并中取得的被合并方的资产和负债仅在合并财务报表中确认。例如，甲公司购入乙公司有表决权资本的60%，控制了乙公司的财务政策和经营政策，则甲公司成为控股母公司，而乙公司则成为甲公司的子公司，但乙公司继续保留其法人资格。即，甲＋乙＝甲＋乙。在控股合并的情况下，母公司要编制合并财务报表。

（二）吸收合并

吸收合并是指合并方在企业合并中取得被合并方的全部净资产，并将有关资产、负债并入合并方自身的账簿和报表进行核算。企业合并后，注销被合并方的法人资格，由合并方持有合并中取得的被合并方的资产、负债，在新的基础上继续经营。例如，甲、乙两公司合并，乙公司被甲公司吸收，并丧失法人资格，成为甲公司的组成部分。即，甲＋乙＝甲。经过合并，合并企业通常也就承担了被合并企业的债务。合并企业往往以现金或发行股票来换取被合并企业的净资产。在发行股票的情况下，被合并企业的原股东就成为合并企业的股东。

（三）新设合并

新设合并是指企业合并后注册成立一家新的企业，由其持有原参与合并各方的资产、负债，在新的基础上经营。原参与合并各方在合并后均注销其法人资格。例如，甲公司和乙公司合并成为丙公司，参与合并的甲、乙公司的法人资格均宣告丧失，成为丙公司的组成部分，即，甲＋乙＝丙。同吸收合并一样，新设合并的结果，也只保留一个法律主体和会计主体。

从吸收合并和新设合并的情况来看，均是将被合并方的资产、负债等并入合并方进行统一核算。企业合并所要解决的是合并方在合并日的会计处理问题，企业合并继后期间对于合并中取得的资产、负债作为合并方自身的资产、负债进行核算。

五、企业合并的类型

考虑到实务操作过程中出现的企业合并的特点，企业合并准则中将企业合并按照一定的标准划分为两大基本类型——同一控制下的企业合并与非同一控制下的企业合并。企业合并的类型不同，所遵循的会计处理原则也不同。

（一）同一控制下的企业合并

同一控制下的企业合并是指参与合并的企业在合并前后均受同一方或相同的多方最终控制且该控制并非暂时性的。

判断某一企业合并是否属于同一控制下的企业合并，应注意以下几个方面：

（1）能够对参与合并各方在合并前后均实施最终控制的一方通常指企业集团的母公司。同一控制下的企业合并一般发生于企业集团内部，如集团内母子公司之间、子公司与子公司之间等。因为该类合并从本质上是集团内部企业之间的资产或权益的转移，一般不涉及自集团外购入子公司或是向集团外其他企业出售子公司的情况，能够对参与合并企业在合并前后均实施最终控制的一方为集团的母公司。

（2）能够对参与合并的企业在合并前后均实施最终控制的相同多方，主要是指根据投资者之间的协议约定，为了扩大其中某一投资者对被投资单位的表决权比例，或者巩固某一投资者对被投资单位的控制地位，在对被投资单位的生产经营决策行使表决权时采用相同意思表示的两个或两个以上的法人或其他组织等。

（3）实施控制的时间性要求，是指参与合并各方在合并前后较长时间内为最终控制方所控制。具体是指在企业合并之前（即合并日之前），参与合并各方在最终控制方的控制时间一般在1年以上（含1年），企业合并后所形成的报告主体在最终控制方的控制时间也应达到1年以上（含1年）。按照该时间性要求，对于在合并日已经按照同一控制下企业合并进行处理的，在合并日后相对较短的时间内（短于1年），合并方即将企业合并中取得的具有重要性的资产、负债等出售获得即期损益的，不符合准则中规定的继后时间性要求，合并方对于原已进行的企业合并处理应当按照非同一控制下企业合并的原则进行调整。

企业之间的合并是否属于同一控制下的企业合并，应综合构成企业合并交易的各方面情况，按照实质重于形式的原则进行判断。通常情况下，同一控制下的企业合并是指发生在同一企业集团内部企业之间的合并。除此之外，一般不作为同一控制下的企业合并。同受国家控制的企业之间发生的合并，不应仅仅因为参与合并各方在合并前后均受国家控制而将其作为同一控制下的企业合并。

实务中出现的如母公司将其持有的对某子公司的控股权用于交换另一子公司增加发行的股份、集团内某子公司自另一子公司处取得对某一子公司的控制权等，原则上应作为同一控制下的企业合并。

（二）非同一控制下的企业合并

非同一控制下的企业合并，是指参与合并各方在合并前后不受同一方或相同的多方最终控制的合并交易，即除判断属于同一控制下企业合并的情况以外的其他企业合并。

企业合并准则着重解决了企业合并成本的确定、合并中取得有关资产和负债的确认与计量原则、合并差额的处理，以及在企业合并后形成母子公司关系的情况下，合并日或购买日财务报表的编制原则等问题。

第二节 同一控制下企业合并的处理

同一控制下的企业合并的处理，是从合并方出发，确定合并方在合并日对于企业合并事项应进行的会计处理。主要包括：确定合并方和合并日；确定企业合并成本；确定合并中取得有关资产、负债的入账价值；合并差额的处理。

同一控制下的企业合并，在合并日取得对其他参与合并企业控制权的一方为合并方，参与合并的其他企业为被合并方。合并日是指合并方实际取得对被合并方控制权的日期。同一控制下企业合并的合并方及合并日的确定，与本章中关于非同一控制下企业合并中购买方及购买日的确定原则相同，具体参见本章关于非同一控制下企业合并部分的介绍。

一、同一控制下企业合并的处理原则

对于同一控制下的企业合并，《企业会计准则第 20 号——企业合并》中规定的会计处理方法类似于权益结合法。该方法下，是将企业合并看做是两个或多个参与合并企业权益的重新整合，由于最终控制方的存在，从最终控制方的角度，该类企业合并在一定程度上并不会造成企业集团整体的经济利益流入和流出，最终控制方在合并前后实际控制的经济资源并没有发生变化，有关交易事项不作为出售或购买处理。

合并方在企业合并中取得的资产和负债，应当按照合并日被合并方的账面价值计量。合并方取得的净资产账面价值与支付的合并对价账面价值（或发行股份面值总额）的差额，应当调整资本公积；资本公积不足冲减的，调整留存收益。具体如下：

（1）合并方在合并中确认取得的被合并方的资产、负债仅限于被合并方账面上原已确认的资产和负债，合并中不产生新的资产和负债。同一控制下的企业合并，从最终控制方的角度，其在企业合并发生前后能够控制的净资产价值量并没有发生变化，因此即便是在合并过程中，取得的净资产入账价值与支付的合并对价账面价值之间存在差额，同一控制下的企业合并中一般也不产生新的商誉，即不确认新的资产，但被合并方在企业合并前账面上原已确认的商誉应作为合并中取得的资产确认。

（2）合并方在合并中取得的被合并方各项资产、负债应维持其在被合并方的原账面价值不变。被合并方在企业合并前采用的会计政策与合并方不一致的，应基于重要性原则，

首先统一会计政策，即合并方应当按照本企业会计政策对被合并方资产、负债的账面价值进行调整，并以调整后的账面价值作为有关资产、负债的入账价值。进行上述调整的一个基本原因是将该项合并中涉及的合并方及被合并方作为一个整体对待，对于一个完整的会计主体，其对相关交易、事项应当采用相对统一的会计政策，在此基础上反映其财务状况和经营成果。

（3）合并方在合并中取得的净资产的入账价值相对于为进行企业合并支付的对价账面价值之间的差额，不作为资产的处置损益，不影响企业合并当期的利润表，有关差额应调整所有者权益相关项目。同一控制下的企业合并，本质上不作为购买，而是两个或多个会计主体权益的整合。合并方在企业合并中取得的价值量相对于所放弃的价值量之间存在差额的，应当调整所有者权益。在根据合并差额调整合并方的所有者权益时，应首先调整资本公积（资本溢价或股本溢价），资本公积（资本溢价或股本溢价）的余额不足冲减的，应冲减留存收益。

（4）对于同一控制下的控股合并，应视同合并后形成的报告主体自最终控制方开始实施控制时一直是一体化存续下来的，体现在其合并财务报表上，即由合并后形成的母子公司构成的报告主体，无论是其资产规模还是其经营成果都应持续计算。编制合并财务报表时，无论该项合并发生在报告期的哪一时点，合并利润表、合并现金流量表均反映的是由母公司构成的报告主体自合并当期期初至合并日实现的损益及现金流量情况，相对应地，合并资产负债表的留存收益项目，应当反映母公司如果一直作为一个整体运行至合并日应实现的盈余公积和未分配利润的情况。对于同一控制下的控股合并，在合并当期编制合并财务报表时，应当对合并资产负债表的期初数进行调整，同时应当对比较报表的相关项目进行调整，视同合并后的报告主体在以前期间一直存在。

二、同一控制下企业合并的会计处理

同一控制下的企业合并，视合并方式不同，应当分别按照下述规定进行会计处理。

（一）同一控制下的控股合并

在同一控制下的控股合并中，合并方在合并日涉及两个方面的问题：一是对于因该项企业合并形成的对被合并方的长期股权投资的确认和计量；二是合并日合并财务报表的编制。

1. 长期股权投资的确认和计量

同一控制下的企业合并，合并方以支付现金、转让非现金资产或承担债务方式作为合并对价的，应当在合并日按照被合并方所有者权益在最终控制方合并财务报表中的账面价值的份额作为长期股权投资的初始投资成本。长期股权投资初始投资成本与支付的现金、转让的非现金资产以及所承担债务账面价值之间的差额，应当调整资本公积；资本公积不足冲减的，调整留存收益。

合并方以发行权益性证券作为合并对价的，应当在合并日按照被合并方所有者权益在最终控制方合并财务报表中的账面价值的份额作为长期股权投资的初始投资成本。按照发行股份的面值总额作为股本，长期股权投资初始投资成本与所发行股份面值总额之间的差额，应当调整资本公积；资本公积不足冲减的，调整留存收益。

【例 10-1】 P公司和S公司同为A集团的子公司，2×16年6月1日，P公司以银行存款取得S公司所有者权益的80%，同日，S公司所有者权益的账面价值为1 000万元。

长期股权投资的入账价值=1 000×80%=800(万元)

(1) 若P公司支付银行存款720万元：

借：长期股权投资——S公司	8 000 000	
贷：银行存款		7 200 000
资本公积——资本溢价		800 000

(2) 若P公司支付银行存款900万元：

借：长期股权投资——S公司	8 000 000	
资本公积——资本溢价	1 000 000	
贷：银行存款		9 000 000

如资本公积不足冲减，应冲减留存收益。

【例10-2】P公司和S公司同为A集团的子公司，2×16年8月1日，P公司发行600万股普通股（每股面值1元）作为对价取得S公司60%的股权，同日，S公司账面净资产总额为1 300万元。

长期股权投资的入账价值=1 300×60%=780(万元)

借：长期股权投资——S公司	7 800 000	
贷：股本		6 000 000
资本公积——股本溢价		1 800 000

上述在按照合并日应享有被合并方的账面所有者权益的份额确定长期股权投资的初始投资成本时，对于被合并方账面所有者权益，应当在考虑以下几个因素的基础上计算确定形成长期股权投资的初始投资成本：

(1) 被合并方与合并方的会计政策、会计期间是否一致。如果合并前合并方与被合并方的会计政策、会计期间不同，应首先按照合并方的会计政策、会计期间对被合并方资产、负债的账面价值进行调整，在此基础上计算确定被合并方的账面所有者权益，并计算确定长期股权投资的初始投资成本。

(2) 如果被合并方在被合并以前，是最终控制方通过非同一控制下的企业合并所控制的，则合并方长期股权投资的初始投资成本还应包含相关的商誉金额

【例10-3】甲公司为乙公司的母公司。2×14年1月1日，甲公司从集团外部取得丁公司80%股权（非同一控制企业合并），实际支付款项4 200万元，购买日丁公司可辨认净资产公允价值为5 000万元，账面价值为3 500万元，差额因一项无形资产导致。当日该无形资产公允价值为2 000万元，账面价值为500万元，剩余使用年限为10年，采用直线法摊销，无残值。除此之外丁公司其他可辨认资产、负债的公允价值与账面价值相等。

2×14年1月1日至2×15年12月31日，丁公司账面净利润为1 500万元，无其他所有者权益变动。

至2×15年12月31日，丁公司按购买日公允价值持续计算的净利润=1 500−(2 000−500)÷10×2=1 200（万元）。

至2×15年12月31日，丁公司按购买日可辨认净资产公允价值持续计算的净资产账

面价值=5 000+1 200=6 200（万元）。

2×16 年 1 月 1 日，乙公司购入甲公司所持有丁公司的 80%股权（同一控制企业合并），初始投资成本=6 200×80%+商誉(4 200−5 000×80%)=5 160（万元）。

(3) 被合并方在合并日的净资产账面价值为负数的，长期股权投资成本按零确定，同时在备查簿中予以登记。

(4) 如果被合并方本身编制合并财务报表，被合并方的账面所有者权益价值应当以其合并财务报表为基础确定。

2. 合并日合并财务报表的编制

同一控制下的企业合并形成母子公司关系的，合并方一般应在合并日编制合并财务报表，反映合并日形成的报告主体的财务状况、视同该主体一直存在产生的经营成果等。

合并日的合并财务报表一般包括合并资产负债表、合并利润表及合并现金流量表。

(1) 合并资产负债表。被合并方的有关资产、负债应以其账面价值并入合并财务报表（若合并方与被合并方采用的会计政策不同，则按照合并方的会计政策，对被合并方有关资产、负债进行调整后的账面价值并入）。合并方与被合并方在合并日及以前期间发生的交易，应作为内部交易，按照《企业会计准则第 33 号——合并财务报表》有关规定进行抵销。

在合并资产负债表中，对于被合并方在企业合并前实现的留存收益（盈余公积和未分配利润之和）中归属于合并方的部分，应按以下规定，自合并方的资本公积转入留存收益：

1) 确认企业合并形成的长期股权投资后，合并方账面资本公积（资本溢价或股本溢价）贷方余额大于被合并方在合并前实现的留存收益中归属于合并方的部分，在合并资产负债表中，应将被合并方在合并前实现的留存收益中归属于合并方的部分自"资本公积"科目转入"盈余公积"科目和"未分配利润"科目。在合并报表工作底稿中，借记"资本公积"科目，贷记"盈余公积"科目和"未分配利润"科目。

2) 确认企业合并形成的长期股权投资后，合并方账面资本公积（资本溢价或股本溢价）贷方余额小于被合并方在合并前实现的留存收益中归属于合并方的部分，在合并资产负债表中，应以合并方资本公积（资本溢价或股本溢价）的贷方余额为限，将被合并方在企业合并前实现的留存收益中归属于合并方的部分自"资本公积"科目转入"盈余公积"科目和"未分配利润"科目。在合并报表工作底稿中，借记"资本公积"科目，贷记"盈余公积"科目和"未分配利润"科目。

因合并方的资本公积（资本溢价或股本溢价）余额不足，被合并方在合并前实现的留存收益中归属于合并方的部分在合并资产负债表中未予以全额恢复的，合并方应当在会计报表附注中对这一情况进行说明，包括被合并方在合并前实现的留存收益金额、归属于本企业的金额及因资本公积余额不足而在合并资产负债表中未转入留存收益的金额等。

【例 10-4】 A 公司和 B 公司分别为 P 公司控制下的两家子公司。A 公司于 2×16 年 3 月 10 日自母公司 P 处取得 B 公司 90%的股权，合并后 B 公司仍维持其独立法人资格继续经营。为进行该项企业合并，A 公司发行了 1 000 万股本公司普通股（每股面值 1 元）作为对价。假定 A、B 公司采用的会计政策相同。合并日，A 公司与 B 公司的所有者权益构成情况如表 10－1 所示。

表 10－1　　A 公司与 B 公司的所有者权益构成情况　　单位：万元

A 公司		B 公司	
项目	金额	项目	金额
股本	10 000	股本	2 000
资本公积	5 000	资本公积	1 000
盈余公积	1 000	盈余公积	200
未分配利润	9 000	未分配利润	1 800
合计	25 000	合计	5 000

A 公司在合并日应进行的账务处理为：

借：长期股权投资　　45 000 000
　贷：股本　　10 000 000
　　资本公积——股本溢价　　35 000 000

A 公司在合并日合并报表工作底稿中应编制如下抵销分录：

借：股本　　20 000 000
　资本公积　　10 000 000
　盈余公积　　2 000 000
　未分配利润　　18 000 000
　贷：长期股权投资　　45 000 000
　　少数股东权益　　5 000 000

A 公司在合并日编制合并资产负债表时，对于企业合并前 B 公司实现的留存收益中归属于合并方的部分（1 800 万元）应自资本公积（资本溢价或股本溢价）转入留存收益。本例中 A 公司在确认对 B 公司的长期股权投资以后，其资本公积的账面余额为 8 500（5 000+3 500）万元，假定其中资本溢价或股本溢价的金额为 5 000 万元。在合并报表工作底稿中，应编制以下调整分录：

借：资本公积　　18 000 000
　贷：盈余公积　　1 800 000
　　未分配利润　　16 200 000

【例 10－5】 A 公司以一项账面价值为 300 万元的固定资产（原价 400 万元，累计折旧 100 万元）和一项账面价值为 200 万元的无形资产为对价取得同一集团内 B 公司 100%的股权。合并日，A 公司和 B 公司所有者权益构成情况如表 10－2 所示。

表 10－2　　A 公司与 B 公司所有者权益构成情况　　单位：万元

A 公司		B 公司	
项目	金额	项目	金额
股本	2 000	股本	200
资本公积	50	资本公积	100
盈余公积	200	盈余公积	30
未分配利润	1 800	未分配利润	270
合计	4 050	合计	600

A公司在合并日应确认对B公司的长期股权投资，进行以下账务处理：

借：固定资产清理 3 000 000
　　累计折旧 1 000 000
　贷：固定资产 4 000 000

借：长期股权投资 6 000 000
　贷：固定资产清理 3 000 000
　　　无形资产 2 000 000
　　　资本公积 1 000 000

A公司在合并日合并报表工作底稿中应编制如下抵销分录：

借：股本 2 000 000
　　资本公积 1 000 000
　　盈余公积 300 000
　　未分配利润 2 700 000
　贷：长期股权投资 6 000 000

A公司资本公积账面余额为150（50＋100）万元，假定全部属于资本溢价或股本溢价，小于B公司在合并前实现的留存收益中归属于A公司的部分，A公司编制合并财务报表时，应以账面资本公积（资本溢价或股本溢价）的余额为限，将B公司在合并前实现的留存收益中归属于A公司的部分相应转入留存收益。合并报表工作底稿中的调整分录为：

借：资本公积 1 500 000
　贷：盈余公积 150 000（1 500 000÷3 000 000×300 000）
　　　未分配利润 1 350 000（1 500 000÷3 000 000×2 700 000）

（2）合并利润表。合并方在编制合并日的合并利润表时，应包含合并方及被合并方自合并当期期初至合并日实现的净利润。例如，同一控制下的企业合并发生于2×16年3月31日，合并方当日编制合并利润表时，应包括合并方及被合并方自2×16年1月1日至2×16年3月31日实现的净利润。双方在当期发生的交易，应当按照合并财务报表的有关原则进行抵销。

为了帮助企业的会计信息使用者了解合并利润表中净利润的构成，在发生同一控制下企业合并的当期，合并方在合并利润表中的“净利润”项目下应单列“其中：被合并方在合并前实现的净利润”项目，反映因会计准则中的同一控制下企业合并规定的编表原则，导致由于该项企业合并在合并当期从被合并方带入的损益。

（3）合并现金流量表。合并方在编制合并日的合并现金流量表时，应包含合并方及被合并方自合并当期期初至合并日产生的现金流量。涉及双方当期发生内部交易产生的现金流量，应按照《企业会计准则第33号——合并财务报表》规定的有关原则进行抵销。

3. 合并日合并财务报表编制示例

【例10-6】 2×16年6月30日，P公司向S公司的股东定向增发1 000万股普通股（每股面值为1元）对S公司进行合并，并于当日取得对S公司100%的股权。参与合并企业在2×16年6月30日企业合并前，有关资产、负债的情况如表10-3所示。

表 10-3 **资产负债表（简表）**

2×16 年 6 月 30 日 单位：万元

项目	P公司		S公司	
	账面价值		账面价值	公允价值
资产：				
货币资金	1 500		100	100
应收账款	1 000		100	100
存货	2 500		600	630
长期股权投资	1 500		200	250
固定资产	3 000		1 500	1 800
无形资产	500		100	120
商誉	0		0	0
资产总计	10 000		2 600	3 000
负债和所有者权益：				
短期借款	800		100	100
应付账款	1 200		500	500
其他负债	1 000		200	200
负债合计	3 000		800	800
实收资本（股本）	4 000		1 000	1 000
资本公积	1 000		200	600
盈余公积	200		60	60
未分配利润	1 800		540	540
所有者权益合计	7 000		1 800	2 200
负债和所有者权益总计	10 000		2 600	3 000

P公司及S公司2×16年1月1日至6月30日的利润表（简表）如表10-4所示。

表 10-4 **利润表（简表）**

2×16 年 1 月 1 日至 6 月 30 日 单位：万元

项目	P公司	S公司
一、营业收入	5 000	1 000
减：营业成本	3 200	600
税金及附加	200	50
销售费用	100	50
管理费用	200	100
财务费用	80	40
加：投资收益	130	60
二、营业利润	1 350	220
加：营业外收入	200	100
减：营业外支出	250	120
三、利润总额	1 300	200
减：所得税费用	400	50
四、净利润	900	150

本例中，假定P公司和S公司为同一集团内的两个全资子公司，合并前其共同的母公司为A公司。在该项合并中，参与合并的企业在合并前及合并后均为A公司最终控制，为同一控制下的企业合并。自2×16年6月30日开始，P公司能够对S公司的净资产实施控制，该日即为合并日。

(1) P公司对该项合并进行如下会计处理：

借：长期股权投资　　18 000 000
　贷：股本　　10 000 000
　　资本公积——股本溢价　　8 000 000

(2) 假定P公司与S公司在合并前未发生任何交易，则P公司在编制合并日的合并财务报表时：

抵销P公司的长期股权投资和S公司的所有者权益：

借：实收资本　　10 000 000
　资本公积　　2 000 000
　盈余公积　　600 000
　未分配利润　　5 400 000
　贷：长期股权投资　　18 000 000

将被合并方在企业合并前实现的留存收益中归属于合并方的部分，自资本公积（假定资本公积中“资本溢价”或“股本溢价”的金额为1 000万元）转入留存收益，合并调整分录为：

借：资本公积　　6 000 000
　贷：盈余公积　　600 000
　　未分配利润　　5 400 000

(3) P公司与S公司的合并资产负债表（简表）如表10-5所示。

表10-5　　合并资产负债表（简表）

2×16年6月30日　　单位：万元

项目	P公司	S公司	抵销分录		合并金额
			借方	贷方	
资产：					
货币资金	1 500	100			1 600
应收账款	1 000	100			1 100
存货	2 500	600			3 100
长期股权投资	3 300	200		1 800	1 700
固定资产	3 000	1 500			4 500
无形资产	500	100			600
商誉	0	0			
资产总计	11 800	2 600		1 800	12 600
负债和所有者权益：					
短期借款	800	100			900
应付账款	1 200	500			1 700
其他负债	1 000	200			1 200

续前表

项目	P公司	S公司	抵销分录		合并金额
			借方	贷方	
负债合计	3 000	800			3 800
实收资本（股本）	5 000	1 000	(1) 1 000		5 000
资本公积	1 800	200	(2) 200 (2) 600		1 200
盈余公积	200	60	(2) 60	(2) 60	260
未分配利润	1 800	540	(2) 540	(2) 540	2 340
所有者权益合计	8 800	1 800	2 400	600	8 800
负债和所有者权益总计	11 800	2 600	2 400	600	12 600

(4) P公司与S公司的合并利润表（简表）如表10－6所示。

表10－6　　**合并利润表（简表）**

2×16年1月1日至6月30日　　单位：万元

项目	P公司	S公司	抵销分录		合并金额
			借	贷	
一、营业收入	5 000	1 000			6 000
减：营业成本	3 200	600			3 800
税金及附加	200	50			250
销售费用	100	50			150
管理费用	200	100			300
财务费用	80	40			120
加：投资收益	130	60			190
二、营业利润	1 350	220			1 570
加：营业外收入	200	100			300
减：营业外支出	250	120			370
三、利润总额	1 300	200			1 500
减：所得税费用	400	50			450
四、净利润	900	150			1 050
其中：被合并方在合并前实现的净利润					150

(5) 合并现金流量表略。

(6) 比较报表的编制。同一控制下的企业合并，在编制合并当期期末的比较报表时，应视同参与合并各方在最终控制方开始实施控制时即以目前的状态存在。提供比较报表时，应对前期比较报表进行调整。因企业合并实际发生在当期，以前期间合并方账面上并不存在对被合并方的长期股权投资，故在编制比较报表时，应将被合并方的有关资产、负债并入后，因合并而增加的净资产在比较报表中调整所有者权益项下的资本公积（资本溢价或股本溢价）。

【例10－7】沿用例10－6中的有关资料，P公司和S公司在2×15年12月31日的个别资产负债表（简表）及个别利润表（简表）如表10－7、表10－8所示。假定P公司与S公司在2×15年未发生内部交易。

表 10-7　　资产负债表（简表）

2×15 年 12 月 31 日　　单位：万元

项目	P公司	S公司
	账面价值	账面价值
资产：		
货币资金	1 400	100
应收账款	900	110
存货	2 200	500
长期股权投资	3 000	180
固定资产	3 200	1 480
无形资产	300	90
商誉	0	0
资产总计	11 000	2 460
负债和所有者权益：		
短期借款	800	100
应付账款	1 300	510
其他负债	2 800	200
负债合计	4 900	810
实收资本	4 000	1 000
资本公积	1 000	200
盈余公积	200	60
未分配利润	900	390
所有者权益合计	6 100	1 650
负债和所有者权益总计	11 000	2 460

表 10-8　　利润表（简表）

2×15 年 1 月 1 日至 12 月 31 日　　单位：万元

项目	P公司	S公司
一、营业收入	9 000	1 900
减：营业成本	5 000	1 100
税金及附加	500	80
销售费用	200	70
管理费用	500	210
财务费用	150	80
加：投资收益	400	200
二、营业利润	3 050	560
加：营业外收入	400	200
减：营业外支出	450	260
三、利润总额	3 000	500
减：所得税费用	800	150
四、净利润	2 200	350

本例中P公司在编制2×16年比较报表时，视同该项合并在以前期间即已发生。将被合并方的有关资产、负债在抵销内部交易的影响后并入合并财务报表，同时增加合并资产负债表中所有者权益项下的资本公积。在合并工作底稿中应作以下调整：

借：实收资本　10 000 000
　　资本公积　2 000 000
　　盈余公积　600 000
　　未分配利润　3 900 000
　贷：资本公积　16 500 000

同时，对于S公司在2×15年12月31日以前实现的留存收益中归属于P公司的部分，在合并报表工作底稿中应自资本公积转入留存收益：

借：资本公积　4 500 000
　贷：盈余公积　600 000
　　　未分配利润　3 900 000

编制的合并资产负债表（简表）及合并利润表（简表）见表10-9、表10-10。

表10-9　合并资产负债表（简表）

2×15年12月31日　单位：万元

项目	P公司	S公司	调整或抵销分录		合并金额
	账面价值	账面价值	借方	贷方	
资产：					
货币资金	1 400	100			1 500
应收账款	900	110			1 010
存货	2 200	500			2 700
长期股权投资	3 000	180			3 180
固定资产	3 200	1 480			4 680
无形资产	300	90			390
商誉	0	0			
资产总计	11 000	2 460			13 460
负债和所有者权益：					
短期借款	800	100			900
应付账款	1 300	510			1 810
其他负债	2 800	200			3 000
负债合计	4 900	810			5 710
实收资本	4 000	1 000	1 000		4 000
资本公积	1 000	200	200 450	1 650	2 200
盈余公积	200	60	60	60	260
未分配利润	900	390	390	390	1 290
所有者权益合计	6 100	1 650	2 100	2 100	7 750
负债和所有者权益总计	11 000	2 460	2 100	2 100	13 460

表 10-10　合并利润表（简表）

2×15 年 1 月 1 日至 12 月 31 日　单位：万元

项目	P公司	S公司	抵销分录		合并金额
			借方	贷方	
一、营业收入	9 000	1 900			10 900
减：营业成本	5 000	1 100			6 100
税金及附加	500	80			580
销售费用	200	70			270
管理费用	500	210			710
财务费用	150	80			230
加：投资收益	400	200			600
二、营业利润	3 050	560			3 610
加：营业外收入	400	200			600
减：营业外支出	450	260			710
三、利润总额	3 000	500			3 500
减：所得税费用	800	150			950
四、净利润	2 200	350			2 550

（二）同一控制下的吸收合并

在同一控制下的吸收合并中，合并方主要涉及合并日取得被合并方资产、负债入账价值的确定，以及合并中取得有关净资产的入账价值与支付的合并对价账面价值之间差额的处理。

1. 合并中取得资产、负债入账价值的确定

合并方对同一控制下吸收合并中取得的资产、负债应当按照相关资产、负债在被合并方的原账面价值入账。

值得说明的是，若合并方与被合并方在企业合并前采用的会计政策不同，首先应基于重要性原则，将被合并方的会计政策与合并方统一，即应当按照合并方的会计政策对被合并方的有关资产、负债的账面价值进行调整，以调整后的账面价值确认。

2. 合并中取得有关净资产的入账价值与支付的合并对价账面价值之间差额的处理

合并方在确认了合并中取得的被合并方的资产和负债后，以发行权益性证券方式进行的该类合并，所确认的净资产入账价值与发行股份面值总额的差额，应计入资本公积（资本溢价或股本溢价），资本公积（资本溢价或股本溢价）的余额不足冲减的，相应冲减盈余公积和未分配利润；以支付现金、非现金资产方式进行的该类合并，所确认的净资产入账价值与支付的现金、非现金资产账面价值的差额，相应调整资本公积（资本溢价或股本溢价），资本公积（资本溢价或股本溢价）的余额不足冲减的，应冲减盈余公积和未分配利润。

【例 10-8】 沿用例 10-6 中的有关资料，2×16 年 6 月 30 日，P 公司通过向 S 公司的股东定向增发 1 000 万股普通股（每股面值为 1 元，市价为 2 元）对 S 公司进行吸收合并，并于当日取得 S 公司净资产。

本例中，假定 P 公司和 S 公司为同一集团内两家全资子公司，合并前其共同的母公司为 A 公司。该项合并中参与合并的企业在合并前及合并后均为 A 公司最终控制，为同一

控制下的企业合并。自2×16年6月30日开始，P公司能够对S公司的净资产实施控制，该日即为合并日。

因合并后S公司失去其法人资格，P公司应确认合并中取得的S公司的各项资产和负债。假定P公司与S公司在合并前采用的会计政策相同，则P公司对该项合并应进行的账务处理为：

借：银行存款（货币资金）	1 000 000	
应收账款	1 000 000	
库存商品（存货）	6 000 000	
长期股权投资	2 000 000	
固定资产	15 000 000	
无形资产	1 000 000	
贷：短期借款		1 000 000
应付账款		5 000 000
其他应付款（其他负债）		2 000 000
股本		10 000 000
资本公积		8 000 000

3. 合并当期期末比较报表的提供

因被合并方在合并后失去法人资格，其所有的资产、负债均并入合并方的账簿和报表进行核算，合并方在合并当期期末编制的是个别财务报表。对于同一控制下的吸收合并，在编制比较报表时，无须对以前期间已经编制的比较报表进行调整。

（三）合并方为进行企业合并发生的有关费用的处理

（1）合并方为进行企业合并发生的各项直接相关费用，包括为进行企业合并而支付的审计费用、资产评估费用、法律咨询费用等，应当于发生时计入当期损益。

（2）为企业合并发行的债券或承担其他债务支付的手续费、佣金等，应当计入所发行债券及其他债务的初始计量成本。企业合并中，发行权益性证券发生的手续费、佣金等费用应当冲减权益性证券溢价收入，溢价收入不足冲减的，冲减留存收益。

【例10-9】 A公司于2×16年1月1日按面值发行5 000万元的债券取得B公司60%的股份，2×16年1月1日B公司所有者权益的账面价值为10 000万元，A公司另支付手续费100万元。A公司的账务处理如下：

借：长期股权投资——B公司	60 000 000（100 000 000×60%）	
贷：应付债券——面值		50 000 000
资本公积		10 000 000
借：应付债券——利息调整	1 000 000	
贷：银行存款		1 000 000

（3）发行权益性证券作为合并对价的，与所发行权益性证券相关的佣金、手续费等应按照《企业会计准则第37号——金融工具列报》的规定处理。即与发行权益性证券相关的费用，不管其是否与企业合并直接相关，均应自所发行权益性证券的发行收入中扣减，在权益性工具发行有溢价的情况下，从溢价收入中扣减，在权益性证券发行无溢价或溢价金额不足以扣减的情况下，应当冲减盈余公积和未分配利润。

【例 10-10】 2×16 年 3 月 31 日，A 公司通过增发 6 000 万股本公司普通股（每股面值为 1 元）取得 B 公司 60%的股权，按照增发前后的平均股价计算，该 6 000 万股股份的公允价值为 13 000 万元。为增发该部分股份，A 公司向证券承销机构等支付了 400 万元的佣金和手续费。假定 A 公司取得该部分股权后能够对 B 公司的生产经营决策实施控制。2×16 年 3 月 31 日，B 公司所有者权益的账面价值为 20 000 万元。A 公司和 B 公司为同一集团的两家子公司。

本例中，A 公司应当以 B 公司所有者权益账面价值的份额作为取得长期股权投资的成本，进行如下账务处理：

借：长期股权投资	120 000 000	
贷：股本		60 000 000
资本公积——股本溢价		60 000 000

发行权益性证券过程中支付的佣金和手续费，应冲减权益性证券的溢价发行收入：

借：资本公积——股本溢价	4 000 000	
贷：银行存款		4 000 000

第三节 非同一控制下企业合并的处理

一、非同一控制下企业合并的处理原则

非同一控制下的企业合并，是参与合并的一方购买另一方或多方的交易，基本处理原则是购买法。

（一）确定购买方

采用购买法核算企业合并的首要前提是确定购买方。购买方是指在企业合并中取得对另一方或多方控制权的一方。

非同一控制下的企业合并中，一般应考虑企业合并合同、协议以及其他相关因素来确定购买方。合并中一方取得了另一方半数以上有表决权股份的，除非有明确的证据表明不能形成控制，一般认为取得另一方半数以上表决权股份的一方为购买方。某些情况下，即使一方没有取得另一方半数以上有表决权股份，但存在以下情况时，一般也可认为其获得了对另一方的控制权。

（1）通过与其他投资者签订协议，实质上拥有被购买企业半数以上表决权。例如，A 公司拥有 B 公司 40%的表决权资本，C 公司拥有 B 公司 25%的表决权资本，D 公司拥有 B 公司 35%的表决权资本。A 公司与 C 公司达成协议，C 公司在 B 公司的权益由 A 公司代表。在这种情况下，A 公司实质上拥有 B 公司 65%表决权资本的控制权，在 B 公司的章程等没有特别规定的情况下，表明 A 公司实质上控制着 B 公司。

（2）按照法律或协议等的规定，具有主导被购买企业财务和经营决策的权力。例如，

A 公司拥有 B 公司 40%的表决权资本，同时，根据法律或协议规定，A 公司可以决定 B 公司的生产经营等政策，达到对 B 公司的财务和经营政策实施控制。

(3) 有权任免被购买企业董事会或类似权力机构绝大多数成员。这种情况是指，虽然投资企业拥有被投资单位 50%或以下表决权资本，但根据章程、协议等有权任免被投资单位董事会或类似机构的绝大多数成员，以达到实质上控制的目的。

(4) 在被购买企业董事会或类似权力机构中具有绝大多数投票权。这种情况是指，虽然投资企业拥有被投资单位 50%或以下表决权资本，但能够控制被投资单位董事会等类似权力机构的会议，从而能够控制其财务和经营政策，达到对被投资单位的控制。

某些情况下可能难以确定企业合并中的购买方，如参与合并的两家或多家企业规模相当，这种情况下，往往可以结合一些迹象判断购买方的存在。在具体判断时，可以考虑下列相关因素：

第一，以支付现金、转让非现金资产或承担负债的方式进行的企业合并，一般支付现金、转让非现金资产或是承担负债的一方为购买方。

第二，考虑参与合并各方的股东在合并后主体的相对投票权，其中股东在合并后主体具有相对较高投票比例的一方一般为购买方。

第三，考虑参与合并各方的管理层对合并后主体生产经营决策的主导能力，如果合并导致参与合并一方的管理层能够主导合并后主体生产经营政策的制定，其管理层能够实施主导作用的一方一般为购买方。

第四，参与合并一方的公允价值远远大于另一方的，公允价值较大的一方很可能为购买方。

第五，企业合并是通过以有表决权的股份换取另一方的现金及其他资产的，则付出现金或其他资产的一方很可能为购买方。

第六，通过权益互换实现的企业合并，发行权益性证券的一方通常为购买方。但如果有证据表明发行权益性证券的一方，其生产经营决策在合并后被参与合并的另一方控制，则其应为被购买方，参与合并的另一方为购买方。

在判断企业合并中的购买方时，应考虑所有相关的事实和情况，特别是企业合并后参与合并各方的相对投票权、合并后主体管理机构及高层管理人员的构成、权益互换的条款等。

(二) 确定购买日

企业合并的会计处理应在购买日进行，因此，确定购买日是进行会计处理的重要前提。从理论上讲，购买日是被购买企业的净资产和经营的控制权实质上转移给购买企业的日期，也是购买法开始应用的日期。

在控股合并的情况下，购买方应在购买日确认因企业合并形成的对被购买方的长期股权投资；在吸收合并的情况下，购买方应在购买日确认合并中取得的被购买方各项可辨认资产、负债等。

1. 购买日的确定原则

确定购买日的基本原则是控制权转移的时点。企业在实务操作中，应当结合合并合同或协议的约定及其他有关的影响因素，按照实质重于形式的原则进行判断。同时满足以下条件时，一般可认为实现了控制权的转移，形成购买日：

（1）企业合并合同或协议已获股东大会等内部权力机构通过。企业合并一般涉及的交易规模较大，无论是合并当期还是合并以后期间，均会对企业的生产经营产生重大影响，在能够对企业合并进行确认、形成实质性的交易前，该交易或事项应经过企业的内部权力机构批准（如对于股份有限公司，其内部权力机构一般指股东大会）。

（2）按照规定，合并事项须经过国家有关主管部门审批的，已获得相关部门的批准。按照国家有关规定，企业购并须经过国家有关部门批准的，取得相关批准文件是对企业合并交易或事项进行会计处理的前提之一。

（3）参与合并各方已办理了必要的财产权交接手续。作为购买方，其通过企业合并无论是取得对被购买方的股权还是取得被购买方的全部净资产，能够形成与取得股权或净资产相关的风险和报酬的转移，一般需办理相关的财产权交接手续，从而从法律上保障有关风险和报酬的转移。

（4）购买方已支付了购买价款的大部分（一般应超过50%），并且有能力支付剩余款项。购买方要取得与被购买方净资产相关的风险和报酬，其前提是必须支付一定的对价，一般在形成购买日之前，购买方应当已经支付了购买价款的大部分，并且从其目前财务状况判断，有能力支付剩余款项。

（5）购买方实际上已经控制了被购买方的财务和经营政策，并享有相应的收益和风险。

2. 分次实现的企业合并购买日的确定

企业合并涉及一次以上交换交易的，例如通过分阶段取得股份最终实现合并，企业应于每一交易日确认对被投资企业的各单项投资。“交易日”是指合并方或购买方在自身的账簿和报表中确认对被投资单位投资的日期。分步实现的企业合并中，购买日是指按照有关标准判断购买方最终取得对被购买企业控制权的日期。其具体判断原则和参考依据与通过单项交易实现的企业合并相同。

例如，A企业于2×16年10月25日取得B公司30%的股权（假定能够对被投资单位施加重大影响），在与取得股权相关的风险和报酬发生转移的情况下，A企业应确认对B公司的长期股权投资，与所取得股权相关的风险和报酬转移的日期即为交易日。在已经拥有B公司30%股权的基础上，A企业又于2×17年12月10日取得B公司40%的股权，在其持股比例达到70%的情况下，假定于当日开始能够对B公司实施控制，则2×17年12月10日为第二次购买股权的交易日，同时因在当日能够对B公司实施控制，形成企业合并的购买日。

（三）确定企业合并成本

企业合并成本包括购买方为进行企业合并支付的现金或非现金资产、发行或承担的债务、发行的权益性证券等在购买日的公允价值。具体来讲，企业合并成本包括购买方在购买日支付的下列项目的合计金额：

（1）作为合并对价的现金及非现金资产的公允价值。以非货币性资产作为合并对价的，其合并成本为所支付对价的公允价值，该公允价值与作为合并对价的非货币性资产账面价值的差额，作为资产的处置损益，记入合并当期的利润表。为进行企业合并付出非现金资产，应当视同销售处理，根据《企业会计准则第14号——收入》按照公允价值确认销售收入，同时结转销售成本，相当于按照公允价值确认的收入和按账面价值结转的成本之间的差额，也即付出资产公允价值和其账面价值的差额，作为资产的处置损益。付出资产为固定资产、无形资产的，付出资产公允价值和其账面价值的差额计入营业外收入或营业外支出。付出资产为长期股权投资、可供出售金融资产的，付出资产公允价值和其账面价值的差额计入投资收益。

（2）发行的权益性证券的公允价值。发行的权益性证券存在公开市场，有明确市价可供遵循的，应以该证券的市价作为确定其公允价值的依据，同时应考虑该证券的交易量、是否存在限制性条款等因素的影响；发行的权益性证券不存在公开市场，没有明确市价可供遵循的，则应考虑以购买方或被购买方的公允价值为基础确定权益性证券的价值。在确定所发行权益性证券的公允价值时，应当考虑达成企业合并协议并且公开宣布前后一段合理时间内该权益性证券的市场价格。

（3）因企业合并发生或承担的债务的公允价值。因企业合并而承担的各项负债，应采用按照适用利率计算的未来现金流量的现值作为其公允价值。

（4）某些情况下，当企业合并合同或协议中规定视未来或有事项的发生，购买方通过发行额外证券、支付额外现金或其他资产等方式追加合并对价，或者要求返还之前已经支付的对价。购买方应当将合并协议约定的或有对价作为企业合并转移对价的一部分，按照其在购买日的公允价值计入企业合并成本。根据《企业会计准则第 22 号——金融工具确认和计量》《企业会计准则第 37 号——金融工具列报》以及其他相关准则的规定，或有对价符合金融负债或权益工具定义的，购买方应当将拟支付的或有对价确认为一项负债或权益；符合资产定义并满足资产确认条件的，购买方应当将符合合并协议约定条件的、对已支付的合并对价中可收回部分的权利确认为一项资产。

购买日之后发生的对合并价款的调整，只有在购买日后 12 个月内发生，且是对“购买日已存在情况”有新的或者进一步证据导致的调整，才属于计量期调整，从而调整商誉。其他调整，尤其是基于被购买方盈利情况的调整或者其他在购买日后发生的事件导致的调整，都不能调整商誉。或有对价属于权益性质的，不进行会计处理；或有对价属于金融资产或者金融负债的，按照公允价值计量且公允价值的变化产生的利得和损失计入当期损益或按照相关规定计入其他综合收益；如果不属于金融工具，则按照《企业会计准则第 13 号——或有事项》或其他相应的准则处理。

（5）相关费用的会计处理。非同一控制下企业合并中发生的与企业合并相关的费用与同一控制下企业合并的会计处理相同，此处不再赘述。

（四）企业合并成本在取得的可辨认资产和负债之间的分配

非同一控制下的企业合并中，购买方取得了对被购买方净资产的控制权，视合并方式的不同，应分别在合并财务报表或个别财务报表中确认合并中取得的各项可辨认资产和负债。在控股合并的情况下，购买方在其个别财务报表中应确认所形成的长期股权投资，该长期股权投资所代表的是购买方在合并中取得的对被购买方各项资产、负债享有的份额，具体体现在合并财务报表中所列示的有关资产、负债的价值上；在吸收合并的情况下，合并中取得的被购买方各项可辨认资产、负债等直接体现为购买方账簿及个别财务报表中的资产、负债项目。

1. 企业合并中取得的被购买方各项可辨认资产和负债

购买方在企业合并中取得的被购买方各项可辨认资产和负债，要作为本企业的资产、负债（或合并财务报表中的资产、负债）进行确认，在购买日，应当满足资产、负债的确认条件。有关的确认条件包括：

（1）合并中取得的被购买方除无形资产以外的其他各项资产（不仅限于被购买方原已确认的资产），其所带来的经济利益很可能流入企业且公允价值能够可靠地计量的，应当单独予以确认并按照公允价值计量。

（2）合并中取得的被购买方的各项负债（或有负债除外），履行有关的义务预期会导致经济利益流出企业且公允价值能够可靠计量的，应单独作为负债确认。

2. 企业合并中取得的无形资产

合并中取得的无形资产，其公允价值能够可靠地计量的，应当单独确认为无形资产并按照公允价值计量。

3. 合并中取得的被购买方或有负债

为了尽可能反映购买方因为进行企业合并可能承担的潜在义务，对于购买方在企业合并时可能需要代被购买方承担的或有负债，在其公允价值能够可靠计量的情况下，应作为合并中取得的负债单独确认。企业合并中对于或有负债的确认条件，与企业在正常经营过程中因或有事项需要确认负债的条件不同。在购买日，可能相关的或有事项导致经济利益流出企业的可能性还比较小，但在其公允价值能够合理确定的情况下，即需要作为合并中取得的负债确认。

4. 可辨认资产、负债的计量

企业合并中取得的资产、负债在满足确认条件后，应以其公允价值计量。

应当说明的是，对于被购买方在企业合并之前已经确认的商誉和递延所得税项目，购买方在对企业合并成本进行分配、确认合并中取得可辨认资产和负债时不应予以考虑。

在按照规定确定了合并中应予确认的各项可辨认资产、负债的公允价值后，其计税基础与账面价值不同形成暂时性差异的，应当按照所得税会计准则的规定确认相应的递延所得税资产或递延所得税负债。

（五）企业合并成本与合并中取得的被购买方可辨认净资产公允价值份额之间差额的处理

购买方对于企业合并成本与确认的被购买方可辨认净资产公允价值份额的差额，应视情况分别处理：

（1）企业合并成本大于合并中取得的被购买方可辨认净资产公允价值份额的差额，应确认为商誉。控股合并情况下，该差额是指合并财务报表中应列示的商誉；吸收合并情况下，该差额是购买方在其账簿及个别财务报表中应确认的商誉。商誉在确认以后，持有期间不要求摊销；每一会计年度年末，企业应当根据《企业会计准则第 8 号——资产减值》的规定对其进行减值测试，按照账面价值与可收回金额孰低的原则计量，对于可收回金额低于账面价值的部分，计提减值准备，有关减值准备在提取以后，不能够转回。

（2）企业合并成本小于合并中取得的被购买方可辨认净资产公允价值份额的部分，应计入合并当期损益。企业合并准则中要求该种情况下，首先要对合并中取得的资产、负债的公允价值、作为合并对价的非现金资产或发行的权益性证券等的公允价值进行复核，复核结果表明所确定的各项可辨认资产和负债的公允价值确实是恰当的，应将企业合并成本低于取得的被购买方可辨认净资产公允价值份额之间的差额，计入合并当期的营业外收入，并在会计报表附注中予以说明。与商誉的确认相同，在吸收合并的情况下，上述企业合并成本小于合并中取得的被购买方可辨认净资产公允价值的差额，应计入合并当期购买方的个别利润表；在控股合并的情况下，上述差额应体现在合并当期合并财务报表中。

（六）企业合并成本或合并中取得的可辨认资产、负债公允价值暂时确定的情况

按照购买法核算的企业合并，基本原则是确定公允价值，无论是作为合并对价付出的各项资产的公允价值，还是合并中取得的被购买方各项可辨认资产、负债的公允价值，如果在购买日或合并当期期末因各种因素影响无法合理确定的，合并当期期末，购买方应以暂时确定的价值为基础进行核算。

1. 购买日后 12 个月内对有关价值量的调整

合并当期期末以暂时确定的价值对企业合并进行处理的情况下，自购买日算起 12 个月内取得进一步的信息表明需对原暂时确定的企业合并成本或所取得的可辨认资产、负债的暂时性价值进行调整的，应视同在购买日发生，即应进行追溯调整，同时对以暂时性价值为基础提供的比较报表信息，也应进行相关的调整。

例如，A 企业于 2×16 年 9 月 20 日对 B 公司进行吸收合并，合并中取得的一项固定资产不存在活跃市场，为确定其公允价值，A 企业聘请了有关的资产评估机构对其进行评估。至 A 企业 2×16 年财务报告对外报出时，尚未取得评估报告。A 企业在其 2×16 年财务报告中对该项固定资产暂估的价值为 50 万元，预计使用年限为 5 年，净残值为零，按照直线法计提折旧。该项企业合并中 A 企业确认商誉 100 万元。假定 A 企业不编制中期财务报告。

2×17 年 4 月，A 企业取得了资产评估报告，确认该项固定资产的价值为 60 万元。则 A 企业应视同在购买日确定的该项固定资产的公允价值为 60 万元，相应调整 2×16 年财务报告中确认的商誉价值（调减 10 万元）及利润表中的折旧费用（调增 0.5 万元）。

进行有关调整后，A 企业在其 2×17 年会计报表附注中应对有关情况做出说明，即说明有关固定资产的价值在 2×16 年财务报告中为暂时确定、其后的调整金额以及对比较报表已进行调整的事实。

2. 超过规定期限后的价值量调整

自购买日算起 12 个月以后对企业合并成本或合并中取得的可辨认资产、负债价值的调整，应当按照《企业会计准则第 28 号——会计政策、会计估计变更和会计差错更正》的原则进行处理，即对于企业合并成本或合并中取得可辨认资产、负债公允价值等进行的调整，应视为会计差错更正，在调整相关资产、负债账面价值的同时，应调整所确认的商誉或计入合并当期利润表中的金额，以及相关资产的折旧、摊销等。

（七）购买日合并财务报表的编制

非同一控制下的控股合并中，购买方一般应于购买日编制合并资产负债表，反映其于购买日开始能够控制的经济资源情况。在合并资产负债表中，合并中取得的被购买方各项可辨认资产、负债应以其在购买日的公允价值计量，长期股权投资的成本大于合并中取得的被购买方可辨认净资产公允价值份额的差额，体现为合并财务报表中的商誉；长期股权投资的成本小于合并中取得的被购买方可辨认净资产公允价值份额的差额，企业合并准则中规定应计入合并当期损益，因购买日不需要编制合并利润表，该差额体现在合并资产负债表上，应调整合并资产负债表中的未分配利润。

应予以说明的是，非同一控制下的企业合并中，作为购买方的母公司在进行有关会计

处理后，应单独设置备查簿，记录其在购买日取得的被购买方各项可辨认资产、负债的公允价值以及因企业合并成本大于合并中取得的被购买方可辨认净资产公允价值的份额应确认的商誉金额，或因企业合并成本小于合并中取得的被购买方可辨认净资产公允价值的份额计入当期损益的金额，作为企业合并当期以及以后期间编制合并财务报表的基础。企业合并当期期末以及合并以后期间，应当纳入到合并财务报表中的被购买方资产、负债等，是以购买日确定的公允价值为基础持续计算的结果。

二、非同一控制下企业合并的会计处理

（一）非同一控制下的控股合并

在非同一控制下的控股合并方式下，购买方涉及的会计处理问题主要是两个方面：一是购买日因进行企业合并形成的对被购买方的长期股权投资初始投资成本的确定，该成本作为合并对价支付的有关资产账面价值的差额处理；二是购买日合并财务报表的编制。

1. 长期股权投资初始投资成本的确定

购买方应当按照确定的企业合并成本作为长期股权投资的初始投资成本。

非同一控制下企业合并形成的长期股权投资，应在购买日按企业合并成本，借记“长期股权投资”科目，按支付合并对价的账面价值，贷记或借记有关资产、负债科目。对于投资成本中包含的被投资单位已经宣告但尚未发放的现金股利或利润，应作为应收股利进行核算。

非同一控制下的企业合并，若投出资产为非货币性资产，投出资产公允价值与其账面价值的差额应分别不同资产进行会计处理（与出售资产影响损益的会计处理相同）：

（1）若投出资产为固定资产或无形资产，其差额计入营业外收入或营业外支出。

（2）若投出资产为存货，按其公允价值确认主营业务收入或其他业务收入，按其成本结转主营业务成本或其他业务成本，若存款计提跌价准备的，应将存货跌价准备一并结转。

（3）若投出资产为可供出售金融资产等，其差额计入投资收益。可供出售金融资产持有期间公允价值变动形成的“其他综合收益”应一并转入投资收益。

【例 10－11】 甲公司 2×16 年 4 月 1 日与乙公司原投资者 A 公司签订协议（甲公司和乙公司不属于同一控制下的公司），甲公司以存货和承担 A 公司的短期偿还贷款义务换取 A 公司持有的乙公司股权。2×16 年 7 月 1 日，双方办理股权过户手续，购买日，乙公司可辨认净资产公允价值为 1 000 万元，甲公司取得 70% 的份额。甲公司投出存货的公允价值为 500 万元，增值税税额为 85 万元，账面成本为 400 万元，未计提存货跌价准备，同时承担归还短期贷款义务 200 万元。账务处理如下：

借：长期股权投资	7 850 000	
贷：短期借款		2 000 000
主营业务收入		5 000 000
应交税费——应交增值税（销项税额）		850 000
借：主营业务成本	4 000 000	
贷：库存商品		4 000 000

【例 10－12】 2×16 年 5 月 1 日，甲公司以一项可供出售金融资产向丙公司投资（甲

公司和丙公司不属于同一控制下的两个公司)，占丙公司注册资本的70%。购买日，该可供出售金融资产的账面价值为3 000万元（其中成本为3 200万元，公允价值变动为−200万元)，公允价值为3 100万元。假设不考虑其他相关税费。账务处理如下：

借：长期股权投资　　31 000 000

　　可供出售金融资产——公允价值变动　　2 000 000

　贷：可供出售金融资产——成本　　32 000 000

　　　投资收益　　1 000 000

借：投资收益　　2 000 000

　贷：其他综合收益　　2 000 000

2. 购买日合并财务报表的编制

购买日编制的抵销分录如下：

借：股本

　　资本公积

　　盈余公积

　　未分配利润

　　商誉（借方差额)

　贷：长期股权投资

　　　少数股东权益

　　　盈余公积

　　　未分配利润（贷方差额)

应注意，贷方差额应计入营业外收入，但因购买日不编制合并利润表，所以计入未分配利润项目。

【例10-13】 沿用例10-6中的资料，P公司在该项合并中发行1 000万股普通股（每股面值为1元)，市场价格为每股1.8元，取得了S公司80%的股权。假定该项合并为非同一控制下的企业合并，编制购买方于购买日的合并资产负债表。

(1) 确认长期股权投资：

借：长期股权投资　　18 000 000

　贷：股本　　10 000 000

　　　资本公积——股本溢价　　8 000 000

(2) 计算确定商誉。假定S公司除已确认资产外，不存在其他需要确认的资产及负债，P公司首先计算合并中应确认的合并商誉：

合并商誉＝企业合并成本－合并中取得被购买方可辨认净资产公允价值份额

＝1 000×1.8－2 200×80%

＝40(万元)

(3) 编制调整和抵销分录：

在合并日将S公司的资产和负债由账面价值调整到公允价值：

借：存货　　300 000

　　长期股权投资　　500 000

　　　固定资产　　　　　　　　　　　　　　　　　　　　　3 000 000
　　　无形资产　　　　　　　　　　　　　　　　　　　　　200 000
　　贷：资本公积　　　　　　　　　　　　　　　　　　　　　4 000 000

在合并日编制抵销分录：

　借：实收资本　　　　　　　　　　　　　　　　10 000 000
　　　资本公积　　　　　　　　　　　　　　　　　6 000 000
　　　盈余公积　　　　　　　　　　　　　　　　　　600 000
　　　未分配利润　　　　　　　　　　　　　　　　5 400 000
　　　商誉　　　　　　　　　　　　　　　　　　　　400 000
　　贷：长期股权投资　　　　　　　　　　　　　　　　18 000 000
　　　　少数股东权益　　　　　　　　　　　　　　　　4 400 000

（4）编制合并资产负债表（简表），如表 10－11 所示。

表 10－11　　　　合并资产负债表（简表）

2×16 年 6 月 30 日　　　　单位：万元

项目	P公司	S公司	调整和抵销分录		合并金额
			借方	贷方	
资产：					
货币资金	1 500	100			1 600
应收账款	1 000	100			1 100
存货	2 500	600	30		3 130
长期股权投资	3 300	200	50	1 800	1 750
固定资产	3 000	1 500	300		4 800
无形资产	500	100	20		620
商誉	0	0	40		40
资产总计	11 800	2 600	440	1 800	13 040
负债和所有者权益：					
短期借款	800	100			900
应付账款	1 200	500			1 700
其他负债	1 000	200			1 200
负债合计	3 000	800			3 800
实收资本（股本）	5 000	1 000	1 000		5 000
资本公积	1 800	200	600	400	1 800
盈余公积	200	60	60		200
未分配利润	1 800	540	540		1 800
少数股东权益				440	440
所有者权益合计	8 800	1 800	2 200	840	9 240
负债和所有者权益总计	11 800	2 600	2 200	840	13 040

（二）非同一控制下的吸收合并

在非同一控制下的吸收合并中，购买方在购买日应当将合并中取得的符合确认条件的各项可辨认资产、负债，按其公允价值确认为本企业的资产和负债；作为合并对价的有关非货币性资产在购买日的公允价值与其账面价值的差额，应作为资产处置损益计入合并当期的利润表；确定的企业合并成本与所取得的被购买方可辨认净资产公允价值之间的差额，视情况分别确认为商誉或计入企业合并当期的损益。其具体处理原则与非同一控制下的控股合并类似，不同点在于在非同一控制下的吸收合并中，合并中取得的可辨认资产和负债是作为个别报表中项目列示，合并中产生的商誉也是作为购买方账簿及个别财务报表中的资产列示。

【例 10－14】 沿用例 10－6 中的有关资料，2×16 年 6 月 30 日，P 公司通过向 S 公司的股东定向增发 1 000 万股普通股（每股面值为 1 元，市价为 2.3 元）对 S 公司进行吸收合并，并于当日取得 S 公司净资产。

本例中，假定 P 公司和 S 公司为非同一控制下的两家公司。因合并后 S 公司失去其法人资格，P 公司应确认合并中取得的 S 公司的各项资产和负债，假定 P 公司与 S 公司在合并前采用的会计政策相同。P 公司对该项合并应进行的账务处理为：

借：银行存款（货币资金）	1 000 000	
应收账款	1 000 000	
库存商品（存货）	6 300 000	
长期股权投资	2 500 000	
固定资产	18 000 000	
无形资产	1 200 000	
商誉	1 000 000	
贷：短期借款		1 000 000
应付账款		5 000 000
其他应付款（其他负债）		2 000 000
股本		10 000 000
资本公积		13 000 000

三、通过多次交易分步实现的非同一控制下企业合并

在通过多次交易分步实现的非同一控制下企业合并中，企业在每一单项交易发生时，应确认对被投资单位的投资。投资企业在持有被投资单位的部分股权后，通过增加持股比例等达到对被投资单位形成控制的，购买方应当区分个别财务报表和合并财务报表进行处理。

（一）个别财务报表

1. 原投资为长期股权投资

购买日长期股权投资初始投资成本＝原投资账面价值＋新增股份公允价值

购买日之前因权益法形成的其他综合收益或资本公积——其他资本公积暂时不作处理，待到处置该项投资时将与其相关的其他综合收益或资本公积——其他资本公积再按长期股权投资的规定进行处理。

2. 原投资为可供出售金融资产或交易性金融资产

购买日长期股权投资初始投资成本＝原投资公允价值＋新增股份公允价值

原投资因公允价值变动形成的其他综合收益或公允价值变动损益应转入投资收益。

（二）合并财务报表

1. 原投资系长期股权投资

(1) 购买方对于购买日之前持有的被购买方的股权，按照该股权在购买日的公允价值进行重新计量，公允价值与账面价值的差额计入当期投资收益。

(2) 合并成本＝购买日之前持有的被购买方的股权于购买日的公允价值＋购买日新购入股权所支付对价的公允价值。

(3) 比较购买日合并成本与享有的被购买方可辨认净资产公允价值的份额，确定购买日应予确认的商誉，或者应计入营业外收入（用留存收益代替）的金额。

(4) 购买日之前持有的被购买方的股权涉及权益法核算下的其他综合收益以及除净损益、其他综合收益和利润分配外的其他所有者权益变动的，与其相关的其他综合收益、其他所有者权益变动应当转为购买日所属当期损益，由于被购买方重新计量设定受益计划净负债或净资产变动而产生的其他综合收益除外。

2. 原投资系可供出售金融资产

若原投资系可供出售金融资产，购买日公允价值与购买日之前的账面价值的差额及原计入其他综合收益的累计公允价值变动已在个别报表中转入当期损益，不存在合并报表调整的问题。

【例 10-15】长江公司于2×16年1月1日以货币资金3 100万元取得了大海公司30%的所有者权益，对大海公司能够施加重大影响，大海公司在该日的可辨认净资产的公允价值是11 000万元。

2×16年1月1日，大海公司除一项固定资产的公允价值与其账面价值不同外，其他资产和负债的公允价值与账面价值相等。购买日，该项固定资产的公允价值为300万元，账面价值为100万元，剩余使用年限为10年，采用年限平均法计提折旧，无残值。

大海公司2×16年度实现净利润1 000万元，没有支付股利，因可供出售金融资产公允价值变动增加其他综合收益200万元。

2×17年1月1日，长江公司以货币资金5 220万元进一步取得大海公司40%的所有者权益，因此取得了控制权。大海公司在该日所有者权益的账面价值为12 000万元，其中：股本5 000万元，资本公积2 000万元，其他综合收益200万元，盈余公积480万元，未分配利润4 320万元；可辨认净资产的公允价值是12 300万元。

2×17年1月1日，大海公司除一项固定资产的公允价值与其账面价值不同外，其他资产和负债的公允价值与账面价值相等。该固定资产的公允价值为390万元，账面价值为90万元，剩余使用年限为9年，采用年限平均法计提折旧，无残值。

已知：原30%股权在该日的公允价值为3 915万元；长江公司和大海公司属于非同一控制下的公司。假定不考虑所得税和内部交易的影响。

长江公司的账务处理如下：

(1) 2×16年1月1日至2×17年1月1日，长江公司对大海公司进行长期股权投资的会计分录为：

1) 2×16年1月1日：

借：长期股权投资——投资成本	31 000 000	
贷：银行存款		31 000 000

借：长期股权投资——投资成本　2 000 000（110 000 000×30%－31 000 000）
　贷：营业外收入　2 000 000

2）2×16 年 12 月 31 日：

借：长期股权投资——损益调整
　2 940 000 {[10 000 000－(3 000 000－1 000 000)÷10]×30%}
　贷：投资收益　2 940 000
借：长期股权投资——其他综合收益　600 000
　贷：其他综合收益　600 000

3）2×17 年 1 月 1 日：

借：长期股权投资　52 200 000
　贷：银行存款　52 200 000
借：长期股权投资　36 540 000
　贷：长期股权投资——投资成本　33 000 000
　　——损益调整　2 940 000
　　——其他综合收益　600 000

(2) 长期股权投资账面价值＝3 100＋200＋294＋60＋5 220＝8 874（万元）。

(3) 长江公司对大海公司投资形成的商誉＝(3 915＋5 220)－12 300×70%＝525（万元）。

(4) 购买日，在合并报表工作底稿中编制对大海公司个别财务报表进行调整的会计分录：

借：固定资产　3 000 000
　贷：资本公积　3 000 000

(5) 将原 30%持股比例的长期股权投资账面价值调整到购买日的公允价值：

调整金额＝3 915－(3 100＋200＋294＋60)＝261(万元)

借：长期股权投资　2 610 000
　贷：投资收益　2 610 000

将原 30%持股比例的长期股权投资按权益法核算形成的其他综合收益转入投资收益：

借：其他综合收益　600 000
　贷：投资收益　600 000

(6) 合并报表工作底稿中编制的购买日与投资有关的抵销分录如下：

借：股本　50 000 000
　资本公积　23 000 000（20 000 000＋3 000 000）
　其他综合收益　2 000 000
　盈余公积　4 800 000
　未分配利润　43 200 000
　商誉　5 250 000
　贷：长期股权投资　91 350 000（39 150 000＋52 200 000）
　　少数股东权益　36 900 000

四、购买子公司少数股权的处理

母公司购买子公司少数股东拥有的子公司股权的，在母公司个别财务报表中，其自子公司少数股东处新取得的长期股权投资应当按照《企业会计准则第2号——长期股权投资》的规定确定其入账价值；在合并财务报表中，子公司的资产、负债应以购买日或合并日所确定的净资产价值开始持续计算的金额反映，因购买少数股权新取得的长期股权投资与按照新增持股比例计算应享有子公司自购买日或合并日开始持续计算的净资产份额之间的差额，应当调整母公司个别财务报表中的资本公积（资本溢价或股本溢价），资本公积不足冲减的，调整留存收益。

【提示】购买子公司少数股东股权在合并财务报表中属于权益性交易。因控制权未发生改变，商誉金额只反映原投资部分，新增持股比例部分在合并财务报表中不确认商誉。

【例10-16】A公司于2×16年12月29日以11 500万元取得对B公司70%的股权，能够对B公司实施控制，形成非同一控制下的企业合并。2×17年12月31日，A公司又出资1 880万元自B公司的少数股东处取得B公司10%的股权。A公司与B公司的少数股东在交易前不存在任何关联方关系。

2×16年12月29日，A公司在取得B公司70%股权时，B公司可辨认净资产公允价值总额为16 000万元。

2×17年12月31日，B公司有关资产和负债的账面价值、自购买日开始持续计算的金额、交易日的公允价值如表10-12所示。

表10-12 单位：万元

项目	B公司的账面价值	B公司资产、负债自购买日开始持续计算的金额	B公司资产、负债在交易日的公允价值
存货	1 000	1 200	1 500
应收款项	4 000	3 000	3 000
固定资产	8 000	10 000	10 500
无形资产	2 000	2 200	2 400
其他资产	3 000	3 600	3 600
应付款项	2 000	2 100	2 100
其他负债	1 000	900	900
净资产	15 000	17 000	18 000

（1）确定A公司对B公司长期股权投资的成本。

2×16年12月29日为该非同一控制下企业合并的购买日，A公司取得对B公司长期股权投资的成本为11 500万元。2×16年12月31日，A公司在进一步取得B公司20%的少数股权时，支付价款1 880万元。则：

该项长期股权投资在2×16年12月31日的账面余额=11 500+1 880=13 380(万元)

（2）编制合并财务报表时的处理。

1）计算商誉：

A公司取得B公司70%股权时产生的商誉=11 500−16 000×70%=300（万元）

在合并财务报表中应体现的商誉总额为300万元。

2）调整所有者权益。在合并财务报表中，B公司的有关资产、负债应以其购买日开始持续计算的金额进行合并，即与新取得的10%股权相对应的被投资单位可辨认资产、负债的金额=17 000×10%=1 700（万元）。

因购买少数股权新增加的长期股权投资成本1 880万元与按照新取得的股权比例（10%）计算确定应享有子公司自购买日开始持续计算的可辨认净资产份额1 700万元之间的差额为180万元，在合并资产负债表中调整所有者权益相关项目，首先调整资本公积（资本溢价或股本溢价），在资本公积（资本溢价或股本溢价）的金额不足冲减的情况下，调整留存收益（盈余公积和未分配利润）。

五、反向购买的处理

（一）反向购买的基本原则

在非同一控制下的企业合并中，以发行权益性证券交换股权的方式进行的，通常发行权益性证券的一方为购买方。但某些企业合并中，发行权益性证券的一方因其生产经营决策在合并后被参与合并的另一方所控制的，发行权益性证券的一方虽然为法律上的母公司，但其为会计上的被收购方，该类企业合并通常称为反向购买。例如，A公司为一家规模较小的上市公司，B公司为一家规模较大的贸易公司。B公司拟通过收购A公司的方式达到上市目的，但该交易是通过A公司向B公司原股东发行普通股用以交换B公司原股东持有的对B公司股权的方式实现的。完成该项交易后，B公司原控股股东持有A公司50%以上股权，A公司持有B公司50%以上股权，A公司为法律上的母公司，B公司为法律上的子公司，但从会计角度看，A公司为被购买方，B公司为购买方。

典型的反向购买如图10-1所示。

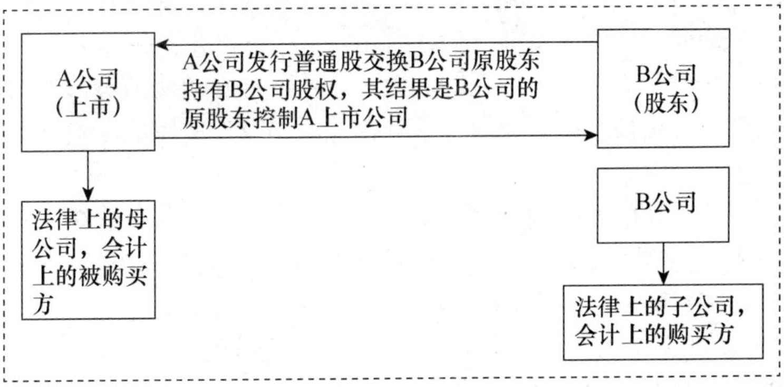

图10-1 典型的反向购买

1. 企业合并成本

在反向购买中，法律上的子公司（购买方）的企业合并成本是指其如果以发行权益性证券的方式为获取在合并后报告主体的股权比例，应向法律上的母公司（被购买方）的股东发行的权益性证券数量与其公允价值计算的结果。购买方的权益性证券在购买日存在公开报价的，通常应以公开报价作为其公允价值；购买方的权益性证券在购买日不存在可靠公开报价的，应参照购买方的公允价值和被购买方的公允价值二者之中有更为明显证据支持的作为基础，确定购买方假定应发行权益性证券的公允价值。

2. 合并财务报表的编制

反向购买主要表现在购买日合并财务报表的操作中，其总的原则是应体现“反向”。比如，反向购买的合并财务报表以子公司（购买方）为主体，保留子公司的股东权益各项目，抵销母公司（被购买方）的股东权益各项目。

反向购买后，法律上的母公司应当遵从以下原则编制合并财务报表：

(1) 在合并财务报表中，法律上子公司的资产、负债应以其在合并前的账面价值进行确认和计量。

(2) 合并财务报表中的留存收益和其他权益余额应当反映的是法律上子公司在合并前的留存收益和其他权益余额。

(3) 合并财务报表中的权益性工具的金额应当反映法律上子公司合并前发行在外的股份面值以及假定在确定该项企业合并成本过程中新发行的权益性工具的金额。但是在合并财务报表中的权益结构应当反映法律上母公司的权益结构，即法律上母公司发行在外权益性证券的数量及种类。

(4) 法律上母公司的有关可辨认资产、负债在并入合并财务报表时，应以其在购买日确定的公允价值进行合并，企业合并成本大于合并中取得的法律上母公司（被购买方）可辨认净资产公允价值的份额体现为商誉，小于合并中取得的法律上母公司（被购买方）可辨认净资产公允价值的份额确认为合并当期损益。

(5) 合并财务报表的比较信息应当是法律上子公司的比较信息（即法律上子公司的前期合并财务报表）。

(6) 法律上子公司的有关股东在合并过程中未将其持有的股份转换为对法律上母公司股份的，该部分股东享有的权益份额在合并财务报表中应作为少数股东权益列示。因法律上子公司的部分股东未将其持有的股份转换为法律上母公司的股权，其享有的权益份额仍仅限于对法律上子公司的部分，该部分少数股东权益反映的是少数股东按持股比例计算享有法律上子公司合并前净资产账面价值的份额。另外，对于法律上母公司的所有股东，虽然该项合并中其被认为是被购买方，但其享有合并形成报告主体的净资产及损益不应作为少数股东权益列示。

上述反向购买的会计处理原则仅适用于合并财务报表的编制。法律上母公司在该项合并中形成的对法律上子公司长期股权投资成本的确定，应当遵从《企业会计准则第2号——长期股权投资》的相关规定。

3. 每股收益的计算

发生反向购买的当期，用于计算每股收益的发行在外普通股的加权平均数为：

(1) 自当期期初至购买日，发行在外的普通股数量应假定为在该项合并中法律上母公司向法律上子公司股东发行的普通股数量。

(2) 自购买日至期末发行在外的普通股数量为法律上母公司实际发行在外的普通股股数量。

反向购买后对外提供比较合并财务报表的，其比较前期合并财务报表中的基本每股收益，应以法律上子公司的每一比较报表期间归属于普通股股东的净损益除以在反向购买中法律上母公司向法律上子公司股东发行的普通股股数计算确定。

上述假定法律上子公司发行的普通股股数在比较期间内和自反向购买发生期间的期初至购买日之间内未发生变化。如果法律上子公司发行的普通股股数在此期间发生了变动，计算每股收益时应适当考虑其影响并进行调整。

【例 10－17】 A 上市公司（以下简称“A 公司”）于 2×16 年 9 月 30 日通过定向增发本企业普通股对 B 企业进行合并，取得 B 企业 100%股权。假定不考虑所得税影响，A 公司及 B 企业合并前的简化资产负债如表 10－13 所示。

表 10－13　　A 公司及 B 企业合并前的资产负债表　　单位：万元

项目	A 公司	B 企业
资产：		
流动资产	5 000	7 000
非流动资产	13 000	30 000
资产总计	18 000	37 000
负债：		
流动负债	3 000	6 000
非流动负债	4 000	11 000
负债合计	7 000	17 000
所有者权益：		
股本	1 000	600
资本公积	2 000	5 400
盈余公积	800	1 400
未分配利润	7 200	12 600
所有者权益合计	11 000	20 000
负债及所有者权益总计	18 000	37 000

其他资料：

(1) 2×16 年 9 月 30 日，A 公司通过定向增发本企业普通股，以 2.5 股换 1 股的比例自 B 企业原股东处取得了 B 企业全部股权。A 公司共发行了 1 500 万股普通股取得 B 企业全部 600 万股普通股。

(2) A 公司每股普通股在 2×16 年 9 月 30 日的公允价值为 16 元，B 企业每股普通股当日的公允价值为 40 元。A 公司、B 企业每股普通股的面值为 1 元。

(3) 2×16 年 9 月 30 日，A 公司除非流动资产公允价值为 15 000 万元以外，其他资产、负债项目的公允价值与其账面价值相同。

(4) 假定 A 公司与 B 企业在合并前不存在任何关联方关系。

对于该项企业合并，虽然在合并中，发行权益性证券的一方为 A 公司，但因其生产经营决策的控制权在合并后由 B 企业原股东控制，B 企业应为购买方，A 公司应为被购买方，但 A 公司为法律上的母公司，B 公司为法律上的子公司。

具体处理如下：

(1) 确定该项合并中 B 企业的合并成本。A 公司在该项合并中向 B 企业原股东增发了 1 500 万股普通股，合并后 B 企业原股东持有 A 公司的股权比例为 60%（1 500/2 500），如果假定B企业发行本企业普通股在合并后的主体享有同样的股权比例，则B企业应当发行的普通股股数为400（600÷60%－600）万股，其公允价值为16 000（400×40）万元，企业合并成本为16 000万元。

(2) 确定合并报表中的合并商誉。2×16年9月30日，合并财务报表中确认的商誉为：

合并财务报表中确认的商誉＝合并成本－被购买方(A公司)可辨认净资产公允价值
＝16 000－[11 000＋(15 000－13 000)]
＝3 000(万元)

(3) 确定合并财务报表中权益性证券的数量和权益性工具的金额。合并财务报表中的权益性工具的金额应当反映法律上子公司合并前发行在外的股份面值（600万元）以及假定在确定该项企业合并成本过程中新发行的权益性工具的金额（400万元），合计为1 000万元。但是，在合并财务报表中的权益结构应当反映法律上母公司的权益结构，即合并财务报表中的股数反映法律上母公司发行在外权益性证券的数量为2 500万股（原1 000万股＋新发行1 500万股）。

A公司2×16年9月30日的合并资产负债表如表10－14所示。

表10－14　　　　合并资产负债表　　　　单位：万元

2×16年9月30日

项目	金额
资产：	
流动资产	12 000
非流动资产	58 000
商誉	3 000
资产总计	73 000
负债：	
流动负债	9 000
非流动负债	15 000
负债合计	24 000
所有者权益：	
股本（2 500万股）	1 000
资本公积	34 000
盈余公积	1 400
未分配利润	12 600
所有者权益合计	49 000
负债及所有者权益总计	73 000

(4) 确定每股收益。本例中，假定B企业2×15年实现合并净利润1 200万元，2×16年A公司与B企业形成的主体实现合并净利润2 000万元，自2×16年1月1日至2×16年9月30日，B企业发行在外的普通股股数未发生变化。

A公司2×16年基本每股收益＝2 000÷(600×2.5×9÷12＋2 500×3÷12)
＝1.14(元)

在提供比较报表的情况下，比较报表中的每股收益应进行调整：

A 公司 2×15 年的每股收益＝1 200÷(600×2.5)＝0.8(元)

(5) 确定少数股东权益。B企业的全部股东中假定只有其中的80%以原持有的对B企业股权换取了A公司增发的普通股。A公司应发行的普通股股数为1 200（600×80%×2.5）万股。企业合并后，B企业的股东拥有合并后主体的股权比例为54.55%（1 200÷2 200)。假定B企业向A公司发行本企业普通股在合并后主体享有同样的股权比例，在计算B企业须发行的普通股数量时，不考虑少数股权的因素，故B企业应当发行的普通股股数为400（600×80%÷54.55%－600×80%）万股，B企业在该项合并中的企业合并成本＝400×40＝16 000（万元），B企业未参与股权交换的股东拥有B企业的股份为10%，享有B企业合并前净资产的份额＝20 000×20%＝4 000（万元），在合并财务报表中应作为少数股东权益列示。A公司2×16年9月30日合并资产负债表如表10－15所示。

表 10－15 **合并资产负债表** 单位：万元

2×16年9月30日

项目	金额
资产：	
流动资产	12 000
非流动资产	58 000
商誉	3 000
资产总计	73 000
负债：	
流动负债	9 000
非流动负债	15 000
负债合计	24 000
所有者权益：	
股本（2 200万股）	880
资本公积	32 920
盈余公积	1 120
未分配利润	10 080
少数股东权益	4 000
所有者权益合计	49 000
负债及所有者权益总计	73 000

(二) 非上市公司购买上市公司股权实现间接上市的会计处理

非上市公司以所持有的对子公司投资等资产为对价取得上市公司的控制权，构成反向购买的，上市公司编制合并财务报表时应当区别以下情况处理：

(1) 交易发生时，上市公司未持有任何资产、负债或仅持有现金、交易性金融资产等不构成企业的资产或负债，上市公司在编制合并财务报表时，购买企业应按照权益性交易原则进行处理，不得确认商誉或计入当期损益。

(2) 交易发生时，上市公司保留的资产、负债构成业务的，对于形成非同一控制下企业合并的，企业合并成本与取得的上市公司可辨认净资产公允价值份额的差额应当确认为商誉或计入当期损益。

六、不丧失控制权情况下处置部分对子公司投资的处理

母公司不丧失控制权的情况下部分处置对子公司的长期股权投资的，在母公司个别财务报表中作为长期股权投资的处置，确认有关处置损益。即出售股权取得的价款或对价的公允价值与所处置投资账面价值的差额，应作为投资收益或损失计入处置投资当期母公司的个别财务报表；在合并财务报表中，因出售部分股权后，母公司仍能够对被投资单位实施控制，被投资单位应当纳入母公司合并财务报表。因此，在合并财务报表中，处置价款与处置长期股权投资相对应享有子公司自购买日或合并日开始持续计算的净资产份额之间的差额，应当调整资本公积（资本溢价或股本溢价），资本公积不足冲减的，调整留存收益。

【提示 1】该交易在合并财务报表角度属于权益性交易，合并财务报表中不确认投资收益。

【提示 2】合并财务报表中的商誉不因持股比例改变而改变。

【提示 3】合并财务报表中确认资本公积的金额＝出售净价－出售日应享有子公司按购买日公允价值持续计算的金额对应处置比例份额。

【例 10－18】甲公司 2×16 年 1 月 2 日取得乙公司 80％的股权，成本为 17 200 万元，购买日，乙公司可辨认净资产公允价值总额为 19 200 万元。假定该项合并为非同一控制下的企业合并，且按照税法规定该项合并为应税合并。2×17 年 1 月 1 日，甲公司将其持有乙公司股权的 1/4 对外出售，取得价款 5 300 万元。出售投资当日，乙公司自甲公司取得其 80％的股权之日起持续计算的应当纳入甲公司合并财务报表的可辨认净资产总额为 24 000 万元，乙公司个别财务报表中的账面净资产为 20 000 万元。该项交易完成后，甲公司仍能够控制乙公司的财务和生产经营决策。

甲公司的账务处理如下：

合并财务报表中确认的商誉＝17 200－19 200×80％＝1 840（万元），在不丧失控制权的情况下，商誉不因投资持股比例的变化而变化，虽然出售了 1/4 股权，但合并财务报表中的商誉仍为 1 840 万元。

2×17 年 1 月 1 日，个别财务报表中因出售乙公司股权应确认的投资收益＝5 300－17 200×1/4＝1 000（万元）。

合并财务报表中不得确认损益。合并财务报表中因出售乙公司股权应调整的资本公积＝5 300－24 000×80％×1/4＝500（万元）。

七、被购买方的会计处理

在非同一控制下的企业合并中，购买方通过企业合并取得被购买方 100％股权的，被购买方可以按照合并中确定的可辨认资产、负债的公允价值调整其账面价值。除此之外，其他情况下被购买方不应因企业合并改记有关资产、负债的账面价值。

关键概念

企业合并　同一控制下的企业合并　非同一控制下的企业合并　控股合并　吸收合并

新设合并　购买方　购买日　反向购买

思考题

1. 简述企业合并的类型及定义。
2. 同一控制下的企业合并在会计处理时应遵循哪些原则？
3. 非同一控制下的企业合并在会计处理时应遵循哪些原则？

第十一章

合并财务报表

第一节 合并财务报表概述

一、合并财务报表的性质和特点

合并财务报表是指反映母公司和其全部子公司形成的企业集团（以下简称“企业集团”）整体财务状况、经营成果和现金流量的财务报表。合并财务报表以纳入合并范围的企业个别财务报表为基础，根据其他有关资料，抵销母公司与子公司、子公司相互之间发生的内部交易（以下简称“内部交易”）对合并财务报表的影响编制的。

合并财务报表能够向财务报告的使用者提供反映企业集团整体财务状况、经营成果和现金流量的会计信息，有助于财务报告的使用者做出经济决策。合并财务报表有利于避免母公司利用对子公司的控制关系进行非法避税、人为操纵利润和人为地粉饰财务报表的情况的发生，母公司的最高管理层需要合并财务报表来反映企业集团的财务状况和经营成果，母公司的外部利益相关者也需要通过企业集团的合并财务报表来获取相关财务信息。

在吸收合并的情况下，被合并企业已不复存在，合并后的企业仍然是一个单一的会计主体，只需要编制个别财务报表，不存在合并财务报表的编制问题。在新设合并的情况下，参与合并的原有企业均不复存在，新组建的企业仍然是一个独立的会计主体，也是只需要编制个别财务报表，不存在合并财务报表的编制问题。在控股合并的情况下，实施合并企业通过收购、购买其他参与合并企业的股份，或发行股票换取其他参与合并企业的股份，且其长期股权投资占被合并企业权益性资本的50%以上时，就可以控制被合并企业的财务和经营政策。在这种情况下，实施合并企业作为投资企业则成为被合并企业的母公司，而被合并企业则成为实施合并企业的子公司，母子公司作为独立存在的法人和会计主体，需要分别编制个别财务报表。但是为了综合反映由母公司和子公司组成的企业集团的财务状况和经营成果，就需要编制合并财务报表。

与个别财务报表相比较，合并财务报表具有如下特点：

(1) 合并财务报表反映的是母公司和子公司所组成的企业集团整体的财务状况和经营成果。合并财务报表反映的对象是由若干个法人组成的会计主体，是经济意义上的会计主体，而不是法律意义上的主体。个别财务报表反映的则是单个企业法人的财务状况和经营成果，反映的对象是企业法人。对于由母公司和若干个子公司组成的集团来说，母公司和子公司编制的个别财务报表分别反映母公司本身或子公司本身各自的财务状况和经营成果，而合并财务报表则反映母公司和子公司组成的集团这一会计主体综合的财务状况和经营成果。

(2) 合并财务报表由企业集团对其他企业有控制权的控股公司或母公司编制。并不是企业集团中所有企业都必须编制合并财务报表，更不是社会上所有企业都需要编制合并财务报表，合并财务报表由企业集团对其他企业有控制权的控股公司或母公司编制。而个别财务报表是由独立的法人企业编制，所有企业都需要编制个别财务报表。

(3) 合并财务报表以个别财务报表为基础编制。企业编制个别财务报表，从设置账簿、审核凭证、编制记账凭证、登记会计账簿到编制财务报表，都有一套完整的会计核算方法体系。而合并财务报表的编制不同，它是以纳入合并范围的企业的个别财务报表为基础，根据其他有关资料，抵销有关会计事项对个别财务报表的影响编制的，它并不需要在现行会计核算方法体系之外，单独设置一套账簿体系。

(4) 合并财务报表编制有独特的方法。个别财务报表的编制有其自身固有的一套编制方法和程序。合并财务报表则是在对纳入合并范围的企业的个别财务报表的数据进行加总的基础上，通过编制抵销分录将企业集团内部的经济业务对个别财务报表的影响予以抵销，然后合并财务报表各项目的数额编制。

二、合并财务报表的合并理论

合并理论的关键在于基于什么角度看待母公司与子公司以及由它们所组成的企业集团之间的关系。合并理论之间的差异只有在母公司没有完全控股（100%）子公司的情况下才能表现出来。合并理论之间的差异主要表现在如何处理子公司的少数股东所持有的权益。

经过长期的会计实践，目前国际上形成了三种合并财务报表理论，即母公司理论、实体理论和所有权理论。这三种理论的区别主要体现在企业集团的界定、合并范围的确定和合并方法的选择三个方面。

(一) 母公司理论

母公司理论是站在母公司股东的角度，将母公司控制的企业集团作为合并财务报表的主体，合并财务报表反映母公司的利益。母公司理论强调了母公司对子公司的控制权，将合并财务报表视为母公司本身财务报表反映范围的扩大，认为合并财务报表主要是为母公司的股东和债权人服务的。因此，母公司理论在确定合并财务报表的合并范围时，通常以法定控制为依据，即以持有多数股权或有表决权资本作为将某一被投资企业纳入合并范围的依据，或者以一家公司处于另一家公司法定控制下的控制协议来确定合并财务报表的合并范围。同时，母公司理论下所采用的合并财务报表的编制方法也是从母公司本身的股东利益来考虑的，如对于少数股东权益，在合并资产负债表中通常视为集团的负债。

（二）实体理论

实体理论是站在集团的角度，将母公司和子公司组成的企业集团视为一个经济联合体，作为合并财务报表的主体。实体理论强调单一管理机构对一个经济实体的控制，合并财务报表反映集团的利益，少数股权也属于集团的所有者权益。

实体理论认为合并财务报表是企业集团各成员构成的经济联合体的财务报表，编制合并财务报表的目的是为整个经济实体的全体股东和债权人利益服务的。实体理论并不强调母公司对子公司的控制权，强调的是企业集团中所有成员构成的经济实体。以此为基础，实体理论在确定合并财务报表的合并范围时，通常并不强调母公司对子公司的控制权，而是更注重其成员企业的经济资源、实现的利润等对企业集团整体经济实力的影响。在实体理论下，所采用的合并财务报表的编制方法也是从构成经济实体的各成员企业的股东利益考虑的，它将构成企业集团的多数股权的股东和少数股权的股东都视为共同组成的经济实体的股东同等对待。

（三）所有权理论

所有权理论既不强调母公司对子公司的法定控制权，也不强调由各成员企业组成的经济实体，而是强调编制合并财务报表的企业对另一企业的财务和经营决策具有重大影响的控制权。在采用所有权理论的情况下，对于其拥有所有权的企业的资产、负债和当期损益，均按照一定的比例合并计入合并财务报表。

所有权理论认为，无论母公司理论还是实体理论，都不能解决隶属于两个或两个以上的企业集团的企业的合并财务报表的编制问题。如某一公司的全部股份由两个企业共同投资形成，两个投资者各拥有50%的股份，在这种情况下，它既不符合母公司理论，也不符合实体理论，于是，为了弥补母公司理论和实体理论的不足，便产生了所有权理论。

三、合并范围的确定

（一）以“控制”为基础，确定合并范围

合并财务报表的合并范围应当以控制为基础予以确定。控制，是指投资方拥有对被投资方的权力，通过参与被投资方的相关活动而享有可变回报，并且有能力运用对被投资方的权力影响其回报金额。

投资方在判断能否控制被投资方时，具体判断如下：

1. 判断通过涉入被投资方的活动享有的是否为可变回报

（1）可变回报的定义。

享有控制权的投资方，通过参与被投资方相关活动，享有的是可变回报。可变回报，是不固定且可能随着被投资方业绩变化而变化的回报，可以仅是正回报，仅是负回报，或者同时包括正回报和负回报。

（2）可变回报的形式。

投资方在评价其享有被投资方的回报是否可变以及可变的程度时，需基于合同安排的实质，而不是法律形式。例如，投资方持有固定利息的债券投资时，由于债券存在违约风险，投资方需承担被投资方不履约而产生的信用风险，因此投资方享有的固定利息回报也可能是一种可变回报。又如，投资方管理被投资方资产而获得的固定管理费也是一种可变回报，因为投资方是否能获得此回报依赖于被投资方是否获得足够的收益以支付该固定管理费。

2. 判断投资方是否对被投资方拥有权力，并能够运用此权力影响回报金额

（1）权力的定义。

投资方能够主导被投资方的相关活动时，称投资方对被投资方享有“权力”。在判断投资方是否对被投资方享有权力时，应注意以下几点：

1）权力只表明投资方主导被投资方相关活动的现时能力，并不要求投资方实际行使其权力。即，如果投资方拥有主导被投资方相关活动的现时能力，即使这种能力尚未被实际行使，也视为该投资方拥有对被投资方的权力。

2）权力是一种实质性权力，而不是保护性权力。

3）权力是为自己行使的，而不是代其他方行使的。

4）权力通常表现为表决权，但有时也可能表现为其他合同安排。

（2）相关活动。

1）识别相关活动。

相关活动是指对被投资方的回报产生重大影响的活动。这些活动可能包括但不限于：商品或劳务的销售和购买；金融资产的管理；资产的购买和处置；研究与开发活动；确定资本结构和获取融资。

2）分析相关活动的决策机制。

就相关活动作出的决策包括但不限于：对被投资方的经营、融资等活动作出决策，包括编制预算；任命被投资方的关键管理人员或服务提供商，并决定其报酬，以及终止该关键管理人员的劳务关系或终止与服务提供商的业务关系。

3）两个或两个以上投资方能够分别单方面主导被投资方的不同相关活动时，如何判断哪方拥有权力。

在具体判断哪个投资方对被投资方拥有权力时，投资方通常需要考虑的因素包括：被投资方的设立目的；影响被投资方利润率、收入和企业价值的决定因素；各投资方拥有的与上述决定因素相关的决策职权的范围，以及这些职权分别对被投资方回报的影响程度；投资方对于可变回报的风险敞口的大小。

（3）“权力”是一种实质性权力。

1）实质性权力。

实质性权利，是指持有人在对相关活动进行决策时，有实际能力行使的可执行权力。通常情况下实质性权力应当是当前可执行的权力，但在某些情况下目前不可行使的权力也可能是实质性权力。

2）保护性权力。

保护性权力旨在保护持有这些权力的当事方的权益，而不赋予当事方对这些权力所涉及的主体的权力。

（4）权力的持有人应为主要责任人。

权力是能够“主导”被投资方相关活动的现时能力，可见，权力是为自己行使的（行使人为主要责任人），而不是代其他方行使权力（行使人为代理人）。

在评估控制时，代理人的决策权应被视为由主要责任人直接持有，权力属于主要责任人，而非代理人。

（5）权力的一般来源——来自表决权。

1）直接或间接持有被投资方半数以上表决权。

在进行控制分析时，投资方需要考虑其持有的潜在表决权以及其他方持有的潜在表决权的影响，以确定其对被投资方是否拥有权力。潜在表决权为获得被投资方表决权的权力，例如可转换工具、认股权证、远期股权购买合同或期权所产生的权力。

2）持有被投资方半数以上表决权但并无权力。

投资方虽然持有被投资方半数以上表决权，但当这些表决权不是实质性权力时，其并不拥有对被投资方的权力。

3）直接或间接持有被投资方半数或半数以下表决权。

持有半数或半数以下表决权的投资方（或者虽持有半数以上表决权，但仅凭自身表决权比例仍不足以主导被投资方相关活动的投资方），应综合考虑具体事实和情况，以判断其持有的表决权与相关事实和情况相结合是否可以赋予投资方拥有对被投资方的权力。

（6）权力源于表决权之外的其他权力——来自合同安排。

在某些情况下，某些主体的投资方对其的权力并非源自于表决权（例如，表决权可能仅与日常行政活动工作相关），被投资方的相关活动由一项或多项合同安排决定，例如证券化产品、资产支持融资工具、部分投资基金等结构化主体（结构化主体，是指在确定其控制方时没有将表决权或类似权利作为决定因素而设计的主体）。

（7）权力与回报之间的联系。

投资方必须不仅拥有对被投资方的权力和因涉入被投资方而承担或有权获得可变回报，而且要有能力使用权力来影响因涉入被投资方而获得的投资方回报。只有当投资方不仅拥有对被投资方的权力、通过参与被投资方的相关活动而享有可变回报，并且有能力运用对被投资方的权力来影响其回报的金额时，投资方才控制被投资方。

（二）纳入合并范围的特殊情况——对被投资方可分割部分的控制

投资方通常应当对是否控制被投资方整体进行判断。但在少数情况下，如果有确凿证据表明同时满足下列条件并且符合相关法律、法规规定的，投资方应当将被投资方的一部分视为被投资方可分割的部分，进而判断是否控制该部分（可分割部分）：

（1）该部分的资产是偿付该部分负债或该部分其他利益方的唯一来源，不能用于偿还该部分以外的被投资方的其他负债。

（2）除与该部分相关的各方外，其他方不享有与该部分资产相关的权力，也不享有与该部分资产剩余现金流量相关的权力。

（三）合并范围的豁免——投资性主体

1. 豁免规定

母公司应当将其全部子公司（包括母公司所控制的被投资单位可分割部分、结构化主体）纳入合并范围。但是，如果母公司是投资性主体，则只应将那些为投资性主体的投资活动提供相关服务的子公司纳入合并范围，其他子公司不应予以合并，母公司对其他子公司的投资应当按照公允价值计量且其变动计入当期损益。

一个投资性主体的母公司如果其本身不是投资性主体，则应当将其控制的全部主体，包括投资性主体以及通过投资性主体间接控制的主体，纳入合并财务报表范围。

2. 投资性主体的定义

当母公司同时满足以下三个条件时，该母公司属于投资性主体：

（1）该公司以向投资方提供投资管理服务为目的，从一个或多个投资者处获取资金。

（2）该公司唯一的经营目的，是通过资本增值、投资收益或两者兼有而让投资者获得回报。

（3）该公司按照公允价值对几乎所有投资的业绩进行计量和评价。

3. 投资性主体的特征

（1）拥有一个以上投资。

（2）拥有一个以上投资者。

（3）投资者不是该主体的关联方。

（4）该主体的所有者权益以股权或类似权益方式存在。

4. 因投资性主体转换引起的合并范围的变化

当母公司由非投资性主体转变为投资性主体时，除仅将为其投资活动提供相关服务的子公司纳入合并财务报表范围编制合并财务报表外，企业自转变日起对其他子公司不再予以合并，其会计处理参照部分处置子公司股权但不丧失控制权的处理原则。

当母公司由投资性主体转变为非投资性主体时，应将原未纳入合并财务报表范围的子公司于转变日纳入合并财务报表范围，原未纳入合并财务报表范围的子公司在转变日的公允价值视同购买的交易对价，按照非同一控制下企业合并的会计处理方法进行会计处理。

（四）控制的持续评估

控制的评估是持续的，当环境或情况发生变化时，投资方需要评估控制的两项基本要素中的一个或多个是否发生了变化。如果有任何事实或情况表明控制的两项基本要素中的一个或多个发生了变化，投资方应重新评估对被投资方是否具有控制。

四、合并财务报表的编制程序

合并财务报表的编制有其特殊的程序，主要包括下述几个方面。

（一）编制合并工作底稿

合并工作底稿的作用是为合并财务报表的编制提供基础。在合并工作底稿中，对母公司和子公司的个别财务报表各项目的金额进行汇总和抵销处理，最终计算得出合并财务报表各项目的合并金额。

将母公司、子公司个别资产负债表、利润表、现金流量表、所有者权益变动表各项目的数据过入合并工作底稿，并在合并工作底稿中对母公司和子公司个别财务报表各项目的数据进行加总，计算得出个别资产负债表、利润表、现金流量表、所有者权益变动表各项目合计金额。

（二）编制调整分录和抵销分录

在合并工作底稿中编制调整分录和抵销分录，将内部交易对合并财务报表有关项目的影响进行抵销处理。编制抵销分录进行抵销处理是合并财务报表编制的关键和主要内容，其目的在于将个别财务报表各项目的加总金额中重复的因素予以抵销。

在合并工作底稿中编制的调整分录和抵销分录，借记或贷记的均为财务报表项目（即资产负债表项目、利润表项目、现金流量表项目和所有者权益变动表项目），而不是具体的会计科目。比如，在涉及调整或抵销固定资产折旧、固定资产减值准备等均通过资产负债表中的“固定资产”项目，而不是“累计折旧”“固定资产减值准备”等科目来进行调整和抵销。

（三）计算合并财务报表各项目的合并金额

在母公司和子公司个别财务报表各项目加总金额的基础上，分别计算出合并财务报表中各资产项目、负债项目、所有者权益项目、收入项目和费用项目等的合并金额。具体计算方法如下：

（1）资产类各项目，其合并金额根据该项目加总金额，加上该项目抵销分录有关的借方发生额，减去该项目抵销分录有关的贷方发生额计算确定。

（2）负债类各项目和所有者权益类各项目，其合并金额根据该项目加总金额，减去该项目抵销分录有关的借方发生额，加上该项目抵销分录有关的贷方发生额计算确定。

（3）有关收入类各项目和有关所有者权益变动各项目，其合并金额根据该项目加总金额，减去该项目抵销分录的借方发生额，加上该项目抵销分录的贷方发生额计算确定。

（4）有关费用类项目，其合并金额根据该项目加总金额，加上该项目抵销分录的借方发生额，减去该项目抵销分录的贷方发生额计算确定。

（四）填列合并财务报表

根据合并工作底稿中计算出的资产、负债、所有者权益、收入、费用类项目以及现金流量表中各项目的合并金额，填列生成正式的合并财务报表。

第二节 合并财务报表调整分录的编制

编制合并财务报表抵销分录前，应当在合并财务报表工作底稿中对子公司个别财务报表进行调整，将母公司长期股权投资核算由成本法调整到权益法。

一、对子公司的个别财务报表进行调整

在编制合并财务报表时，首先应对各子公司进行分类，分为同一控制下企业合并中取得的子公司和非同一控制下企业合并中取得的子公司两类。

对于属于同一控制下企业合并中取得的子公司的个别财务报表，如果不存在与母公司

会计政策和会计期间不一致的情况，则不需要对该子公司的个别财务报表进行调整，即不需要将该子公司的个别财务报表调整为公允价值反映的财务报表，只需要抵销内部交易对合并财务报表的影响即可。

对于属于非同一控制下企业合并中取得的子公司，除了存在与母公司会计政策和会计期间不一致的情况，需要对该子公司的个别财务报表进行调整外，还应当根据母公司为该子公司设置的备查簿的记录，以记录的该子公司的各项可辨认资产、负债等在购买日的公允价值为基础，通过编制调整分录，对该子公司的个别财务报表进行调整，以使子公司的个别财务报表反映为在购买日公允价值基础上确定的可辨认资产、负债在本期资产负债表日的金额。

【例 11－1】 2×16 年 1 月 1 日，P 公司用银行存款 4 200 万元购得 S 公司 80%的股份（假定 P 公司与 S 公司的企业合并不属于同一控制下的企业合并）。P 公司备查簿中记录的 S 公司在 2×16 年 1 月 1 日可辨认资产、负债的公允价值的资料见表 11－1。假定 S 公司的会计政策和会计期间与 P 公司一致，不考虑 P 公司和 S 公司及合并资产、负债的所得税影响。

表 11－1 **P 公司备查簿**

2×16 年 1 月 1 日

单位：万元

项　目	账面价值	公允价值	公允价值与账面价值的差额	备　注
S 公司				
流动资产	2 000	2 000		
非流动资产	5 000	5 200		
其中：固定资产——A 办公楼	800	1 000	200	该办公楼的剩余折旧年限为 20 年，采用年限平均法计提折旧，税法规定该办公楼计提折旧的方法、折旧年限和净残值与 S 公司会计处理相同。
资产总计	7 000	7 200		
流动负债	1 000	1 000		
非流动负债	1 200	1 200		
负债总计	2 200	2 200		
股本	3 000	3 000		
资本公积	1 800	2 000	200	
盈余公积	0	0		
未分配利润	0	0		
股东权益总计	4 800	5 000		
负债和股东权益总计	7 000	7 200		

在本例中，P 公司在编制合并财务报表时，应当首先根据公司备查簿中记录的 S 公司可辨认资产、负债在购买日（2×16 年 1 月 1 日）的公允价值的资料（见表 11－1），调整

S公司的净利润。按照P公司备查簿中的记录，在购买日S公司可辨认资产、负债的公允价值与账面价值存在差异仅有一项，即A办公楼，公允价值高于账面价值的差额为200（1 000－800）万元，按年限平均法每年应补提的折旧额为10（200÷20）万元。假定A办公楼用于S公司的总部管理。

2×16年12月31日编制合并财务报表时，P公司在合并工作底稿中应编制的调整分录如下：

借：固定资产——原价　　2 000 000

　贷：资本公积　　2 000 000

借：管理费用　　100 000

　贷：固定资产——累计折旧　　100 000

因为在编制合并财务报表抵销分录时，将子公司的所有者权益抵销，所以上述分录中调整的管理费用，不必再进一步调整盈余公积。

在连续编制合并财务报表的情况下，本期合并所有者权益变动表中年初“所有者权益”各项目的金额应与上期合并所有者权益变动表中的期末“所有者权益”对应项目的金额一致，因此，上期编制合并财务报表时涉及股本（或实收资本）、资本公积、盈余公积项目的，在本期编制合并财务报表调整和抵销分录时均用“股本——年初”“资本公积——年初”和“盈余公积——年初”项目代替；对于上期编制调整和抵销分录时涉及利润表中的项目及所有者权益变动表“未分配利润”项目的，在本期编制合并财务报表调整分录和抵销分录时均用“未分配利润——年初”项目代替。

2×17年12月31日编制合并财务报表时，P公司在合并工作底稿中应编制的调整分录如下：

借：固定资产——原价　　2 000 000

　贷：资本公积——年初　　2 000 000

借：未分配利润——年初　　100 000

　贷：固定资产——累计折旧　　100 000

借：管理费用　　100 000

　贷：固定资产——累计折旧　　100 000

二、按权益法调整对子公司的长期股权投资

合并报表准则规定，合并财务报表应当以母公司和其子公司的财务报表为基础，根据其他有关资料，按照权益法调整对子公司的长期股权投资后，由母公司编制。

在合并工作底稿中，按权益法调整对子公司的长期股权投资时，应按照《企业会计准则第2号——长期股权投资》所规定的权益法进行调整。

【例11-2】沿用例11-1的有关资料，2×16年1月1日，S公司股东权益总额为4 800万元，其中股本为3 000万元，资本公积为1 800万元，盈余公积为0元，未分配利润为0元。

2×16年，S公司实现净利润1 000万元，提取法定公积金100万元，分派现金股利400万元（假定分配的是2×16年实现的净利润）。S公司因持有的可供出售的金融资产的公允价值变动计入当期资本公积的金额为200万元。

2×17 年，S 公司实现净利润 1 200 万元，提取法定公积金 120 万元，分派现金股利 300 万元。

《企业会计准则第 2 号——长期股权投资》规定，投资企业在确认应享有被投资单位净损益的份额时，应当以取得投资时被投资单位各项可辨认资产等的公允价值为基础，对被投资单位的净利润进行调整后确认。

P 公司在编制合并财务报表时，应当首先根据公司备查簿中记录的 S 公司可辨认资产、负债在购买日（2×16 年 1 月 1 日）的公允价值的资料（见表 11-1），调整 S 公司的净利润。

据此，以 S 公司 2×16 年 1 月 1 日各项可辨认资产等的公允价值为基础，重新确定的 S 公司 2×16 年的净利润为 990（1 000－10）万元，2017 年的净利润为 1 190（1 200－10）万元。

在本例中，2×16 年 12 月 31 日和 2×17 年 12 月 31 日，P 公司对 S 公司的长期股权投资的账面余额为 4 200 万元（假定未发生减值）。根据合并报表准则的规定，在合并工作底稿中将对 S 公司的长期股权投资由成本法调整为权益法。

(1) 2×16 年 12 月 31 日有关调整分录如下：

1) 确认 P 公司在 2×16 年 S 公司实现净利润 990 万元中所享有的份额 792（990×80%）万元：

借：长期股权投资——S 公司　　7 920 000
　贷：投资收益　　7 920 000

2) 确认 P 公司收到 S 公司 2×16 年分派的现金股利，同时抵销原按成本法确认的投资收益 320 万元：

借：投资收益　　3 200 000
　贷：长期股权投资——S 公司　　3 200 000

3) 将权益法核算和成本法确认投资收益的差额 472 万元，调整盈余公积 47.2 万元：

借：提取盈余公积　　472 000
　贷：盈余公积　　472 000

4) 确认 P 公司在 2×16 年 S 公司除净损益以外所有者权益的其他变动中所享有的份额 160（200×80%）万元：

借：长期股权投资——S 公司　　1 600 000
　贷：资本公积　　1 600 000

(2) 2×17 年 12 月 31 日有关调整分录如下：

1) 将上期编制合并财务报表调整分录时涉及的利润表和所有者权益变动表“未分配利润”栏目中的项目，在本期编制调整分录时均应用“未分配利润——年初”项目代替：

借：长期股权投资——S 公司　　6 320 000
　贷：未分配利润——年初　　4 720 000
　　　资本公积——年初　　1 600 000
借：未分配利润——年初　　472 000
　贷：盈余公积　　472 000

2）确认P公司在2×17年S公司实现净利润1 190万元中所享有的份额952（1 190×80%）万元：

借：长期股权投资——S公司　　9 520 000

　贷：投资收益　　9 520 000

3）确认P公司收到S公司2×17年分派的现金股利，同时抵销原按成本法确认的投资收益240万元：

借：投资收益　　2 400 000

　贷：长期股权投资——S公司　　2 400 000

4）将权益法核算和成本法确认投资收益的差额712万元，调整盈余公积71.2万元：

借：提取盈余公积　　712 000

　贷：盈余公积　　712 000

第三节 合并财务报表抵销分录的编制

合并财务报表是指反映母公司和其全部子公司形成的企业集团整体财务状况、经营成果和现金流量的财务报表。而个别财务报表反映的则是以单个企业为会计主体进行会计核算的结果，它从母公司本身或从子公司本身的角度对自身的财务状况、经营成果和现金流量进行反映。对于内部交易，从发生内部交易的企业来看，发生交易的各方都在其个别资产负债表中进行了反映。例如，企业集团母公司与子公司之间发生的赊购、赊销业务，对于赊销企业来说，一方面确认营业收入、结转营业成本、计算营业利润，并在其个别资产负债表中反映为应收账款；另一方面，对于赊购企业来说，在内部购入的存货未实现对外销售的情况下，则在其个别资产负债表中反映为存货和应付账款。在这种情况下，资产、负债、所有者权益、收入、费用和利润类各项目的加总金额中，必然包含有重复计算的因素。作为反映企业集团整体财务情况的报表，必须将这些重复计算的因素予以消除，对这些重复的因素进行抵销处理。这些需要扣除的重复因素，就是合并财务报表编制时需要进行抵销处理的项目。

编制合并财务报表时需要进行抵销处理的主要有如下项目：母公司长期股权投资和子公司所有者权益；母公司与子公司、子公司相互持有对方长期股权投资的投资收益；内部债权债务；内部商品销售业务；内部固定资产交易；内部现金流入和流出等。

一、母公司长期股权投资和子公司所有者权益的抵销

母公司对子公司进行的长期股权投资，一方面反映为长期股权投资以外的其他资产的减少，另一方面反映为长期股权投资的增加，在母公司个别资产负债表中作为资产类项目中的长期股权投资列示。子公司接受这一投资时，一方面增加资产，另一方面作为实收资

本（或股本，下同）处理，在其个别资产负债表中一方面反映为实收资本的增加，另一方面反映为相对应的资产的增加。从企业集团整体来看，母公司对子公司进行的长期股权投资实际上相当于母公司将资本拨付下属核算单位，并不引起整个企业集团的资产、负债和所有者权益的增减变动。因此，编制合并财务报表时，应当在母公司与子公司财务报表数据简单相加的基础上，将母公司对子公司长期股权投资项目与子公司所有者权益项目予以抵销。

子公司所有者权益中不属于母公司的份额，即子公司所有者权益中抵销母公司所享有的份额后的余额，在合并财务报表中作为“少数股东权益”处理。在合并资产负债表中，“少数股东权益”项目应当在“所有者权益”项目下单独列示。

当母公司对子公司长期股权投资的金额与在子公司所有者权益中所享有的份额不一致时，应按其差额，记入“商誉”项目。

母公司长期股权投资和子公司所有者权益的抵销分录如下：

（1）子公司为全资子公司时：

借：股本——年初
　　　　——本年
　　资本公积——年初
　　　　　　——本年
　　盈余公积——年初
　　　　　　——本年
　　未分配利润——年末
　　商誉
　贷：长期股权投资

（2）子公司为非全资子公司时：

借：股本——年初
　　　　——本年
　　资本公积——年初
　　　　　　——本年
　　盈余公积——年初
　　　　　　——本年
　　未分配利润——年末
　　商誉
　贷：长期股权投资
　　　少数股东权益

【例 11-3】沿用例 11-1 和例 11-2 的有关资料。

(1) 2×16 年 12 月 31 日 P 公司对 S 公司长期股权投资经调整后的金额＝4 200＋792－320＋160＝4 832（万元），抵销分录编制如下：

借：股本——年初	30 000 000
——本年	0
资本公积——年初	20 000 000

——本年	2 000 000
盈余公积——年初	0
——本年	1 000 000
未分配利润——年末	4 900 000
商誉	2 000 000
贷：长期股权投资	48 320 000
少数股东权益	11 580 000

注：商誉=4 200 万元－（S 公司 2012 年 1 月 1 日的所有者权益总额 4 800 万元+S 公司固定资产公允价值增加额 200 万元）×80%=200（万元）；未分配利润=(1 000－100－400)－10=490（万元）；少数股东权益=(3 000+0+2 000+200+0+100+490)×20%=1 158（万元）。

(2) 2×17 年 12 月 31 日，P 公司对 S 公司长期股权投资经调整后的金额=4 200+632+952－240=5 544（万元），抵销分录编制如下：

借：股本——年初	30 000 000
——本年	0
资本公积——年初	22 000 000
——本年	0
盈余公积——年初	1 000 000
——本年	1 200 000
未分配利润——年末	12 600 000
商誉	2 000 000
贷：长期股权投资	55 440 000
少数股东权益	13 360 000

注：未分配利润=490+[(1 200－120－300)－10]=1 260（万元）；少数股东权益=(3 000+0+2 200+0+100+120+1 260)×20%=1 336（万元）。

合并报表准则规定，子公司持有母公司的长期股权投资、子公司相互之间持有的长期股权投资，也应当比照上述母公司对子公司的股权投资的抵销方法进行抵销处理。

在合并财务报表中，子公司少数股东分担的当期亏损超过了少数股东在该子公司期初所有者权益中所享有的份额的（即发生超额亏损），其余额仍应当冲减少数股东权益，即少数股东权益可以出现负数。

二、母公司与子公司、子公司相互持有对方长期股权投资的投资收益的抵销

内部投资收益是指母公司对子公司或子公司对母公司、子公司相互之间的长期股权投资的收益，即母公司对子公司的长期股权投资在合并工作底稿中按权益法调整的投资收益，实际上就是子公司当期营业收入减去营业成本和期间费用、所得税费用等后的余额与其持股比例相乘的结果。在子公司为全资子公司的情况下，母公司对某一子公司在合并工作底稿中按权益法调整的投资收益，实际上就是该子公司当期实现的净利润。编制合并利润表时，实际上是将子公司的营业收入、营业成本和期间费用视为母公司本身的营业收入、营业成本和期间费用看待，与母公司相应的项目进行合并，是将子公司的净利润还原

为营业收入、营业成本和期间费用，也就是将投资收益还原为合并利润表中的营业收入、营业成本和期间费用处理。因此，编制合并利润表时，必须将对子公司长期股权投资收益予以抵销。

由于合并所有者权益变动表中的本年利润分配项目是从整个企业集团角度反映对母公司股东和子公司的少数股东的利润分配情况，因此，子公司的个别所有者权益变动表中本年利润分配各项目的金额，包括提取盈余公积、对所有者（或股东）的分配和期末未分配利润的金额都必须予以抵销。在子公司为全资子公司的情况下，子公司本期净利润就是母公司本期对子公司长期股权投资按权益法调整的投资收益。假定子公司期初未分配利润为零，子公司本期净利润就是子公司本期可供分配的利润，是本期子公司利润分配的来源，而子公司本期利润分配（包括提取盈余公积、对所有者或股东的分配）等的金额与期末未分配利润的金额则是本期利润分配的结果。母公司对子公司的长期股权投资按权益法调整的投资收益正好与子公司的本年利润分配项目相抵销。在子公司为非全资子公司的情况下，母公司本期对子公司长期股权投资按权益法调整的投资收益与本期少数股东损益之和就是子公司本期净利润，同样假定子公司期初未分配利润为零，母公司本期对子公司长期股权投资按权益法调整的投资收益与本期少数股东损益之和，正好与子公司本年利润分配项目相抵销。

至于子公司个别所有者权益变动表中本年利润分配项目中的“未分配利润——年初”项目，作为子公司以前会计期间净利润的一部分，在全资子公司的情况下已全额包括在母公司以前会计期间按权益法调整的投资收益之中，从而包括在母公司按权益法调整的本期期初未分配利润之中。因此，也应将其予以抵销。从子公司个别所有者权益变动表来看，其期初未分配利润加上本期净利润就是其本期利润分配的来源；而本期利润分配和期末未分配利润则是利润分配的结果。母公司本期对子公司长期股权投资按权益法调整的投资收益和子公司期初未分配利润正好与子公司本年利润分配项目相抵销。在子公司为非全资子公司的情况下，母公司本期对子公司长期股权投资按权益法调整的投资收益、本期少数股东损益和期初未分配利润与子公司本年利润分配项目也正好相抵销。

母公司与子公司、子公司相互持有对方长期股权投资的投资收益抵销分录如下：

（1）子公司为全资子公司时：

借：投资收益

　　未分配利润——年初

　贷：提取盈余公积

　　　对所有者（或股东）的分配

　　　未分配利润——年末

（2）子公司为非全资子公司时：

借：投资收益

　　少数股东损益

　　未分配利润——年初

　贷：提取盈余公积

　　　对所有者（或股东）的分配

　　　未分配利润——年末

上述抵销分录实际上是对子公司所有者权益中“未分配利润——年末”项目如何抵销的说明，也就是说，“未分配利润——年末”项目是通过抵销“投资收益”“少数股东损益”“未分配利润——年初”“提取盈余公积 ”和“对所有者（或股东）的分配 ”等项目完成的。

需说明的是，“未分配利润”项目是通过抵销影响未分配利润的具体项目（如利润表中的项目）计算确定的。本期合并财务报表中“未分配利润——年初”项目的金额应与上期合并财务报表中的“未分配利润——年末”项目的金额一致，因此，上期编制合并财务报表时涉及的影响未分配利润的具体项目，在本期编制合并财务报表时均应用“未分配利润——年初”项目代替。比如，上期编制合并财务报表时的抵销分录为借记“应收账款——坏账准备”，贷记“资产减值损失”，在本期编制合并财务报表时，则应借记“应收账款——坏账准备”，贷记“未分配利润——年初”。

【例 11－4】沿用例 11－1 和例 11－2 的有关资料。

(1) 2×16 年 12 月 31 日的抵销分录。

S 公司为非全资子公司，P 公司拥有其 80%的股份。在合并工作底稿中应抵销的投资收益为 792（990×80%）万元，应确认少数股东损益为 198（990×20%）万元。S 公司年初未分配利润为 0 元，本期提取盈余公积 100 万元，分派现金股利 400 万元，未分配利润为 490 万元。为此，进行抵销处理时，应编制如下抵销分录：

借：投资收益	7 920 000	
少数股东损益	1 980 000	
未分配利润——年初	0	
贷：提取盈余公积		1 000 000
对所有者（或股东）的分配		4 000 000
未分配利润——年末		4 900 000

(2) 2×17 年 12 月 31 日的抵销分录。

在合并工作底稿中应抵销的投资收益为 952（1 190×80%）万元，应确认的少数股东损益为 238（1 190×20%）万元。S 公司年初未分配利润为 490 万元，本期提取盈余公积 120 万元，分派现金股利 300 万元，未分配利润为 1 260 万元。为此，进行抵销处理时，应编制如下抵销分录：

借：投资收益	9 520 000	
少数股东损益	2 380 000	
未分配利润——年初	4 900 000	
贷：提取盈余公积		1 200 000
对所有者（或股东）的分配		3 000 000
未分配利润——年末		12 600 000

三、内部债权债务项目的抵销

(一) 内部债权、债务项目本身的抵销

母公司与子公司、子公司相互之间的债权和债务项目，是指母公司与子公司、子公司相互之间因销售商品、提供劳务以及发生结算业务等原因产生的应收账款与应付账款、应

收票据与应付票据、预付账款与预收账款、其他应收款与其他应付款、持有至到期投资与应付债券等项目。发生在母公司与子公司、子公司相互之间的这些项目，企业集团内部企业的一方在其个别资产负债表中反映为资产，而另一方则在其个别资产负债表中反映为负债。但从企业集团整体角度来看，它只是内部资金运动，既不能增加企业集团的资产，也不能增加负债。因此，为了消除个别资产负债表直接加总中的重复计算因素，在编制合并财务报表时应当将内部债权债务项目予以抵销。其抵销分录为：

借：债务类项目

　贷：债权类项目

在某些情况下，债券投资企业持有的企业集团内部成员企业的债券并不是从发行债券的企业直接购进，而是在证券市场上从第三方手中购进的。在这种情况下，持有至到期投资中的债券投资与发行债券企业的应付债券抵销时，可能会出现差额，应当计入合并利润表的“投资收益”或“财务费用”项目。

【例 11-5】P公司2×16年个别资产负债表中预收款项200万元为S公司预付款项；应收票据300万元为S公司2×16年向P公司购买商品开具的票面金额为300万元的商业承兑汇票；S公司应付债券600万元为P公司所持有，P公司将其作为持有至到期投资，余额为600万元。对此，在编制合并资产负债表时，应编制如下抵销分录：

（1）将内部预收账款与内部预付账款抵销时：

借：预收款项	2 000 000	
贷：预付款项		2 000 000

（2）将内部应收票据与内部应付票据抵销时：

借：应付票据	3 000 000	
贷：应收票据		3 000 000

（3）将持有至到期投资中债券投资与应付债券抵销时：

借：应付债券	6 000 000	
贷：持有至到期投资		6 000 000

（二）内部利息收入与利息费用项目的抵销

企业集团内部母公司与子公司、子公司相互之间可能存在相互提供信贷，以及相互持有对方债券的内部交易。在内部提供信贷的情况下，提供贷款的企业（金融企业）确认利息收入，并在其利润表反映为营业收入（利息收入）；而接受贷款的企业则支付利息费用，在其利润表反映为财务费用（本章为了简化合并处理，假定所发生的利息费用全部计入当期损益，不存在资本化的情况）。在持有母公司或子公司发行的企业债券（或公司债券，下同）的情况下，发行债券的企业计付的利息费用作为财务费用处理，并在其个别利润表“财务费用”项目中列示；而持有债券的企业，将购买的债券在其个别资产负债表“持有至到期投资”（本章为简化合并处理，假定购买债券的企业将该债券投资归类为持有至到期投资）项目中列示，当期获得的利息收入则作为投资收益处理，并在其个别利润表“投资收益”项目中列示。在编制合并财务报表时，应当在抵销内部发行的应付债券和持有至到期投资等内部债权债务的同时，将内部应付债券和持有至到期投资相关的利息费用与投资收益（利息收入）相互抵销，即将内部债券投资收益与内部发行债券的利息费用相互抵销。其抵销分录为：

借：投资收益

　　贷：财务费用

【例 11-6】 沿用例 11-5 的有关资料，假设 S 公司 2×16 年确认的应向 P 公司支付的债券利息费用总额为 30 万元（假定该债券的票面利率与实际利率相差较小）。

在编制合并利润表时，应将内部债券投资收益与应付债券利息费用相互抵销，其抵销分录为：

借：投资收益	300 000	
贷：财务费用		300 000

（三）内部应收账款等计提坏账准备的抵销

1. 初次编制合并财务报表时

在应收账款计提坏账准备的情况下，某一会计期间坏账准备的金额是以当期应收账款为基础计提的。在编制合并财务报表时，随着内部应收账款的抵销，相应地也须将内部应收账款计提的坏账准备予以抵销，因计提坏账准备产生暂时性差异确认的递延所得税资产也应予以抵销。内部应收账款抵销时，其抵销分录如下：

（1）将期末内部应收账款和应付账款抵销：

借：应付账款

　　贷：应收账款

（2）将内部应收账款计提的坏账准备抵销：

借：应收账款——坏账准备

　　贷：资产减值损失

（3）将原确认的递延所得税资产抵销：

借：所得税费用

　　贷：递延所得税资产

【例 11-7】 P 公司 2×16 年 12 月 31 日个别资产负债表中应收账款 270 万元为 2×16 年向 S 公司销售商品发生的应收销货款的账面价值，P 公司对该笔应收账款计提的坏账准备为 30 万元。S 公司 2×16 年 12 月 31 日个别资产负债表中应付账款 300 万元系 2×16 年向 P 公司购进商品存货发生的应付购货款。P 公司和 S 公司适用的所得税税率均为 25%。

在编制合并财务报表时，应将内部应收账款与应付账款相互抵销；同时，还应将内部应收账款计提的坏账准备以及有关递延所得税资产予以抵销。其抵销分录为：

借：应付账款	3 000 000	
贷：应收账款		3 000 000
借：应收账款——坏账准备	300 000	
贷：资产减值损失		300 000
借：所得税费用	75 000	
贷：递延所得税资产		75 000

2. 连续编制合并财务报表时

从合并财务报表来讲，内部应收账款计提的坏账准备的抵销是与抵销当期资产减值损失相对应的，上期抵销的坏账准备的金额，即上期资产减值损失抵减的金额，最终将影响到本期合并所有者权益变动表中的期初未分配利润金额的增加。由于利润表和所有者权益变动表是反映企业一定会计期间经营成果及其分配情况的财务报表，其上期期末未分配利润就是本期所有者权益变动表期初未分配利润（假定不存在会计政策变更和前期差错更正的情况）。本期编制合并财务报表是以本期母公司和子公司当期的个别财务报表为基础编制的，随着上期编制合并财务报表时内部应收账款计提的坏账准备的抵销，以此个别财务报表为基础加总得出的期初未分配利润与上一会计期间合并所有者权益变动表中的未分配利润金额之间将产生差额。因此，编制合并财务报表时，必须将上期因内部应收账款计提的坏账准备抵销而抵销的资产减值损失对本期期初未分配利润的影响予以抵销，调整本期期初未分配利润的金额。

在连续编制合并财务报表进行抵销处理时，其抵销分录如下：

（1）将期末内部应收账款和应付账款抵销：

借：应付账款

　贷：应收账款

（2）将上期资产减值损失中抵销的内部应收账款计提的坏账准备对本期期初未分配利润的影响予以抵销：

借：应收账款——坏账准备

　贷：未分配利润——年初

（3）将上期所得税费用中抵销的递延所得税资产对本期期初未分配利润的影响予以抵销：

借：未分配利润——年初

　贷：递延所得税资产

（4）将本期内部应收账款计提或冲回的坏账准备予以抵销：

借：应收账款——坏账准备

　贷：资产减值损失

或：

借：资产减值损失

　贷：应收账款——坏账准备

（5）将本期确认或转回的递延所得税资产予以抵销：

借：所得税费用

　贷：递延所得税资产

或：

借：递延所得税资产

　贷：所得税费用

【例 11-8】 沿用例 11-7 的有关资料。假定 P 公司 2×17 年 12 月 31 日个别资产负债表中应收账款 270 万元为向 S 公司销售商品发生的应收销货款的账面价值，P 公司对该应收账款计提的坏账准备为 30 万元。S 公司 2×17 年 12 月 31 日个别资产负债表中应付账款 300 万元系向 P 公司购进商品存货发生的应付购货款。其抵销分录为：

借：应付账款	3 000 000	
贷：应收账款		3 000 000
借：应收账款——坏账准备	300 000	

贷：未分配利润——年初　　300 000
借：未分配利润——年初　　75 000
贷：递延所得税资产　　75 000

【例 11－9】沿用例 11－7 的有关资料。假定 P 公司 2×17 年 12 月 31 日个别资产负债表中应收账款 360 万元为向 S 公司销售商品发生的应收销货款的账面价值，P 公司对该应收账款计提的坏账准备为 40 万元。S 公司 2×17 年 12 月 31 日个别资产负债表中应付账款 400 万元系向 P 公司购进商品存货发生的应付购货款。其抵销分录为：

借：应付账款　　4 000 000
贷：应收账款　　4 000 000
借：应收账款——坏账准备　　300 000
贷：未分配利润——年初　　300 000
借：未分配利润——年初　　75 000
贷：递延所得税资产　　75 000
借：应收账款——坏账准备　　100 000
贷：资产减值损失　　100 000
借：所得税费用　　25 000
贷：递延所得税资产　　25 000

【例 11－10】沿用例 11－7 的有关资料。假定 P 公司 2×17 年 12 月 31 日个别资产负债表中应收账款 180 万元为向 S 公司销售商品发生的应收销货款的账面价值，P 公司对该应收账款计提的坏账准备为 20 万元。S 公司 2×17 年 12 月 31 日个别资产负债表中应付账款 200 万元系向 P 公司购进商品存货发生的应付购货款。其抵销分录为：

借：应付账款　　2 000 000
贷：应收账款　　2 000 000
借：应收账款——坏账准备　　300 000
贷：未分配利润——年初　　300 000
借：未分配利润——年初　　75 000
贷：递延所得税资产　　75 000
借：资产减值损失　　100 000
贷：应收账款——坏账准备　　100 000
借：递延所得税资产　　25 000
贷：所得税费用　　25 000

四、内部商品销售业务的抵销

（一）不考虑存货跌价准备情况下内部商品销售业务的抵销

1. 当期内部购进商品抵销的处理

存货价值中包含的未实现内部销售损益是由于企业集团内部商品购销、劳务提供活动所引起的。在内部购销活动中，销售企业将集团内部销售作为收入确认并计算销售利润。而购买企业则是以支付购货的价款作为其成本入账，在本期内未实现对外销售而形成期末存货时，其存货价值中也相应地包括两部分内容：一部分为真正的存货成本（即销售企业销售该商品的成本)；另一部分为销售企业的销售毛利（即其销售收入减去销售成本的差额)。对于期末存货价值中包括的这部分销售毛利，从企业集团整体来看，并不是真正实现的利润。因为从整个企业集团来看，集团内部企业之间的商品购销活动实际上相当于企业内部物资调拨活动，既不会实现利润，也不会增加商品的价值。正是从这一意义上，将期末存货价值中包括的这部分销售企业作为利润确认的部分，称为未实现内部销售损益。因此，在编制合并资产负债表时，应当将存货价值中包含的未实现内部销售损益予以抵销。

编制抵销分录时，按照集团内部销售企业销售该商品的销售收入，借记“营业收入”项目，按照当期期末存货价值中包含的未实现内部销售损益的金额，贷记“存货”项目，按其差额，贷记“营业成本”项目。

【例 11-11】 S公司2×16年向P公司销售商品1 000万元，其销售成本为800万元，该商品的销售毛利率为20%。P公司购进的该商品2×16年有40%未实现对外销售而形成期末存货。2×16年12月31日，存货中未实现内部销售利润为80［(1 000－800)×40%］万元。

在编制2×16年合并财务报表时，应进行如下抵销处理：

借：营业收入	10 000 000
贷：营业成本	9 200 000
存货	800 000

2. 连续编制合并财务报表时内部购进商品的抵销处理

对于上期内部购进商品上期全部实现对外销售的情况下，由于不涉及内部存货价值中包含的未实现内部销售损益的抵销处理，在本期连续编制合并财务报表时不涉及对其进行处理的问题。但在上期内部购进并形成期末存货的情况下，在编制合并财务报表进行抵销处理时，存货价值中包含的未实现内部销售损益的抵销，直接影响上期合并财务报表中合并净利润金额的减少，最终影响合并所有者权益变动表中期末未分配利润的金额的减少。由于本期编制合并财务报表时是以母公司和子公司本期个别财务报表为基础，而母公司和子公司个别财务报表中未实现内部销售损益是作为其实现利润的部分包括在其期初未分配利润之中，以母子公司个别财务报表中期初未分配利润为基础计算得出的合并期初未分配利润的金额就可能与上期合并财务报表中的期末未分配利润的金额不一致。因此，上期编制合并财务报表时抵销的内部购进存货中包含的未实现内部销售损益，也对本期的期初未分配利润产生影响，本期编制合并财务报表时必须在合并母子公司期初未分配利润的基础上，将上期抵销的未实现内部销售损益对本期期初未分配利润的影响予以抵销，调整本期期初未分配利润的金额。其抵销分录如下：

借：未分配利润——年初（年初存货中包含的未实现内部销售利润）
　　营业收入（本期内部商品销售产生的收入）
　贷：营业成本
　　　存货（期末存货中包含的未实现内部销售利润）

上述抵销分录的原理为：本期发生的未实现内部销售收入与本期发生存货中未实现内部销售利润之差即为本期发生的未实现内部销售成本。抵销分录中的“未分配利润——年初”和“存货”两项之差即为本期发生的存货中未实现内部销售利润。上述抵销分录可以分解为：

（1）将期初存货中未实现内部销售利润抵销：

借：未分配利润——年初（期初存货中未实现内部销售利润）

　贷：营业成本

（2）将本期内部商品销售收入抵销：

借：营业收入（本期内部商品销售产生的收入）

　贷：营业成本

（3）将期末存货中未实现内部销售利润抵销：

借：营业成本

　贷：存货（期末存货中未实现内部销售利润）

【例 11－12】沿用例 11－11 的有关资料。S公司 2×17 年向 P 公司销售商品 1 500 万元，其销售成本为 1 200 万元，该商品的销售毛利率仍为 20%。P 公司购进的该商品 2013 年有 60%未实现对外销售而形成期末存货，2×16 年购进的商品 2×17 年全部对外销售。2×17 年 12 月 31 日，存货中未实现内部销售利润为 180［(1 500－1 200)×60%］万元。

在编制 2013 年合并财务报表时，应进行如下抵销处理：

借：未分配利润——年初	800 000	
营业收入	15 000 000	
贷：营业成本		14 000 000
存货		1 800 000

（二）存货跌价准备的抵销

当存货可变现净值低于其成本时，应当对存货计提跌价准备。某一商品在企业集团内某一成员企业计提跌价准备，对于企业集团来说也同样必须计提跌价准备。某一商品计提跌价准备的金额，从某一企业来说，为该商品可变现净值低于取得成本的差额；而从企业集团来说，则是该商品可变现净值与企业集团范围内取得该商品的成本。

某一商品的可变现净值，对于企业集团和持有存货企业来说，都是一致的。从商品的取得成本来说，持有内部购进商品的企业，该商品的取得成本包括销售企业所实现的利润，而对于企业集团整体来说，则是指从外部购买该商品的成本或生产这一产品的生产成本。编制合并财务报表时，计提存货跌价准备应当是将该商品的可变现净值与从企业集团而言的取得成本进行比较确定的计提金额。

购买企业对内部购买形成的存货计提跌价准备的抵销处理有两种情况：第一种情况是，购买企业本期期末内部购进存货的可变现净值低于其取得成本，但高于销售企业销售成本；第二种情况是，购买企业本期期末内部购进存货的可变现净值低于销售企业的销售成本。

在第一种情况下，一方面，从购买企业个别财务报表来说，购买企业按该存货的可变现净值低于其取得成本的金额，确认存货跌价准备，并在个别资产负债表中通过抵销存货项目的金额列示；另一方面，在利润表中作为资产减值损失列示。但从合并财务报表来说，随着内部购进存货包含的未实现内部销售利润的抵销，该存货在合并财务报表中列示的成本为抵销未实现内部销售利润后的成本。当该存货的可变现净值低于购买企业的取得成本，但高于该存货在合并财务报表中的成本时，则不需要计提存货跌价准备。个别财务报表中计列的相应的存货跌价准备，也应相互予以抵销。进行抵销处理时，应当按照购买企业本期计提存货跌价准备的金额，借记“存货——存货跌价准备”项目，贷记“资产减值损失”项目。

在第二种情况下，一方面，从购买企业合并财务报表来说，购买企业按该存货的可变现净值低于其取得成本的金额确认存货跌价准备，确认的存货跌价准备的金额，在其个别资产负债表中通过“存货”项目列示；另一方面，在利润表中作为资产减值损失列示。购买企业在个别财务报表确认的存货跌价准备的金额，既包括购买企业该存货取得成本高于销售企业销售成本的差额（即存货中未实现内部销售利润），也包括销售企业销售成本高于该存货可变现净值的差额。但从合并财务报表来说，随着内部购进存货价值中包含的未实现内部销售利润的抵销，在合并财务报表中使得该存货的成本为抵销未实现内部销售利润的成本。计提的存货跌价准备超过存货中未实现内部销售利润的部分，作为企业集团整体也应计提存货跌价准备，因此，这种情况只需抵销存货中未实现内部销售利润。

在连续编制合并财务报表进行抵销处理时，首先，将上期抵销的资产减值损失对本期期初未分配利润的影响予以抵销；其次，将个别报表中本期销售存货结转的存货跌价准备予以抵销；最后，抵销存货跌价准备期末数与上述余额的差额。存货跌价准备及递延所得税的抵销程序如下所述。

1. 存货跌价准备的抵销程序

首先，抵销存货跌价准备期初数，抵销分录为：

借：存货——存货跌价准备

　　贷：未分配利润——年初

其次，抵销因本期销售存货结转的存货跌价准备，抵销分录为：

借：营业成本

　　贷：存货——存货跌价准备

最后，抵销存货跌价准备期末数与上述余额的差额，但存货跌价准备的抵销以存货中未实现的内部销售利润为限。抵销分录为：

借：存货——存货跌价准备

　　贷：资产减值损失

或编制相反的会计分录。

2. 递延所得税的抵销程序

(1) 调整合并财务报表中的期初递延所得税资产。会计分录为：

借：递延所得税资产

　　贷：未分配利润——年初

或编制相反的会计分录。

应注意，合并财务报表中期初递延所得税资产调整金额即为上期合并财务报表中递延所得税资产的调整金额。

(2) 确认本期合并财务报表中递延所得税资产期末余额（即列报金额）。相关公式为：

$$\text{递延所得税资产的期末余额}=\text{期末合并财务报表中存货可抵扣暂时性差异余额}\times\text{所得税税率}$$

在合并财务报表中，存货账面价值为站在合并财务报表角度反映的期末结存存货的价值，即集团内部销售方（不是购货方）存货成本与可变现净值孰低的结果；存货的计税基础为集团内部购货方期末结存存货的成本。

(3) 调整合并财务报表中本期递延所得税资产。相关公式为：

$$\text{本期递延所得税资产的调整金额}=\text{合并财务报表中递延所得税资产的期末余额}-\text{购货方个别财务报表中已确认的递延所得税资产}-\text{期初递延所得税资产调整金额}$$

会计分录为：

借：递延所得税资产

  贷：所得税费用

或编制相反的会计分录。

【例 11-13】 2×16 年 1 月 1 日，P 公司以银行存款购入 S 公司 80%的股份，能够对 S 公司实施控制。2×16 年 S 公司从 P 公司购进 A 商品 400 件，购买价格为每件 2 万元（不含增值税，下同）。P 公司中 A 商品每件成本为 1.5 万元。2×16 年，S 公司对外销售 A 商品 300 件，每件销售价格为 2.2 万元；2×16 年年末结存 A 商品 100 件。2×16 年 12 月 31 日，A 商品每件可变现净值为 1.8 万元；S 公司对 A 商品计提存货跌价准备 20 万元。2×17 年 S 公司对外销售 A 商品 20 件，每件销售价格为 1.8 万元。2×17 年 12 月 31 日，S 公司年末存货中包括从 P 公司购进的 A 商品 80 件，A 商品每件可变现净值为 1.4 万元。A 商品存货跌价准备的期末余额为 48 万元。假定 P 公司和 S 公司均采用资产负债表债务法核算所得税，适用的所得税税率均为 25%。编制 2×16 年和 2×17 年与存货有关的抵销分录（编制抵销分录时应考虑递延所得税的影响）。

P 公司 2×16 年和 2×17 年编制的与内部商品销售有关的抵销分录如下：

(1) 2×16 年编制的抵销分录：

1) 抵销内部存货交易中未实现的收入、成本和利润：

借：营业收入　　8 000 000 (400 000×2)

  贷：营业成本　　7 500 000

    存货　　500 000 [1 000 000×(2−1.5)]

2) 抵销计提的存货跌价准备：

借：存货——存货跌价准备　　200 000

  贷：资产减值损失　　200 000

3) 调整合并财务报表中递延所得税资产。2×16 年 12 月 31 日，合并财务报表中结存存货成本＝100×1.5＝150（万元），可变现净值＝100×1.8＝180（万元），账面价值为 150 万元，计税基础＝100×2＝200（万元），合并财务报表中应确认的递延所得税资产＝(200−150)×25%＝12.5（万元），因 S 公司个别财务报表中已确认递延所得税资产＝20×25%＝5（万元），所以合并财务报表中递延所得税资产调整金额＝12.5−5＝7.5（万元）。2×16 年合并财务报表中编制的会计分录如下：

借：递延所得税资产　　75 000

  贷：所得税费用　　75 000

(2) 2×17 年编制的抵销分录：

1）抵销期初存货中未实现的内部销售利润：

借：未分配利润——年初　500 000

　贷：营业成本　500 000

2）抵销期末存货中未实现的内部销售利润：

借：营业成本　400 000

　贷：存货　400 000［80×(20 000－15 000)］

3）抵销期初存货跌价准备：

借：存货——存货跌价准备　200 000

　贷：未分配利润——年初　200 000

4）抵销本期销售商品结转的存货跌价准备：

借：营业成本　40 000（200 000÷100×20）

　贷：存货——存货跌价准备　40 000

5）调整本期存货跌价准备。2×17 年 12 月 31 日，结存的存货中未实现的内部销售利润为 40 万元，存货跌价准备的期末余额为 48 万元，期末存货跌价准备可抵销的余额为 40 万元，本期应抵销的存货跌价准备＝40－(20－4)＝24（万元）。编制会计分录如下：

借：存货——存货跌价准备　240 000

　贷：资产减值损失　240 000

6）调整合并财务报表中的递延所得税资产。2×17 年 12 月 31 日，合并报表中结存的存货成本＝80×1.5＝120（万元），可变现净值＝80×1.4＝112（万元），账面价值为 112 万元，计税基础＝80×2＝160（万元），合并报表中应确认的递延所得税资产余额＝(160－112)×25%＝12（万元），因 S 公司个别报表中已确认递延所得税资产＝48×25%＝12（万元），所以本期合并报表中递延所得税资产的调整金额＝12－12－7.5＝－7.5（万元）。2×17 年合并报表中编制的调整分录如下：

借：递延所得税资产　75 000

　贷：未分配利润——年初　75 000

借：所得税费用　75 000

　贷：递延所得税资产　75 000

五、内部固定资产交易的抵销

内部固定资产交易是指企业集团内部发生交易的一方与固定资产有关的购销业务。对于企业集团内部固定资产交易，根据销售企业销售的是产品还是固定资产，可以将其划分为两种类型：第一种类型是企业集团内部企业将自己生产的产品销售给企业集团内的其他企业作为固定资产使用；第二种类型是企业集团内部企业将自己的固定资产出售给企业集团内的其他企业作为固定资产使用。此外，还有另一类型的内部固定资产交易，即企业集团内部企业将自身使用的固定资产出售给企业集团内的其他企业作为普通商品销售。这种类型的固定资产交易，在企业集团内部发生得极少，一般情况下发生的金额也不大。

（一）一方销售的商品，另一方购入后作为固定资产

企业集团内部的母公司或子公司将自己生产的产品销售给企业集团内部的其他企业作

为固定资产使用，这种类型的内部固定资产交易发生得比较多，也比较普遍。

与存货的情况不同，固定资产的使用寿命较长，往往要跨越几个会计年度。对于内部交易形成的固定资产，不仅在该内部固定资产交易发生的当期需要进行抵销处理，而且在以后使用该固定资产的期间也需要进行抵销处理。固定资产在使用过程中是通过折旧的方式将其价值转移到产品价值之中，由于固定资产按原价计提折旧，在固定资产原价中包含未实现内部销售损益的情况下，每期计提的折旧费中也必然包含着未实现内部销售损益的金额，由此也需要对该内部交易形成的固定资产每期计提的折旧费进行相应的抵销处理。同样，如果购买企业对该项固定资产计提了固定资产减值准备，由于固定资产减值准备是以原价为基础进行计算确定的，在固定资产原价中包含未实现内部销售损益的情况下，对该项固定资产计提的减值准备中也必然包含着未实现内部销售损益的金额，由此也需要对该内部交易形成的固定资产计提的减值准备进行相应的抵销处理。

1. 内部交易形成的固定资产在购入当期的抵销处理

在这种情况下，购买企业购进的固定资产，在其个别资产负债表中以支付的价款作为该固定资产的原价列示，因此首先就必须将该固定资产原价中包含的未实现内部销售损益予以抵销。其次，购买企业对该固定资产计提了折旧，折旧费计入相关资产的成本或当期损益。由于购买企业是以该固定资产的取得成本作为原价计提折旧，取得成本中包含未实现内部销售损益，在相同的使用寿命下，各期计提的折旧费要大于不包含未实现内部销售损益时计提的折旧费，因此还必须将当期多计提的折旧额从该固定资产当期计提的折旧费中予以抵销。其抵销处理程序如下：

（1）将与内部交易形成的固定资产相关的销售收入、销售成本以及原价中包含的未实现内部销售损益予以抵销。其抵销分录为：

借：营业收入

　贷：营业成本

　　固定资产——原价

（2）将内部交易形成的固定资产当期多计提的折旧费用和累计折旧（或少计提的折旧费和累计折旧）予以抵销。从单个企业来说，对计提折旧进行会计处理时，一方面增加当期的费用或计入相关资产的成本，另一方面形成累计折旧。为便于理解，本节有关内部交易形成的固定资产均假定为购买企业的管理用固定资产，多计提的折旧费通过“管理费用”项目进行抵销。其抵销分录为：

借：固定资产——累计折旧

　贷：管理费用

【例 11-14】 S 公司以 234 万元（含增值税）的价格将其生产的产品销售给 P 公司，其销售成本为 164 万元，因此该内部固定资产交易实现的销售利润为 36 万元。P 公司购买该产品作为管理用固定资产使用，按 234 万元入账。假设 P 公司对该固定资产按 3 年的使用寿命采用年限平均法计提折旧，预计净残值为零。该固定资产交易时间为 2×16 年 6 月 20 日。

本例有关的抵销处理如下：

首先，将与该固定资产相关的销售收入、销售成本以及原价中包含的未实现内部销售损益予以抵销：

借：营业收入　　2 000 000

　贷：营业成本　　1 640 000

　　　固定资产——原价　　360 000

需说明的是，增值税不属于内部交易，不能抵销。然后，将该固定资产当期多计提折旧额予以抵销：

固定资产当期多计提的折旧额＝36÷3×6/12＝6(万元)

借：固定资产——累计折旧　　60 000

　贷：管理费用　　60 000

2. 内部交易形成的固定资产在以后会计期间的抵销处理

在以后会计期间，内部交易形成的固定资产仍然以原价在购买企业的个别资产负债表中列示，因此必须将原价中包含的未实现内部销售损益的金额予以抵销；相应地，销售企业以前会计期间由于该内部交易所实现的销售利润，形成销售当期的净利润的一部分并结转到以后会计期间，在其个别所有者权益变动表中列示，因此必须将期初未分配利润中包含的该未实现内部销售损益予以抵销，以调整期初未分配利润的金额。将内部交易形成的固定资产原价中包含的未实现内部销售损益抵销，并调整期初未分配利润。其抵销分录为：

借：未分配利润——年初

　贷：固定资产——原价

对于该固定资产在以前会计期间计提折旧而形成的期初累计折旧，由于将以前会计期间按包含未实现内部销售损益的原价为依据而多计提折旧的抵销，一方面必须按照以前会计期间累计多计提的折旧额抵销期初累计折旧；另一方面由于以前会计期间累计折旧抵销而影响到期初未分配利润，因此还必须调整期初未分配利润的金额。将以前会计期间内部交易形成的固定资产多计提的累计折旧抵销，并调整期初未分配利润。其抵销分录为：

借：固定资产——累计折旧

　贷：未分配利润——年初

最后，该内部交易形成的固定资产在本期仍然计提了折旧，由于多计提折旧导致本期有关资产或费用项目增加并形成累计折旧，为此，一方面必须将本期多计提折旧而计入相关资产的成本或当期损益的金额予以抵销；另一方面将本期多计提折旧而形成的累计折旧额予以抵销。其抵销分录为：

借：固定资产——累计折旧

　贷：管理费用

3. 内部交易形成的固定资产在清理期间的抵销处理

对于销售企业来说，因该内部交易实现的利润，作为期初未分配利润的一部分结转到以后的会计期间，直到购买企业对该内部交易形成的固定资产进行清理的会计期间为止。从购买企业来说，对内部交易形成的固定资产进行清理的期间，在其个别财务报表中表现为固定资产价值的减少；该固定资产清理收入减去该固定资产账面价值以及有关清理费用后的余额，则在其个别利润表中以营业外收入（或营业外支出）项目列示。

在这种情况下，购买企业内部交易形成的固定资产实体已不复存在，包含未实现内部销售损益在内的该内部交易形成的固定资产的价值已全部转移到用其加工的产品价值或各期损益中去了，因此不存在未实现内部销售损益的抵销问题。从整个企业集团来说，随着该内部交易形成的固定资产的使用寿命届满，其包含的未实现内部销售损益也转化为已实现利润。但是，由于销售企业因该内部交易所实现的利润，作为期初未分配利润的一部分结转到购买企业对该内部交易形成的固定资产进行清理的会计期间为止，因此，必须调整期初未分配利润。此外，在固定资产进行清理的会计期间，如果仍计提了折旧，本期计提的折旧费中仍然包含多计提的折旧额，因此需要将多计提的折旧额予以抵销。其抵销分录如下：

（1）将期初固定资产原价中未实现内部销售利润抵销：

借：未分配利润——年初

　贷：营业外收入（期初固定资产原价中未实现内部销售利润）

（2）将期初累计多提折旧抵销：

借：营业外收入（期初累计多提折旧）

　贷：未分配利润——年初

（3）将本期多提折旧抵销：

借：营业外收入（本期多提折旧）

　贷：管理费用

【例 11-15】 荣华股份有限公司（以下简称“荣华公司”）2×16 年 1 月 1 日与另一投资者共同组建昌盛有限责任公司（以下简称“昌盛公司”）。荣华公司拥有昌盛公司 75%的股份，从 2×16 年开始将昌盛公司纳入合并范围编制合并财务报表。

荣华公司 2×16 年 6 月 15 日从昌盛公司购进不需安装的设备一台，用于公司行政管理，设备价款 192 万元（含增值税）以银行存款支付，增值税税率为 17%，于 7 月 20 日投入使用。该设备系昌盛公司生产，其生产成本为 144 万元。荣华公司对该设备采用直线法计提折旧，预计使用年限为 4 年，预计净残值为零。

荣华公司 2×18 年 8 月 15 日变卖该设备，收到变卖价款 160 万元，款项已收存银行。变卖该设备时支付清理费用 3 万元。荣华公司应编制如下抵销分录：

（1）2×16 年度该设备相关的合并抵销分录：

借：营业收入	1 641 000	
贷：营业成本		1 440 000
固定资产——原价		201 000（1 641 000－1 440 000）
借：固定资产——累计折旧	25 125	
贷：管理费用		25 125（201 000÷4×6/12）

（2）2×17 年度该设备相关的合并抵销分录：

借：未分配利润——年初	201 000	
贷：固定资产——原价		201 000
借：固定资产——累计折旧	25 100	
贷：未分配利润——年初		25 100
借：固定资产——累计折旧	50 250	
贷：管理费用		50 250（201 000÷4×12/12）

(3) 2×18 年度该设备相关的抵销分录：

借：未分配利润——年初　201 000
　贷：营业外收入　201 000
借：营业外收入　75 350
　贷：未分配利润——年初　75 350 (25 100+50 250)
借：营业外收入　33 500
　贷：管理费用　33 500 (201 000÷4×8/12)

(二) 一方销售的固定资产，另一方购入后仍作为固定资产

对于销售企业来说，在其个别资产负债表中表现为固定资产的减少，同时在其个别利润表中表现为固定资产处置损益，当处置收入大于该固定资产账面价值时，表现为本期营业外收入；当处置收入小于固定资产账面价值时，则表现为本期营业外支出。对于购买企业来说，在其个别资产负债表中则表现为固定资产的增加，其固定资产原价中既包含该固定资产在原销售企业中的账面价值，也包含销售企业因该固定资产出售所实现的损益。但从整个企业集团来看，这一交易属于集团内部固定资产调拨性质，它既不能产生收益，也不会发生损失，固定资产既不能增值也不会减值。因此，必须将销售企业因该内部交易所实现的固定资产处置损益予以抵销，同时将购买企业固定资产原价中包含的未实现内部销售损益的金额予以抵销。通过抵销后，使其在合并财务报表中该固定资产原价仍然以销售企业的原账面价值反映。

【例 11-16】 假设 P 公司将其账面价值为 100 万元某项固定资产以 120 万元的价格出售给 S 公司仍作为管理用固定资产使用。P 公司因该内部固定资产交易发生处置收益 20 万元。假设 S 公司以 120 万元作为该项固定资产的成本入账，S 公司对该固定资产按 5 年的使用寿命采用年限平均法计提折旧，预计净残值为零。该固定资产交易时间为 2×16 年 6 月 30 日，S 公司该内部交易固定资产在 2×16 年按 6 个月计提折旧。

本例有关抵销处理如下：

(1) 该固定资产的处置损失与固定资产原价中包含的未实现内部销售损益的抵销：

借：营业外收入　200 000
　贷：固定资产——原价　200 000

(2) 该固定资产当期多计提折旧额的抵销。该固定资产折旧年限为 5 年，原价为 120 万元，预计净残值为零，2×16 年计提的折旧额为 12 万元，而按抵销其原价中包含的未实现内部销售损益后的原价计提的折旧额为 10 万元，当期多计提的折旧额为 2 万元，应当按 2 万元分别抵销管理费用和累计折旧：

借：固定资产——累计折旧　20 000
　贷：管理费用　20 000

内部无形资产抵销的原理与内部固定资产抵销的原理相同。

六、内部现金流入和流出的抵销

(一) 编制合并现金流量表时应进行抵销处理的项目

现金流量表作为以单个企业为会计主体进行会计核算的结果，分别从母公司本身和子公司本身反映其一定会计期间现金流入和现金流出。在以其个别现金流量表为基础计算的现金流入和现金流出项目的加总金额中，也必然包含有重复计算的因素，因此，编制合并现金流量表时，也需要将这些重复的因素予以剔除。

1. 企业集团内部当期以现金投资或收购股权增加的投资所产生的现金流量的抵销处理

母公司直接以现金对子公司进行的长期股权投资或以现金从子公司的其他所有者（即企业集团内的其他子公司）处收购股权，表现为母公司现金流出，在母公司个别现金流量表中作为投资活动现金流出列示。子公司接受这一投资（或处置投资）时，表现为现金流入，在其个别现金流量表中反映为筹资活动的现金流入（或投资活动的现金流入）。从企业集团整体来看，母公司以现金对子公司进行的长期股权投资，实际上相当于母公司将资本拨付下属核算单位，并不引起整个企业集团的现金流量的增减变动。因此，编制合并现金流量表时，应当在母公司与子公司现金流量表数据简单相加的基础上，将母公司当期以现金对子公司长期股权投资所产生的现金流量予以抵销。

【例 11-17】 2×16 年 P 公司向 S 公司直接投入货币资金 2 000 万元，P 公司应编制如下抵销分录：

借：投资支付的现金　　20 000 000

　贷：吸收投资收到的现金　　20 000 000

2. 企业集团内部当期取得投资收益收到的现金与分配股利、利润或偿付利息支付的现金的抵销处理

母公司对子公司进行的长期股权投资和债权投资，在持有期间收到子公司分派的现金股利（利润）或债券利息，表现为现金流入，在母公司个别现金流量表中作为取得投资收益收到的现金列示。子公司向母公司分派现金股利（利润）或支付债券利息，表现为现金流出，在其个别现金流量表中反映为分配股利、利润或偿付利息支付的现金。从整个企业集团来看，这种投资收益的现金收支，并不引起整个企业集团的现金流量的增减变动。因此编制合并现金流量表时，应当在母公司与子公司现金流量表数据简单相加的基础上，将母公司当期取得投资收益收到的现金与子公司分配股利、利润或偿付利息支付的现金予以抵销。

【例 11-18】 2×16 年 S 公司向 P 公司支付现金股利 200 万元，P 公司应编制如下抵销分录：

借：分配股利、利润或偿付利息支付的现金　　2 000 000

　贷：取得投资收益收到的现金　　2 000 000

3. 企业集团内部以现金结算债权与债务所产生的现金流量的抵销处理

母公司与子公司、子公司相互之间当期以现金结算其他应收款或其他应付款等债权与债务，表现为现金流入或现金流出，在母公司个别现金流量表中作为收到其他与经营活动有关的现金或支付其他与经营活动有关的现金列示，在子公司个别现金流量表中作为支付其他与经营活动有关的现金或收到其他与经营活动有关的现金列示。从整个企业集团来看，这种以现金结算债权与债务，并不引起整个企业集团的现金流量的增减变动。因此，编制合并现金流量表时，应当在母公司与子公司现金流量表数据简单相加的基础上，将母公司当期以现金结算债权与债务所产生的现金流量予以抵销。

【例 11-19】 2×16 年 P 公司用银行存款支付应付 S 公司包装物押金 60 万元，P 公司

应编制如下抵销分录：

借：支付其他与经营活动有关的现金　　600 000

　贷：收到其他与经营活动有关的现金　　600 000

4. 企业集团内部当期销售商品所产生的现金流量的抵销处理

母公司向子公司当期销售商品（或子公司向母公司销售商品或子公司相互之间销售商品，下同）所收到的现金，表现为现金流入，在母公司个别现金流量表中作为销售商品、提供劳务收到的现金列示；子公司向母公司支付购货款，表现为现金流出，在其个别现金流量表中反映为购买商品、接受劳务支付的现金。从整个企业集团来看，这种内部商品购销现金收支，并不会引起整个企业集团的现金流量的增减变动。因此，编制合并现金流量表时，应当在母公司与子公司现金流量表数据简单相加的基础上，将母公司与子公司、子公司相互之间当期销售商品所产生的现金流量予以抵销。

【例 11-20】 P公司2×16年向S公司销售商品的价款2 000万元中，实际收到S公司支付的银行存款1 500万元，同时S公司还向P公司开具了票面金额为500万元的商业承兑汇票。S公司2×16年向P公司销售商品800万元的价款全部收到。应编制如下抵销分录：

借：购买商品、接受劳务支付的现金　　23 000 000

　贷：销售商品、提供劳务收到的现金　　23 000 000

【例 11-21】 S公司2×16年6月20日向P公司销售商品234万元（含增值税）的价款全部收到。P公司购入后将其作为固定资产使用。P公司应编制如下抵销分录：

借：购建固定资产、无形资产和其他长期资产支付的现金　　2 340 000

　贷：销售商品、提供劳务收到的现金　　2 340 000

5. 企业集团内部处置固定资产等收回的现金净额与购建固定资产等支付的现金的抵销处理

母公司向子公司处置固定资产等长期资产，表现为现金流入，在母公司个别现金流量表中作为处置固定资产、无形资产和其他长期资产收回的现金净额列示；子公司表现为现金流出，在其个别现金流量表中反映为购建固定资产、无形资产和其他长期资产支付的现金。从整个企业集团来看，这种固定资产处置与购置的现金收支，并不会引起整个企业集团的现金流量的增减变动。因此，编制合并现金流量表时，应当在母公司与子公司现金流量表数据简单相加的基础上，将母公司与子公司、子公司相互之间处置固定资产、无形资产和其他长期资产收回的现金净额与购建固定资产、无形资产和其他长期资产支付的现金相互抵销。

【例 11-22】 2×16年P公司向S公司出售固定资产，收到价款100万元存入银行，S公司购入后仍将其作为固定资产使用。P公司应编制如下抵销分录：

借：购建固定资产、无形资产和其他长期资产支付的现金　　1 000 000

　贷：处置固定资产、无形资产和其他长期资产收到的现金　　1 000 000

（二）合并现金流量表中有关少数股东权益项目的反映

合并现金流量表的编制与个别现金流量表的编制相比，一个特殊的问题就是在子公司为非全资子公司的情况下，涉及子公司与其少数股东之间的现金流入和现金流出的处理问题。

对于子公司与少数股东之间发生的现金流入和现金流出，从整个企业集团来看，也影响到其整体的现金流入和流出数量的增减变动，必须在合并现金流量表中予以反映。子公司与少数股东之间发生的影响现金流入和现金流出的经济业务包括：少数股东对子公司增加权益性投资、少数股东依法从子公司中抽回权益性投资、子公司向其少数股东支付现金股利或利润等。为了便于企业集团合并财务报表使用者了解掌握企业集团现金流量的情况，有必要将子公司与少数股东之间的现金流入和现金流出的情况单独予以反映。

对于子公司的少数股东增加在子公司中的权益性投资，在合并现金流量表中应当在“筹资活动产生的现金流量”之下的“吸收投资收到的现金”项目下“其中：子公司吸收少数股东投资收到的现金”项目反映。

对于子公司向少数股东支付现金股利或利润，在合并现金流量表中应当在“筹资活动产生的现金流量”之下的“分配股利、利润或偿付利息支付的现金”项目下“其中：子公司支付给少数股东的股利、利润”项目反映。

对于子公司的少数股东依法抽回在子公司中的权益性投资，在合并现金流量表中应当在“筹资活动产生的现金流量”之下的“支付其他与筹资活动有关的现金”项目反映。

七、因子公司少数股东增资导致母公司股权稀释

如果由于子公司的少数股东对子公司进行增资，导致母公司股权稀释，母公司应当按照增资前的股权比例计算其在增资前子公司账面净资产中的份额，该份额与增资后按母公司持股比例计算的在增资后子公司账面净资产份额之间的差额计入资本公积，资本公积不足冲减的，调整留存收益。

八、交叉持股的合并处理

交叉持股，是指在由母公司和子公司组成的企业集团中，母公司持有子公司一定比例股份，能够对其实施控制，同时子公司也持有母公司一定比例股份，即相互持有对方的股份。

母子公司有交互持股情形的，在编制合并财务报表时，对于母公司持有的子公司股权，与通常情况下母公司长期股权投资与子公司所有者权益的合并抵销处理相同。对于子公司持有的母公司股权，应当按照子公司取得母公司股权日所确认的长期股权投资的初始投资成本，将其转为合并财务报表中的库存股，作为所有者权益的减项，在合并资产负债表中“所有者权益”项目下以“减：库存股”项目列示；对于子公司持有母公司股权所确认的投资收益（如利润分配或现金股利），应当进行抵销处理。子公司将所持有的母公司股权分类为可供出售金融资产等，按照公允价值计量的，应同时冲销子公司累计确认的公允价值变动。

子公司相互之间持有的长期股权投资，应当比照母公司对子公司的股权投资的抵销方法，将长期股权投资与其对应的子公司所有者权益中所享有的份额相互抵销。

九、逆流交易的合并处理

如果母子公司之间发生逆流交易，即子公司向母公司出售资产，则所发生的未实现内部交易损益，应当按照母公司对该子公司的分配比例在“归属于母公司所有者的净利润”和“少数股东损益”之间分配抵销。

【例 11-23】甲公司是A公司的母公司，持有A公司80%的股份。2×16年10月1日，A公司向甲公司销售商品1 000万元，商品销售成本为600万元，甲公司以银行存款支付全款，将购进的该批商品作为存货核算。截至2×16年12月31日，该批商品仍有30%未实现对外销售。2×16年年末，甲公司对剩余存货进行检查，发现未发生存货跌价损失。除此之外，甲公司与A公司2×16年未发生其他交易（不考虑所得税等影响）。

本例中，2×16年存货中包含的未实现内部销售损益为120［(1 000－600)×30%］万元。在2×16年合并财务报表工作底稿中的抵销分录如下：

借：营业收入	10 000 000	
贷：营业成本		8 800 000
存货		1 200 000

同时，由于该交易为逆流交易，应将内部销售形成的存货中包含的未实现内部销售损益在甲公司和A公司少数股东之间进行分摊。

在存货中包含的未实现内部销售损益中，归属于少数股东的未实现内部销售损益分摊金额为24（120×20%）万元。在2×16年合并财务报表工作底稿中的抵销分录如下：

借：少数股东权益	240 000	
贷：少数股东损益		240 000

子公司之间出售资产所发生的未实现内部交易损益，应当按照母公司对出售方子公司的持股比例在“归属于母公司所有者的净利润”和“少数股东损益”之间分配抵销。

第四节　母公司在报告期内增减子公司在合并财务报表中的反映

一、母公司在报告期内增减子公司在合并资产负债表中的反映

（一）母公司在报告期内增加子公司在合并资产负债表中的反映

母公司因追加投资等原因控制了另一个企业即实现了企业合并。根据《企业会计准则第20号——企业合并》的规定，企业合并形成母子公司关系的，母公司应当编制合并日或购买日的合并资产负债表（有关合并日或购买日合并资产负债表的编制，请参见第十章“企业合并”的相关内容）。但是，在企业合并发生当期的期末和以后会计期间，母公司应当根据合并报表准则的规定编制合并资产负债表。合并报表准则规定，在编制合并资产负债表时，应当区分同一控制下的企业合并增加的子公司和非同一控制下的企业合并增加的子公司两种情况：

（1）因同一控制下企业合并增加的子公司，编制合并资产负债表时，应当调整合并资产负债表的期初数。

（2）因非同一控制下企业合并增加的子公司，不应当调整合并资产负债表的期初数。

（二）母公司在报告期内处置子公司在合并资产负债表中的反映

在报告期内，如果母公司失去了决定被投资单位的财务和经营政策的能力，不再能够从其经营活动中获取利益，则母公司不再控制被投资单位，被投资单位从本期开始不再是母公司的子公司，即母公司在报告期内处置子公司。母公司处置子公司可能因绝对或相对持股比例变化所产生的，如降低投资比例，也可能由于其他原因不再控制原先的子公司，比如，子公司被政府、人民法院等接管，母公司就失去了对该子公司的控制权。失去控制权也可能由于合同约定所导致，比如，通过法定程序修改原先的子公司的公司章程，限制了母公司对其财务和经营政策的主导权力，使母公司不能再单方面控制该子公司，原先的子公司从处置日开始不再是子公司，不应继续将其纳入合并财务报表的合并范围。

合并报表准则规定，母公司在报告期内处置子公司，编制合并资产负债表时，不应当调整合并资产负债表的期初数。

二、母公司在报告期内增减子公司在合并利润表中的反映

（一）母公司在报告期内增加子公司在合并利润表中的反映

母公司因追加投资等原因控制了另一个企业即实现了企业合并。根据《企业会计准则第 20 号——企业合并》的规定，企业合并形成母子公司关系的，母公司应当编制合并日的合并利润表。但是，在企业合并发生当期的期末和以后会计期间，母公司应当根据合并报表准则的规定编制合并利润表。合并报表准则规定，在编制合并利润表时，应当区分同一控制下的企业合并增加的子公司和非同一控制下的企业合并增加的子公司两种情况：

(1) 因同一控制下企业合并增加的子公司，在编制合并利润表时，应当将该子公司合并当期期初至报告期末的收入、费用、利润纳入合并利润表。

(2) 因非同一控制下企业合并增加的子公司，在编制合并利润表时，应当将该子公司购买日至报告期末的收入、费用、利润纳入合并利润表。

（二）母公司在报告期内处置子公司在合并利润表中的反映

母公司在报告期内处置子公司，应当将该子公司期初至处置日的收入、费用、利润纳入合并利润表。

三、母公司在报告期内增减子公司在合并现金流量表中的反映

（一）母公司在报告期内增加子公司在合并现金流量表中的反映

母公司因追加投资等原因控制了另一个企业即实现了企业合并。根据《企业会计准则第 20 号——企业合并》的规定，企业合并形成母子公司关系的，母公司应当编制合并日的合并现金流量表。但是，在企业合并发生当期的期末和以后会计期间，母公司应当根据合并报表准则的规定编制合并现金流量表。合并报表准则规定，在编制合并现金流量表时，应当区分同一控制下的企业合并增加的子公司和非同一控制下的企业合并增加的子公司两种情况：

(1) 因同一控制下企业合并增加的子公司，在编制合并现金流量表时，应当将该子公司合并当期期初至报告期末的现金流量纳入合并现金流量表。

（2）因非同一控制下企业合并增加的子公司，在编制合并现金流量表时，应当将该子公司购买日至报告期末的现金流量纳入合并现金流量表。

（二）母公司在报告期内处置子公司在合并现金流量表中的反映

母公司在报告期内处置子公司，应将该子公司期初至处置日的现金流量纳入合并现金流量表。

第五节 合并财务报表编制综合实例

2×16 年 1 月 1 日，P 公司用银行存款 5 800 万元购得 S 公司 70%的股份（假定 P 公司与 S 公司的企业合并不属于同一控制下的企业合并）。2×16 年 12 月 31 日，编制合并财务报表有关资料如下：

（1）P 公司备查簿中记录的 S 公司在 2×16 年 1 月 1 日可辨认资产、负债的公允价值的资料见表 11-2。

表 11-2　　P 公司备查簿

2×16 年 1 月 1 日　　单位：万元

项　目	账面价值	公允价值	公允价值与账面价值的差额	备　注
S 公司				
流动资产	3 000	3 000		
非流动资产	8 000	8 100	100	
其中：固定资产——甲设备	800	900	100	该设备的剩余折旧年限为 10 年，采用年限平均法计提折旧，税法规定该设备计提折旧的方法、折旧年限和净残值与 S 公司会计处理相同。
资产总计	11 000	11 100		
流动负债	1 000	1 000		
非流动负债	2 000	2 000		
负债总计	3 000	3 000		
股本	5 000	5 000		
资本公积	1 000	1 100	100	
盈余公积	200	200		
未分配利润	1 800	1 800		
股东权益总计	8 000	8 100		
负债和股东权益总计	11 000	11 100		

（2）P公司与S公司个别资产负债表分别见表11－3和表11－4。

表11－3 **资产负债表（简表）** 会企01表

编制单位：P公司 2×16年12月31日 单位：万元

资　产	期末余额	年初余额	负债和所有者权益（或股东权益）	期末余额	年初余额
流动资产：			流动负债：		
货币资金	3 000	6 000	应付票据	3 000	2 000
应收票据	2 500	2 000	应付账款	5 415	4 000
			预收款项	1 200	1 000
应收账款	2 600	3 000	其中：预收S公司账款	50	
其中：应收S公司账款	270		应付职工薪酬	500	300
预付款项	500		应交税费	900	1 000
存货	6 500	6 000	流动负债合计	11 015	8 300
			非流动负债：		
流动资产合计	15 100	17 000	长期借款	6 000	6 000
非流动资产：			应付债券	2 100	2 000
持有至到期投资	315	300	非流动负债合计	8 100	8 000
其中：持有S公司债券	315	300	负债合计	19 115	16 300
长期股权投资	10 800	5 000	所有者权益（或股东权益）：		
其中：对S公司投资	5 800		实收资本（或股本）	10 000	10 000
固定资产	9 500	9 000	资本公积	2 000	2 000
其中：向S公司购入固定资产	105.3		盈余公积	520	300
			未分配利润	4 080	2 700
非流动资产合计	20 615	14 300	所有者权益合计	16 600	15 000
资产总计	35 715	31 300	负债和所有者权益总计	35 715	31 300

表11－4 **资产负债表（简表）** 会企01表

编制单位：S公司 2×16年12月31日 单位：万元

资　产	期末余额	年初余额	负债和所有者权益（或股东权益）	期末余额	年初余额
流动资产：			流动负债：		
货币资金	500	200	应付票据	200	100
应收票据	200	100			
应收账款	600	500	应付账款	700	400
预付款项	250		其中：应付P公司账款	300	
其中：预付P公司账款	50		预收款项	150	100
存货	2 300	2 200	应付职工薪酬	100	200
其中：向P公司购入存货	200				
流动资产合计	3 850	3 000	应交税费	180	200

续前表

资　产	期末余额	年初余额	负债和所有者权益（或股东权益）	期末余额	年初余额
非流动资产：			流动负债合计	1 330	1 000
可供出售金融资产	900	800	非流动负债：		
持有至到期投资			长期借款	1 700	1 700
长期股权投资			应付债券	315	300
固定资产	7 695	7 200	其中：应付债券——P公司	315	300
其中：S公司——甲设备	720	800	非流动负债合计	2 015	2 000
非流动资产合计	8 595	8 000	负债合计	3 345	3 000
			股东权益：		
			股本	5 000	5 000
			资本公积	1 100	1 000
			盈余公积	300	200
			未分配利润	2 700	1 800
			股东权益合计	9 100	8 000
资产总计	12 445	11 000	负债和股东权益总计	12 445	11 000

（3）P公司与S公司个别利润表分别见表11－5和表11－6。

表11－5　　**利润表（简表）**　　会企02表

编制单位：P公司　　2×16年度　　单位：万元

项　　目	金　额
一、营业收入	12 000
减：营业成本	7 000
税金及附加	450
销售费用	520
管理费用	1 000
财务费用	200
资产减值损失	30
加：公允价值变动收益（损失以“－”号填列）	
投资收益（损失以“－”号填列）	100
二、营业利润（亏损以“－”号填列）	2 900
加：营业外收入	
减：营业外支出	
三、利润总额（亏损总额以“－”号填列）	2 900
减：所得税费用	700
四、净利润（净亏损以“－”号填写）	2 200

表 11-6　　利润表（简表）　　会企 02 表

编制单位：S公司　　2×16 年度　　单位：万元

项　目	金　额
一、营业收入	7 000
减：营业成本	5 000
税金及附加	100
销售费用	120
管理费用	400
财务费用	80
资产减值损失	
加：公允价值变动收益（损失以“－”号填列）	
投资收益（损失以“－”号填列）	
二、营业利润（亏损以“－”号填列）	1 300
加：营业外收入	
减：营业外支出	
三、利润总额（亏损总额以“－”号填列）	1 300
减：所得税费用	300
四、净利润（净亏损以“－”号填写）	1 000

（4）P公司与S公司个别现金流量表分别见表 11-7 和表 11-8。

表 11-7　　现金流量表　　会企 03 表

编制单位：P公司　　2×16 年度　　单位：万元

项　目	金　额
一、经营活动产生的现金流量：	
销售商品、提供劳务收到的现金	12 070
收到的税费返还	
收到其他与经营活动有关的现金	
经营活动现金流入小计	12 070
购买商品、接受劳务支付的现金	3 885
支付给职工以及为职工支付现金	1 500
支付的各项税费	1 250
支付其他与经营活动有关的现金	920
经营活动现金流出小计	7 555
经营活动产生的现金流量净额	4 515
二、投资活动产生的现金流量：	
收回投资收到的现金	
取得投资收益收到的现金	85

续前表

项　　目	金　额
处置固定资产、无形资产和其他长期资产收回的现金净额	
处置子公司及其他营业单位收到的现金净额	
收到其他与投资活动有关的现金	
投资活动现金流入小计	85
购建固定资产、无形资产和其他长期资产支付的现金	1 100
投资支付的现金	
取得子公司及其他营业单位支付的现金净额	5 800
支付其他与投资活动有关的现金	
投资活动现金流出小计	6 900
投资活动产生的现金流量净额	－6 815
三、筹资活动产生的现金流量：	
吸收投资收到的现金	
取得借款收到的现金	
收到其他与筹资活动有关的现金	
筹资活动现金流入小计	
偿还债务支付的现金	
分配股利、利润或偿付利息支付的现金	700
支付其他与筹资活动有关的现金	
筹资活动现金流出小计	700
筹资活动产生的现金流量净额	－700
四、汇率变动对现金的影响额	
五、现金及现金等价物净增加额	－3 000
加：年初现金及现金等价物余额	6 000
六、年末现金及现金等价物余额	3 000

表 11－8　　**现金流量表**　　会企 03 表

编制单位：S公司　　2×16 年度　　单位：万元

项　　目	金　额
一、经营活动产生的现金流量：	
销售商品、提供劳务收到的现金	6 850
收到的税费返还	0
收到其他与经营活动有关的现金	0
经营活动现金流入小计	6 850
购买商品、接受劳务支付的现金	4 250
支付给职工以及为职工支付现金	800

续前表

项　　目	金　额
支付的各项税费	420
支付其他与经营活动有关的现金	220
经营活动现金流出小计	5 690
经营活动产生的现金流量净额	1 160
二、投资活动产生的现金流量：	
收回投资收到的现金	
取得投资收益收到的现金	
处置固定资产、无形资产和其他长期资产收回的现金净额	
处置子公司及其他营业单位收到的现金净额	
收到其他与投资活动有关的现金	
投资活动现金流入小计	
购建固定资产、无形资产和其他长期资产支付的现金	795
投资支付的现金	
取得子公司及其他营业单位支付的现金净额	
支付其他与投资活动有关的现金	
投资活动现金流出小计	795
投资活动产生的现金流量净额	−795
三、筹资活动产生的现金流量：	
吸收投资收到的现金	
取得借款收到的现金	
收到其他与筹资活动有关的现金	
筹资活动现金流入小计	
偿还债务支付的现金	
分配股利、利润或偿付利息支付的现金	65
支付其他与筹资活动有关的现金	
筹资活动现金流出小计	65
筹资活动产生的现金流量净额	−65
四、汇率变动对现金的影响额	
五、现金及现金等价物净增加额	300
加：年初现金及现金等价物余额	200
六、年末现金及现金等价物余额	500

（5）P公司与S公司个别所有者权益变动表分别见表11-9和表11-10。

表 11-9　　所有者权益变动表（简表）　　会企 04 表

编制单位：P公司　　2×16 年　　单位：万元

项　　目	本年金额				
	实收资本（或股本）	资本公积	盈余公积	未分配利润	所有者权益合计
一、上年年末余额	10 000	2 000	300	2 700	15 000
加：会计政策变更					
前期差错更正					
二、本年年初余额	10 000	2 000	300	2 700	15 000
三、本年增减变动数（减少以"一"号填列）					
（一）净利润				2 200	2 200
（二）直接计入所有者权益的利得和损失					
（三）可供出售金融资产公允价值变动净额					
（四）利润分配			220	−820	−600
1. 提取盈余公积			220	−220	0
2. 对所有者（或股东）的分配				−600	−600
四、本年年末余额	10 000	2 000	520	4 080	16 600

表 11-10　　所有者权益变动表（简表）　　会企 04 表

编制单位：S公司　　2×16 年　　单位：万元

项　　目	本年金额				
	实收资本（或股本）	资本公积	盈余公积	未分配利润	所有者权益合计
一、上年年末余额	5 000	1 000	200	1 800	8 000
加：会计政策变更					
前期差错更正					
二、本年年初余额	5 000	1 000	200	1 800	8 000
三、本年增减变动数（减少以"一"号填列）					
（一）净利润				1 000	1 000
（二）直接计入所有者权益的利得和损失					
（三）可供出售金融资产公允价值变动净额		100			100
（四）利润分配			100	−100	0
1. 提取盈余公积			100	−100	0
2. 对所有者（或股东）的分配					
四、本年年末余额	5 000	1 100	300	2 700	9 100

（6）其他有关资料如下：

1）2×16 年，S公司实现净利润 1 000 万元，提取法定盈余公积 100 万元，因接受控股股东捐赠计入当期资本公积的金额为 100 万元。

2）P公司 2×16 年 12 月 31 日个别资产负债表预收款项项目中 50 万元为 S公司预付款项。

3）P公司 2×16 年 12 月 31 日应收账款中 270 万元为 S公司 2×16 年向 P公司购买商品发生的尚未收到的款项。P公司销售该批商品的售价为 500 万元，增值税为 85 万元，成本为 300 万元。至 2×16 年 12 月 31 日，S 公司已支付 P 公司 285 万元款项，尚未支付的款项为 300 万元，S 公司已将上述商品对外销售 60%，40%形成期末存货。P 公司 2×16 年 12 月 31 日对该笔尚未收到的应收账款计提 30 万元的坏账准备。

4）S 公司应付债券 315 万元为 P 公司所持有，P 公司将其作为持有至到期投资，余额为 315 万元。2×16 年，S 公司对该应付债券确认财务费用 15 万元，P 公司对该持有至到期投资确认投资收益 15 万元。

5）P 公司于 2×16 年 6 月 10 日向 S 公司销售一件产品，售价为 100 万元，增值税为 17 万元，成本为 60 万元，收到款项存入银行。S 公司购入后作为管理用固定资产使用，预计使用年限为 5 年，采用年限平均法计提折旧，无残值。

6）假定 S 公司的会计政策和会计期间与 P 公司一致，不考虑 P 公司和 S 公司及合并资产、负债的所得税影响。

根据上述资料，P 公司编制合并财务报表的会计处理如下：

（1）对子公司的个别财务报表进行调整。

1）借：固定资产——原价	1 000 000	
贷：资本公积		1 000 000
2）借：管理费用	100 000	
贷：固定资产——累计折旧		100 000

（2）按权益法调整对子公司的长期股权投资。

1）确认 P 公司在 2×16 年 S 公司实现净利润 990 万元中所享有的份额 693（990×70%）万元：

借：长期股权投资——S 公司	6 930 000	
贷：投资收益		6 930 000

2）将权益法核算确认投资收益 693 万元，调整盈余公积 69.3 万元：

借：提取盈余公积	693 000	
贷：盈余公积		693 000

3）确认 P 公司在 2×16 年 S 公司接受控股股东捐赠所享有的份额 70（资本公积的增加额 100 万元×70%）万元：

借：长期股权投资——S 公司	700 000	
贷：资本公积		700 000

（3）编制合并财务报表抵销分录。

1）抵销母公司长期股权投资和子公司所有者权益。2×16 年 12 月 31 日 P 公司对 S 公司长期股权投资经调整后的金额＝5 800＋693＋70＝6 563（万元）。有关会计分录如下：

借：股本——年初	50 000 000	
——本年	0	
资本公积——年初	11 000 000	
——本年	1 000 000	
盈余公积——年初	2 000 000	
——本年	1 000 000	
未分配利润——年末	26 900 000	

商誉　1 300 000
贷：长期股权投资　65 630 000
少数股东权益　27 570 000

注：商誉＝5 800 万元－(S 公司 2012 年 1 月 1 日的所有者权益总额 8 000 万元＋S 公司固定资产公允价值增加额 100 万元)×70%＝130（万元）；年末未分配利润＝2 700－10＝2 690（万元）；少数股东权益＝(5 000＋0＋1 100＋100＋200＋100＋2 690)×30%＝2 757（万元）。

2）抵销母公司投资收益：

借：投资收益　6 930 000
少数股东损益　2 970 000
未分配利润——年初　18 000 000
贷：提取盈余公积　1 000 000
未分配利润——年末　26 900 000

3）抵销内部债权债务：

借：预收款项　500 000
贷：预付款项　500 000

借：应付债券　3 150 000
贷：持有至到期投资　3 150 000

借：投资收益　150 000
贷：财务费用　150 000

借：应付账款　3 000 000
贷：应收账款　3 000 000

借：应收账款——坏账准备　300 000
贷：资产减值损失　300 000

4）抵销内部商品销售业务：

借：营业收入　5 000 000
贷：营业成本　4 200 000
存货　800 000

5）抵销内部固定资产交易：

借：营业收入　1 000 000
贷：营业成本　600 000
固定资产——原价　400 000

借：固定资产——累计折旧　40 000
贷：管理费用　40 000

6）抵销内部现金流入和流出：

借：购买商品、接受劳务支付的现金　2 850 000
贷：销售商品、提供劳务收到的现金　2 850 000

借：购建固定资产、无形资产和其他长期资产支付的现金　1 170 000
贷：销售商品、提供劳务收到的现金　1 170 000

（4）将调整分录和抵销分录过入合并财务报表工作底稿，见表 11－11。

表 11 - 11

合并工作底稿

2×16 年

单位：万元

项目	P公司			S公司			合计金额	抵销分录		少数股东权益	合并金额
	报表金额	借方	贷方	报表金额	借方	贷方		借方	贷方		
（利润表项目）											
营业收入	12 000			7 000			19 000	(4)500 (5)100			18 400
营业成本	7 000			5 000			12 000		(4)420 (5)60		11 520
税金及附加	450			100			550				550
销售费用	520			120			640				640
管理费用	1 000			400	(2)10		1 410		(5)4		1 406
财务费用	200			80			280		(3)15		265
资产减值损失	30						30		(3)30		0
投资收益	100		(1)693				793	(2)693 (3)15			85
营业利润	2 900		693	1 300	10		4 883	1 308	529		4 104
营业外支出											
利润总额	2 900		693	1 300	10		4 883	1 308	529		4 104
所得税费用	700			300			1 000				1 000
净利润	2 200		693	1 000	10		3 883	1 308	529		3 104
少数股东损益								(2)297		297	297
归属于母公司所有者的净利润											2 807
（所有者权益变动表项目）											
未分配利润——年初	2 700			1 800			4 500	(2)1 800			2 700
利润分配	820	(2)69.3		100			989.3		(2)100		889.3

续前表

项目	P公司			S公司			合计金额	抵销分录		少数股东权益	合并金额
	报表金额	借方	贷方	报表金额	借方	贷方		借方	贷方		
未分配利润——年末	4 080	69.3	693	2 700	10		7 393.7	(1)2 690 6 095	(2)2 690 3 319		4 617.7
归属于少数股东的留存收益——年初										600	600
少数股东损益										297	297
对少数股东的利润分配										0	0
归属于少数股东的留存收益——年末										897	897
实收资本（股本）——年初	10 000			5 000			15 000	(1)5 000			10 000
所有者投入或减少资本											
实收资本（股本）——年末	10 000			5 000			15 000	5 000			10 000
资本公积——年初	2 000			1 000		(1)100	3 100	(1)1 100			2 000
可供出售金融资产公允价值变动净额				100			100	(1)100			0
权益法下被投资单位其他所有者权益变动的影响			(3)70				70				70
资本公积——年末	2 000		70	1 100		100	3 270	1 200			2 070
盈余公积——年初	300			200			500	(1)200			300
提取盈余公积	220		(2)69.3	100			389.3	(1)100			289.3
盈余公积——年末	520		69.3	300			889.3	300			589.3
(资产负债表项目)											
流动资产：											
货币资金	3 000			500			3 500				3 500
应收票据	2 500			200			2 700				2 700

续前表

项目	P公司			S公司			合计金额	抵销分录		少数股东权益	合并金额
	报表金额	借方	贷方	报表金额	借方	贷方		借方	贷方		
应收账款	2 600			600			3 200	30	300		2 930
其中：应收S公司账款	270						270	(3)30	(3)300		0
预付款项	500			250			750		50		700
其中：预付P公司账款				50			50		(3)50		50
存货	6 500			2 300			8 800		80		8 720
其中：向P公司购入存货				200			200		(4)80		120
流动资产合计	15 100			3 850			18 950	30	430		18 550
非流动资产：											
可供出售金融资产				900			900				900
持有至到期投资	315						315		315		0
其中：持有S公司债券	315						315		(3)315		0
长期股权投资	10 800	763					11 563		6 563		5 000
其中：对S公司投资	5 800	(1)693 (3)70					6 563		(1)6 563		0
固定资产	9 500			7 695	100	10	17 285	4	40		17 249
其中：S公司——甲设备				720	(1)100	(2)10	810				810
向S公司购入固定资产	105.3						105.3	(5)4	(5)40		69.3
商誉								(1)130			130
非流动资产合计	20 615	763		8 595	100	10	30 063	134	6 918		23 279
资产总计	35 715	763		12 445	100	10	49 013	164	7 348		41 829
流动负债：											
应付票据	3 000			200			3 200				3 200
应付账款	5 415			700			6 115	300			5 815

续前表

项目	P公司			S公司			合计金额	抵销分录		少数股东权益	合并金额
	报表金额	借方	贷方	报表金额	借方	贷方		借方	贷方		
其中：应付P公司账款				300			300	(3)300			0
预收款项	1 200			150			1 350	50			1 300
其中：预收S公司账款	50						50	(3)50			0
应付职工薪酬	500			100			600				600
应交税费	900			180			1 080				1 080
流动负债合计	11 015			1 330			12 345	350			11 995
非流动负债											
长期借款	6 000			1 700			7 700				7 700
应付债券	2 100			315			2 415	315			2 100
其中：应付债券——P公司				315			315	(3)315			0
非流动负债合计	8 100			2 015			10 115	315			9 800
负债合计	19 115			3 345			22 460	665			21 795
所有者权益（或股东权益）：											
实收资本（或股本）	10 000			5 000			15 000	5 000			10 000
资本公积	2 000		70	1 100		100	3 270	1 200			2 070
盈余公积	520		69.3	300			889.3	300			589.3
未分配利润	4 080	69.3	693	2 700	10		7 393.7	6 095	3 319		4 617.7
少数股东权益									(1)2 757		2 757
所有者权益合计	16 600	69.3	832.3	9 100	10	100	26 553	12 595	6 076		20 034
负债和所有者权益总计	35 715	69.3	832.3	12 445	10	100	49 013	13 260	6 076		41 829
（现金流量表项目）											
经营活动产生的现金流量：											
销售商品、提供劳务收到的现金	12 070			6 850			18 920		(6)285 (6)117		18 518

续前表

项目	P公司			S公司			合计金额	抵销分录		少数股东权益	合并金额
	报表金额	借方	贷方	报表金额	借方	贷方		借方	贷方		
收到其他与经营活动有关的现金											
经营活动现金流入小计	12 070			6 850			18 920		402		18 518
购买商品、接受劳务支付的现金	3 885			4 250			8 135	(6)285			7 850
支付给职工以及为职工支付现金	1 500			800			2 300				2 300
支付的各项税费	1 250			420			1 670				1 670
支付其他与经营活动有关的现金	920			220			1 140				1 140
经营活动现金流出小计	7 555			5 690			13 245	285			12 960
经营活动产生的现金流量净额	4 515			1 160			5 675	285	402		5 558
投资活动产生的现金流量：											
收回投资收到的现金											
取得投资收益收到的现金	85						85				85
处置固定资产、无形资产和其他长期资产收回的现金净额											
处置子公司及其他营业单位收到的现金净额											
收到其他与投资活动有关的现金											
投资活动现金流入小计	85						85				85
购建固定资产、无形资产和其他长期资产支付的现金	1 100			795			1 895	(6)117			1 778
投资支付的现金											

续前表

项　　目	P公司			S公司			合计金额	抵销分录		少数股东权益	合并金额
	报表金额	借方	贷方	报表金额	借方	贷方		借方	贷方		
取得子公司及其他营业单位支付的现金净额	5 800						5 800				5 800
支付其他与投资活动有关的现金											
投资活动现金流出小计	6 900			795			7 695	117			7 578
投资活动产生的现金流量净额	−6 815			−795			−7 610	117			−7 493
筹资活动产生的现金流量：											
吸收投资收到的现金											
取得借款收到的现金											
收到其他与筹资活动有关的现金											
筹资活动现金流入小计											
偿还债务支付的现金											
分配股利、利润或偿付利息支付的现金	700			65			765				765
其中：子公司支付给少数股东的股利、利润											
支付其他与筹资活动有关的现金											
筹资活动现金流出小计	700			65			765				765
筹资活动产生的现金流量净额	−700			−65			−765				−765
现金及现金等价物净增加额	−3 000			300			−2 700	402	402		−2 700
年初现金及现金等价物余额	6 000			200			6 200				6 200
年末现金及现金等价物余额	3 000			500			3 500				

5. 编制合并财务报表。

（1）合并资产负债表如表 11 - 12 所示。

表 11 - 12 **合并资产负债表** 会企 01 表

编制单位：P 公司 2×16 年 12 月 31 日 单位：万元

资　　产	期末余额	年初余额	负债和所有者权益（或股东权益）	期末余额	年初余额
流动资产：			流动负债：		
货币资金	3 500		短期借款		
结算备付金			向中央银行借款		
拆出资金			吸收存款及同业存放		
交易性金融资产			拆入资金		
应收票据	2 700		交易性金融负债		
应收账款	2 930		应付票据	3 200	
预付款项	700		应付账款	5 815	
应收保费			预收款项	1 300	
应收分保账款			卖出回购金融资产款		
应收分保合同准备金			应付手续费及佣金		
应收利息			应付职工薪酬	600	
其他应收款			应交税费	1 080	
买入返售金融资产			应付利息		
存货	8 720		其他应付款		
一年内到期非流动资产			应付分保账款		
其他流动资产			保险合同准备金		
流动资产合计	18 550		代理买卖证券款		
非流动资产：			代理承销证券款		
发放贷款及垫款			一年内到期的非流动负债		
可供出售金融资产	900		其他流动负债		
持有至到期投资			流动负债合计	11 995	
长期应收款			非流动负债：		
长期股权投资	5 000		长期借款	7 700	
投资性房地产			应付债券	2 100	
固定资产	17 249		长期应付款		
在建工程			专项应付款		
工程物资			预计负债		
固定资产清理			递延所得税负债		
生产性生物资产			其他非流动负债		
油气资产			非流动负债合计	9 800	
无形资产			负债合计	21 795	
开发支出			所有者权益（或股东权益）：		
商誉	130		实收资本（或股本）	10 000	
长期待摊费用			资本公积	2 070	

续前表

资　　产	期末余额	年初余额	负债和所有者权益（或股东权益）	期末余额	年初余额
递延所得税资产			减：库存股		
其他非流动资产			盈余公积	589.3	
非流动资产合计	23 279		一般风险准备		
			未分配利润	4 617.7	
			外币报表折算差额		
			归属于母公司所有者权益合计		
			少数股东权益	2 757	
			所有者权益合计	20 034	
资产总计	41 829		负债和所有者权益总计	41 829	

（2）合并利润表如表 11-13 所示。

表 11-13　　**合并利润表**　　会企 02 表

编制单位：P公司　　2×16 年度　　单位：万元

项　　目	本年金额	上年金额
一、营业收入	18 400	
其中：营业收入	18 400	
利息收入		
保费净收入		
手续费及佣金收入		
二、营业总成本	14 381	
其中：营业成本	11 520	
利息支出		
手续费及佣金支出		
退保金		
赔付支出净额		
提取保险责任准备金净额		
保单红利支出		
分保费用		
税金及附加	550	
销售费用	640	
管理费用	1 406	
财务费用	265	
资产减值损失		
加：公允价值变动收益（损失以“一”号填列）		
投资收益（损失以“一”号填列）	85	
其中：对联营企业和合营企业的投资收益		
汇兑收益（损失以“一”号填列）		

续前表

项　　目	本年金额	上年金额
三、营业利润（亏损以“－”号填列）	4 104	
加：营业外收入		
减：营业外支出		
其中：非流动资产处置损失		
四、利润总额（亏损总额以“－”号填列）	4 104	
减：所得税费用	1 000	
五、净利润（净亏损以“－”号填列）	3 104	
归属于母公司所有者的净利润	2 807	
少数股东损益	297	
六、每股收益：		
（一）基本每股收益		
（二）稀释每股收益		

（3）合并现金流量表如表11－14所示。

表11－14　　**合并现金流量表**　　会企03表

编制单位：P公司　　2×16年度　　单位：万元

项　　目	本年金额	上年金额
一、经营活动产生的现金流量		
销售商品、提供劳务收到的现金	18 518	
客户存款和同业存放款项净增加额		
向中央银行借款净增加额		
向其他金融机构拆入资金净增加额		
收到原保险合同保费取得的现金		
收到再保险业务现金净额		
保户储金及投资款净增加额		
处置交易性金融资产净增加额		
收取利息、手续费及佣金净增加额		
拆入资金净增加额		
回购业务资金净增加额		
收到的税费返还		
收到其他与经营活动有关的现金		
经营活动现金流入小计	18 518	
购买商品、接受劳务支付的现金	7 850	
客户贷款及垫款净增加额		
存入中央银行和同业款项净增加额		
支付原保险合同赔付款项的现金		
支付利息、手续费及佣金的现金		
支付保单红利的现金		

续前表

项　　目	本年金额	上年金额
支付给职工以及为职工支付的现金	2 300	
支付的各项税费	1 670	
支付其他与经营活动有关的现金	1 140	
经营活动现金流出小计	12 960	
经营活动产生的现金流量净额	5 558	
二、投资活动产生的现金流量		
收回投资收到的现金		
取得投资收益收到的现金	85	
处置固定资产、无形资产和其他长期资产收回的现金净额		
处置子公司及其他营业单位收到的现金净额		
收到其他与投资活动有关的现金		
投资活动现金流入小计	85	
购建固定资产、无形资产和其他长期资产支付的现金	1 778	
投资支付的现金		
质押贷款净增加额		
取得子公司及其他营业单位支付的现金净额	5 800	
支付其他与投资活动有关的现金		
投资活动现金流出小计	7 578	
投资活动产生的现金流量净额	−7 493	
三、筹资活动产生的现金流量		
吸收投资收到的现金		
其中：子公司吸收少数股东投资收到的现金		
取得借款收到的现金		
发行债券收到的现金		
收到其他与筹资活动有关的现金		
筹资活动现金流入小计		
偿还债务支付的现金		
分配股利、利润或偿付利息支付的现金	765	
其中：子公司支付给予少数股东的股利、利润		
支付其他与筹资活动有关的现金		
筹资活动现金流出小计	765	
筹资活动产生的现金流量净额	−765	
四、汇率变动对现金的影响		
五、现金及现金等价物净增加额	−2 700	
加：年初现金及现金等价物余额	6 200	
六、年末现金及现金等价物余额	3 500	

（4）合并所有者权益变动表如表 11 - 15 所示。

表 11－15 　　　　**合并所有者权益变动表** 　　　　会企：04 表

编制单位：P 公司 　　　　2×16 年度 　　　　单位：万元

项目	本年金额									上年金额								
	归属于母公司所有者权益							少数股东权益	所有者权益合计	归属于母公司所有者权益							少数股东权益	所有者权益合计
	实收资本（或股本）	资本公积	减：库存股	盈余公积	一般风险准备	未分配利润	其他			实收资本（或股本）	资本公积	减：库存股	盈余公积	一般风险准备	未分配利润	其他		
一、上年年末金额	10 000	2 000		300		2 700												
加：会计政策变更								2 430*										
前期差错更正																		
二、本年年初余额	10 000	2 000		300		2 700		2 430										
三、本年增减变动金额（减少以“－”号填列）		70		289.3		2 214.7		327										
（一）净利润						3 104		297										
（二）直接计入所有者权益的利得和损失		70						30										
1. 可供出售金融资产公允价值变动净额								30										
2. 权益法下被投资单位其他所有者权益变动的影响		70																
3. 计入所有者权益项目相关的所得税影响																		
4. 其他																		
上述（一）和（二）小计		70				3 104		327										
（三）所有者投入和减少资本																		
1. 所有者投入资本																		
2. 股份支付计入所有者权益金额																		

续前表

项目	本年金额									上年金额								
	归属于母公司所有者权益							少数股东权益	所有者权益合计	归属于母公司所有者权益							少数股东权益	所有者权益合计
	实收资本（或股本）	资本公积	减：库存股	盈余公积	一般风险准备	未分配利润	其他			实收资本（或股本）	资本公积	减：库存股	盈余公积	一般风险准备	未分配利润	其他		
3. 其他																		
（四）利润分配				289.3		—889.3												
1. 提取盈余公积				289.3		—289.3												
2. 提取一般风险准备																		
3. 对所有者（或股东）的分配						—600												
4. 其他																		
（五）所有者权益内部结转																		
1. 资本公积转增资本（或股本）																		
2. 盈余公积转增资本（或股本）																		
3. 盈余公积弥补亏损																		
4. 其他																		
四、本年年末余额	10 000	2 070		589.3		4 617.7		2 757										

* 2 430 万元为 2012 年 1 月 1 日 P 公司购买 S 公司 70%的股份时，按其可辨认净资产的公允价值计算确定的少数股东权益的金额，即（S 公司的所有者权益总额 8 000 万元＋S 公司固定资产公允价值增加额 100 万元）×30%。

关键概念

合并财务报表　母公司　子公司

思考题

1. 简述合并财务报表的编制程序。
2. 如何确定合并财务报表的合并范围？

参考文献

1. 中华人民共和国财政部. 企业会计准则. 北京：经济科学出版社，2014.
2. 中华人民共和国财政部. 企业会计准则. 北京：经济科学出版社，2006.
3. 财政部会计司编写组. 企业会计准则讲解. 北京：人民出版社，2010.
4. 谢瑞峰，张志凤. 高级会计. 北京：社会科学文献出版社，2007.
5. 张志凤. 2016 年注册会计师考试应试指导及全真模拟测试：会计. 北京：北京大学出版社，2016.
6. 张志凤，李慧思. 所得税会计理论与实务. 北京：社会科学文献出版社，2011.

新编 21 世纪远程教育精品教材

公共基础课系列

书名	作者
大学语文（第二版）	黄鹤
应用写作（第四版）（“十一五”国家级规划教材）	孙秀秋
计算机应用基础	李刚
马克思主义哲学原理（第二版）	霍福广
“毛泽东思想和中国特色社会主义理论体系概论”教学专题研究	王向明
全国高校网络教育大学英语词汇必备手册	王建华
全国高校网络教育大学英语学习与考试辅导	王建华
高等数学“学习包”（第二版）	张家琦　曹承宾
北京地区成人本科学士学位英语统一考试历年试题解析	常红梅
北京地区成人本科学士学位英语统一考试辅导（第三版）	常红梅
大学英语学习与考试辅导	常红梅
数据库基础教程	苏俊
毛泽东思想概论	江长仁

经济与管理系列

书名	作者
西方经济学	缪代文
西方经济学（第二版）（微观经济学部分）	刘凤良
西方经济学（第二版）（宏观经济学部分）	刘凤良
经济法概论（第三版）	宋立成
互联网金融的法律与政策	邢会强
国际金融（第二版）	刘震
税务管理	王秀芝
邮政储汇实务	周艳海
中国税制（第三版）	杨虹
投资银行学教程（第二版）	胡海峰　等
金融学概论（第三版）	宋玮
国际贸易实务（第二版）	王晓明
财政管理	王秀芝
保险学	戴稳胜
证券投资学（第三版）	赵锡军　李向科
统计学教程（第三版）	金勇进
财政学（第二版）	安秀梅
中国政治制度史	侯力
经济学原理	韦曙林

续前表

书名	作者
商务英语	王学文
国际贸易理论与政策	王亚星
国际投资	胡曙光
人力资源开发与管理（第五版）	姚裕群
项目管理（第三版）（“十一五”国家级规划教材）	李涛
物流管理（第三版）（“十一五”国家级规划教材）	刘刚
组织行为学（第二版）	徐建平
公共政策原理	谢明
公共政策案例分析	谢明
公共管理伦理学	李传军
公共政策导论（第二版）	谢明
公共经济学导论	代鹏
公共关系学（第二版）	李兴国
领导力	祁凡骅
企业战略管理	邹昭晞
管理学原理	安维
公务员管理	王甫银
秘书工作实务	张大成
人员选拔与聘用管理	苏进　刘建华
绩效管理（第二版）	徐斌
质量管理学	李晓光
营销渠道决策与管理	吕一林
高级会计学（第三版）	张志凤　谢瑞峰
公司财务管理（第二版）	肖万
财务管理学（第四版）	孙茂竹　范歆
基础会计学（第三版）	徐泓
管理会计（第二版）	孙茂竹
审计学（第三版）	杨闻萍
财务会计学（第三版）	郭建华
成本会计	曹伟
纳税筹划教程	张中秀
会计制度设计（第二版）	阎至刚
计算机会计理论与实务（第二版）	蔡立新
税务筹划教程	张中秀
国际税收（第二版）	杨志清

法学系列

书名	作者
刑事诉讼法（第三版）	王新清　李蓉
民事诉讼法（第二版）	汤维建　等
行政法与行政诉讼法（第三版）	胡锦光　罗杰
宪法学（第三版）	胡锦光　任端平
劳动法和社会保障法（第三版）	黎建飞
保险法（第三版）	贾林青
刑法学（第二版）	黄京平
中国法制史（第二版）	赵晓耕
企业和公司法学（第二版）	王欣新
税法（第三版）	朱大旗
海商法（第三版）	贾林青
刑法学	徐松林
继承法（第二版）	孙若军
破产法学（第二版）	王欣新
经济法（第二版）	吴宏伟
国际法（第二版）	白桂梅　朱利江
法理学（第二版）	张曙光
法律文书写作（第二版）	陈卫东　刘计划
民法学（第二版）	龙翼飞

汉语言文学系列

书名	作者
中国古代文学史（一）（先秦至魏晋南北朝）（第二版）	叶君远
中国古代文学史（二）（隋唐五代宋辽金）（第二版）	冷成金
中国古代文学史（三）（元明清及近代）（第二版）	张国风
古代汉语（第二版）	殷国光
现代汉语（第二版）	吴永焕
外国文学作品导读（第二版）	刘洪涛
中国民间文学概论（第二版）	黄涛
美学概论（第二版）	牛宏宝
文学概论（第二版）	许鹏
中国古代文学作品选读（一）	诸葛忆兵

续前表

中国古代文学作品选读（二）	王燕
中国文学理论史简编	成复旺
中国现当代文学作品导读	姚丹
影视文学教程	邹红
电视剧批评与欣赏	刘晔原
中国现当代文学	刘勇
语言学概论（第二版）	岑运强
西方文论概要	杨慧林
新时期文学思潮（第二版）	张永清
文艺心理学	金元浦

新闻与传播系列

书名	作者
新闻理论教程	陈力丹　张建中
中国新闻传播史	赵云泽　孙萍
外国新闻传播史	陈力丹　钱婕
新媒体实务	黄河
广告学概论	王菲
新闻采访与写作	张征

图书在版编目（CIP）数据

高级会计学/张志凤，谢瑞峰主编. —3 版. —北京：中国人民大学出版社，2018.1
新编 21 世纪远程教育精品教材. 经济与管理系列
ISBN 978-7-300-25194-3

Ⅰ. ①高… Ⅱ. ①张… ②谢… Ⅲ. ①会计学-远程教育-教材 Ⅳ. ①F230

中国版本图书馆 CIP 数据核字（2017）第 297776 号

新编 21 世纪远程教育精品教材·经济与管理系列
高级会计学（第三版）
主　编　张志凤　谢瑞峰
副主编　沈银萱　李　蕊
主　审　卢　静
Gaoji Kuaijixue

出版发行	中国人民大学出版社		
社　　址	北京中关村大街 31 号	**邮政编码**	100080
电　　话	010－62511242（总编室）		010－62511770（质管部）
	010－82501766（邮购部）		010－62514148（门市部）
	010－62515195（发行公司）		010－62515275（盗版举报）
网　　址	http://www.crup.com.cn		
	http://www.ttrnet.com（人大教研网）		
经　　销	新华书店		
印　　刷	北京昌联印刷有限公司	**版　　次**	2008 年 1 月第 1 版
规　　格	185 mm×260 mm　16 开本		2018 年 1 月第 3 版
印　　张	16.25	**印　　次**	2018 年 1 月第 1 次印刷
字　　数	380 000	**定　　价**	39.00 元